# HISTOIRE
## DE
# LA RÉVOLUTION
### FRANÇAISE.

TOME IX.

TYPOGRAPHIE DE FIRMIN DIDOT FRÈRES,
RUE JACOB, N° 24.

# HISTOIRE
## DE
# LA RÉVOLUTION
### FRANÇAISE,

PAR M. A. THIERS,

DE L'ACADÉMIE FRANÇAISE, MINISTRE ET DÉPUTÉ.

TOME NEUVIÈME.

Quatrième Édition.

PARIS,
CHEZ LECOINTE, ÉDITEUR,
QUAI DES AUGUSTINS, N° 49.

MDCCC XXXIV.

# HISTOIRE
## DE
# LA RÉVOLUTION
### FRANÇAISE.

## CHAPITRE PREMIER.

Situation du gouvernement dans l'hiver de l'an v (1797). — Caractères et divisions des cinq directeurs, Barras, Carnot, Rewbell, Letourneur et Larévellière-Lépaux. — État de l'opinion publique. Club de Clichy. — Intrigues de la faction royaliste. Complot découvert de Brottier, Laville-Heurnois et Duverne de Presle. — Élections de l'an V. — Coup d'œil sur la situation des puissances étrangères à l'ouverture de la campagne de 1797.

Les dernières victoires de Rivoli et de la Favorite, la prise de Mantoue, avaient rendu à la France toute sa supériorité. Le directoire, toujours aussi vivement injurié, inspirait la plus grande crainte aux puissances. *La moitié de l'Europe*, écrivait Mallet-Dupan\*, *est aux genoux de ce divan, et marchande l'honneur de devenir son tributaire.* Ces quinze mois d'un règne ferme et brillant avaient consolidé les cinq directeurs au pouvoir, mais y avaient développé aussi leurs passions et leurs caractères. Les hommes ne peuvent pas vivre long-temps ensemble sans éprouver bientôt du penchant ou de la répugnance les uns pour les autres, et sans se grouper conformément à leurs inclinations. Carnot, Barras, Rewbell, Larévellière-Lépaux, Letourneur, formaient déjà des groupes différents. Carnot était systématique, opiniâtre et orgueilleux. Il manquait entièrement de cette qualité qui donne à l'esprit l'étendue et la justesse, au caractère la facilité. Il était pénétrant, approfondissait bien le sujet qu'il examinait; mais une fois engagé dans une erreur il n'en revenait pas. Il était probe, courageux, très-appliqué au travail, mais ne pardonnait jamais ou un tort, ou une blessure faite à son amour-propre; il était spirituel et original, ce qui est assez ordinaire chez les hommes concentrés en eux-mêmes. Autrefois

---

\* Correspondance secrète avec le gouvernement de Venise.

il s'était brouillé avec les membres du comité de salut public, car il était impossible que son orgueil sympathisât avec celui de Robespierre et de Saint-Just, et que son grand courage fléchît devant leur despotisme. Aujourd'hui la même chose ne pouvait manquer de lui arriver au directoire. Indépendamment des occasions qu'il avait de se heurter avec ses collègues, en s'occupant en commun d'une tâche aussi difficile que celle du gouvernement, et qui provoque si naturellement la diversité des avis, il nourrissait d'anciens ressentiments, particulièrement contre Barras. Tous ses penchants d'homme sévère, probe et laborieux, l'éloignaient de ce collègue prodigue, débauché et paresseux ; mais il détestait surtout en lui le chef de ces thermidoriens, amis et vengeurs de Danton, et persécuteurs de la vieille Montagne. Carnot, qui était l'un des principaux auteurs de la mort de Danton, et qui avait failli plus tard devenir victime des persécutions dirigées contre les montagnards, ne pouvait pardonner aux thermidoriens : aussi nourrissait-il contre Barras une haine profonde.

Barras avait servi autrefois dans les Indes ; il y avait montré le courage d'un soldat. Il était propre, dans les troubles, à monter à cheval, et, comme on a vu, il avait gagné de cette manière sa place au directoire. Aussi, dans toutes les occasions difficiles, parlait-il de monter encore à cheval et de sabrer les ennemis de la république. Il était grand et beau de sa personne; mais son regard avait quelque chose de sombre et de sinistre, qui était peu d'accord avec son caractère, plus emporté que méchant. Quoique nourri dans un rang élevé, il n'avait rien de distingué dans les manières. Elles étaient brusques, hardies et communes. Il avait une justesse et une pénétration d'esprit qui, avec l'étude et le travail, auraient pu devenir des facultés très-distinguées; mais paresseux et ignorant, il savait tout au plus ce qu'on apprend dans une vie assez orageuse, et il laissait percer, dans les choses qu'il était appelé à juger tous les jours, assez de sens pour faire regretter une éducation plus soignée. Du reste, dissolu et cynique, violent et faux comme les méridionaux qui savent cacher la duplicité sous la brusquerie; républicain par sentiment et par position, mais homme sans foi, recevant chez lui les plus violents révolutionnaires des faubourgs et tous les émigrés rentrés en France, plaisant aux uns par sa violence triviale, convenant aux autres par son esprit d'intrigue, il était en réalité chaud patriote, et en secret il donnait des espérances à tous les partis. A lui seul il représentait le parti Danton tout entier, au génie près du chef, qui n'avait pas passé dans ses successeurs.

Rewbell, ancien avocat à Colmar, avait contracté au barreau et dans nos différentes assemblées une grande expérience dans le maniement des affaires. A la pénétration, au discernement les plus rares, il joignait une instruction étendue, une mémoire fort vaste, une rare opiniâtreté au travail. Ces qualités en faisaient un homme précieux à la tête de l'état. Il discutait parfaitement les affaires, quoiqu'un peu argutieux, par un reste des habitudes du barreau. Il joignait à une assez belle figure l'habitude du monde; mais il était rude et blessant par la vivacité et l'âpreté de son langage. Malgré les calomnies des contre-révolutionnaires et des fripons, il était d'une extrême probité. Malheureusement il n'était pas sans un peu d'avarice; il aimait à employer sa fortune personnelle d'une manière avantageuse, ce qui lui faisait rechercher les gens d'affaires, et ce qui fournissait de fâcheux prétextes à la calomnie. Il soignait beaucoup la partie des relations extérieures, et il portait aux intérêts de la France un tel attachement, qu'il eût été volontiers injuste à l'égard des nations étrangères. Républicain chaud, sincère et ferme, il appartenait originairement à la partie modérée de la convention, et il éprouvait un égal éloignement pour Carnot et Barras, l'un comme montagnard, l'autre comme dantonien. Ainsi Carnot, Barras, Rewbell, issus tous trois de partis contraires, se détestaient réciproquement; ainsi les haines contractées pendant une longue et cruelle lutte, ne s'étaient pas effacées sous le régime constitutionnel; ainsi les cœurs ne s'étaient pas mêlés, comme des fleuves qui se réunissent sans confondre leurs eaux. Cependant, tout en se détestant, ces trois hommes contenaient leurs ressentiments, et travaillaient avec accord à l'œuvre commune.

Restaient Larévellière-Lépaux et Letourneur, qui n'avaient de haine pour personne. Letourneur, bon homme, vaniteux, mais d'une vanité facile et peu importune, qui se contentait des marques extérieures du pouvoir, et des hommages des sentinelles, Letourneur avait pour Carnot une respectueuse soumission. Il était prompt à donner son avis, mais aussi prompt à le retirer, dès qu'on lui prouvait qu'il avait tort, ou dès que Carnot parlait. Sa voix dans toutes les occasions appartenait à Carnot.

Larévellière, le plus honnête et le meilleur des hommes, joignait à une grande variété de connaissances un esprit juste et observateur. Il était appliqué, et capable de donner de sages avis sur tous les sujets; il en donna d'excellents dans des occasions importantes. Mais il était souvent entraîné par les illusions, ou arrêté par les scrupules d'un cœur pur. Il aurait voulu quelquefois ce qui était impossible, et il n'osait pas vouloir ce qui était nécessaire; car il faut un grand esprit pour calculer ce qu'on doit aux circonstances, sans blesser les principes. Parlant bien, et d'une fermeté rare, il était d'une grande utilité quand il s'agissait d'appuyer les bons avis, et il servait beaucoup le directoire par sa considération personnelle.

Son rôle, au milieu de collègues qui se détestaient, était extrêmement utile. Entre les quatre directeurs, sa préférence se prononçait en faveur du plus honnête et du plus capable, c'est-à-dire, de Rewbell. Cependant, il avait évité un rapprochement intime, qui eût été de son goût, mais qui l'eût éloigné de ses autres collègues. Il n'était pas sans quelque penchant pour Barras, et se serait rapproché de lui, s'il l'eût trouvé moins corrompu et moins faux. Il avait sur ce collègue un certain ascendant par sa considération, sa pénétration et sa fermeté. Les roués se moquent volontiers de la vertu, mais ils la redoutent quand elle joint à la pénétration qui les devine, le courage qui ne sait pas les craindre. Larévellière se servait de son influence sur Rewbell et Barras, pour les maintenir en bonne harmonie entre eux, et avec Carnot. Grace à ce conciliateur, et grace aussi à leur zèle commun pour les intérêts de la république, ces directeurs vivaient convenablement ensemble, et poursuivaient leur tâche, se partageant dans les questions qu'ils avaient à décider, beaucoup plus d'après leur opinion que d'après leurs haines.

Excepté Barras, les directeurs vivaient dans leurs familles, occupant chacun un appartement au Luxembourg. Ils déployaient peu de luxe. Cependant Larévellière, qui aimait assez le monde, les arts et les sciences, et qui se croyait obligé de dépenser ses appointements d'une manière utile à l'état, recevait chez lui des savants et des gens de lettres, mais il les traitait avec simplicité et cordialité. Il s'était exposé malheureusement à quelque ridicule, sans y avoir du reste contribué en aucune manière. Il professait en tout point la philosophie du dix-huitième siècle, telle qu'elle était exprimée dans la profession de foi du Vicaire savoyard. Il souhaitait la chute de la religion catholique, et se flattait qu'elle finirait bientôt, si les gouvernements avaient la prudence de n'employer contre elle que l'indifférence et l'oubli. Il ne voulait pas des pratiques superstitieuses et des images matérielles de la Divinité; mais il croyait qu'il fallait aux hommes des réunions, pour s'entretenir en commun de la morale et de la grandeur de la création. Ces sujets en effet ont besoin d'être traités dans des assemblées, parce que les hommes y sont plus prompts à s'émouvoir, et plus accessibles aux sentiments élevés et généreux. Il avait développé ces idées dans un écrit, et avait dit qu'il faudrait un jour faire succéder aux cérémonies du culte catholique des réunions assez semblables à celles des protestants, mais plus simples encore, et plus dégagées de représentation. Cette idée, accueillie par quelques esprits bienveillants, fut aussitôt mise à exécution. Un frère du célèbre physicien Haüy forma une société qu'il intitula des *Théophilanthropes*, et dont les réunions avaient pour but les exhortations morales, les lectures philosophiques et les chants pieux. Il s'en forma plus d'une de ce genre. Elles s'établirent dans des salles louées aux frais des associés, et sous la surveillance de la police. Quoique Larévellière crût cette institution bonne, et capable d'arracher aux églises catholiques beaucoup de ces âmes tendres qui ont besoin d'épancher en commun leurs sentiments religieux, il se garda de jamais y figurer ni lui ni sa famille, pour ne pas avoir l'air de jouer un rôle de chef de secte, et ne pas rappeler le pontificat de Robespierre. Malgré la réserve de Larévellière, la malveillance s'arma de ce prétexte pour verser quelque ridicule sur un magistrat universellement honoré, et qui ne laissait aucune prise à la calomnie. Du reste, si la théophilanthropie était le sujet de quelques plaisanteries fort peu spirituelles chez Barras, ou dans les journaux royalistes, elle attirait assez peu l'attention, et ne diminuait en rien le respect dont Larévellière-Lépaux était entouré.

Celui des directeurs qui nuisait véritablement à la considération du gouvernement, c'était Barras. Sa vie n'était pas simple et modeste comme celle de ses collègues; il étalait un luxe et une prodigalité que sa participation aux profits des gens d'affaires pouvait seule expliquer. Les finances étaient dirigées avec une probité sévère par la majorité directoriale, et par l'excellent ministre Ramel; mais on ne pouvait pas empêcher Barras de recevoir des fournisseurs ou des banquiers qu'il appuyait de son influence, des parts de bénéfices assez considérables. Il avait mille moyens encore de fournir à ses dépenses: la France devenait l'arbitre de tant d'états grands et petits, que beaucoup de princes devaient rechercher sa faveur, et payer de sommes considérables la promesse d'une voix au directoire. On verra plus tard ce qui fut tenté en ce genre. La représentation que déployait Barras aurait pu n'être pas inutile, car des chefs d'état doivent fréquenter beaucoup les hommes pour les étudier, les connaître et les choisir; mais il s'entourait, outre les gens d'affaires, d'intrigants de toute espèce, de femmes dissolues et de fripons. Un cynisme honteux régnait dans ses salons. Ces liaisons clandestines qu'on prend à tâche, dans une société bien ordonnée, de couvrir d'un voile, étaient publiquement avouées. On allait à Gros-Bois se livrer à des orgies, qui fournissaient aux ennemis de la république de puissants arguments contre le gouvernement. Barras du reste ne cachait en rien sa conduite, et, suivant la coutume des débauchés, aimait à publier ses désordres. Il racontait lui-même devant ses collègues, qui lui en faisaient quelquefois de graves reproches, ses hauts faits de Gros-Bois et du Luxembourg; il racontait comment il avait forcé un célèbre fournisseur du temps de se charger d'une maîtresse qui commençait à lui être à charge, et aux dépenses de laquelle il ne pouvait plus suffire; comment il s'était

*crapule de Bara*

vengé sur un journaliste, l'abbé Poncelin, des invectives dirigées contre sa personne; comment, après l'avoir attiré au Luxembourg, il l'avait fait fustiger par ses domestiques. Cette conduite de prince mal élevé, dans une république, nuisait singulièrement au directoire, et l'aurait déconsidéré entièrement, si la renommée des vertus de Carnot et de Larévellière n'eût contre-balancé le mauvais effet des désordres de Barras.

Le directoire, institué le lendemain du 15 vendémiaire*, formé en haine de la contre-révolution, composé de régicides et attaqué avec fureur par les royalistes, devait être chaudement républicain. Mais chacun de ses membres participait plus ou moins aux opinions qui divisaient la France. Larévellière et Rewbell avaient ce républicanisme modéré, mais rigide, aussi opposé aux emportements de 93 qu'aux fureurs royalistes de 95. Les gagner à la contre-révolution était impossible. L'instinct si sûr des partis leur apprenait qu'il n'y avait rien à obtenir d'eux, ni par des séductions, ni par des flatteries de journaux. Aussi n'avaient-ils pour ces deux directeurs que le blâme le plus amer. Quant à Barras et à Car-

---

* An IV, 4 octobre 1795.

not, il en était autrement. Barras, quoiqu'il vît tout le monde, était en réalité un révolutionnaire ardent. Les faubourgs l'avaient en grande estime, et se souvenaient toujours qu'il avait été le général de vendémiaire, et les conspirateurs du camp de Grenelle avaient cru pouvoir compter sur lui. Aussi les patriotes le comblaient d'éloges, et les royalistes l'accablaient d'invectives. Quelques agents secrets du royalisme, rapprochés de lui par un commun esprit d'intrigue, pouvaient bien, comptant sur sa dépravation, concevoir quelques espérances; mais c'était une opinion à eux particulière. La masse du parti l'abhorrait et le poursuivait avec fureur.

Carnot, ex-montagnard, ancien membre du comité de salut public, et exposé après le 9 thermidor à devenir victime de la réaction royaliste, devait être certainement un républicain prononcé, et l'était effectivement. Au premier moment de son entrée au directoire, il avait fortement appuyé tous les choix faits dans le parti montagnard; mais peu à peu, à mesure que les terreurs de vendémiaire s'étaient calmées, ses dispositions avaient changé. Carnot, même au comité de salut public, n'avait jamais aimé la tourbe des révolutionnaires turbulents, et avait fortement contribué à détruire les hébertistes. En voyant Barras, qui tenait à rester *roi de la canaille*, s'entourer des restes du parti jacobin, il était devenu hostile pour ce parti ; il avait déployé beaucoup d'énergie dans l'affaire du camp de Grenelle, et d'autant plus que Barras était un peu compromis dans cette échauffourée. Ce n'est pas tout : Carnot était agité par des souvenirs. Le reproche qu'on lui avait fait d'avoir signé les actes les plus sanguinaires du comité de salut public, le tourmentait. Ce n'était pas assez à ses yeux des explications fort naturelles qu'il avait données ; il aurait voulu par tous les moyens prouver qu'il n'était pas un monstre ; et il était capable de beaucoup de sacrifices pour donner cette preuve. Les partis savent tout, devinent tout ; ils ne sont difficiles à l'égard des hommes que lorsqu'ils sont victorieux ; mais quand ils sont vaincus, ils se recrutent de toutes les manières, et mettent particulièrement un grand soin à flatter les chefs des armées. Les royalistes avaient bientôt connu les dispositions de Carnot à l'égard de Barras et du parti patriote. Ils devinaient son besoin de se réhabiliter ; ils sentaient son importance militaire, et ils avaient soin de le traiter autrement que ses collègues, et de parler de lui de la manière qu'ils savaient la plus capable de le toucher. Aussi, tandis que la cohue de leurs journaux ne tarissait pas d'injures grossières pour Barras, Larévellière et Rewbell, elle n'avait que des éloges pour l'ex-montagnard et régicide Carnot. D'ailleurs, en gagnant Carnot, ils avaient aussi Letourneur, et c'étaient deux voix acquises par une ruse vulgaire, mais puissante, comme toutes celles qui s'adressent à l'amour-propre. Carnot avait la faiblesse de céder à ce genre de séduction; et, sans cesser d'être fidèle à ses convictions intérieures, il formait, avec son ami Letourneur, dans le sein du directoire, une espèce d'opposition analogue à celle que le nouveau tiers formait dans les deux conseils. Dans toutes les questions soumises à la décision du directoire, il se prononçait pour l'avis adopté par l'opposition des conseils. Ainsi, dans toutes les questions relatives à la paix et à la guerre, il votait pour la paix, à l'exemple de l'opposition, qui affectait de la demander sans cesse. Il avait fortement insisté pour qu'on fît à l'empereur les plus grands sacrifices, pour qu'on signât la paix avec Naples et avec Rome, sans s'arrêter à des conditions trop rigoureuses.

De pareils dissentiments ont à peine éclaté, qu'ils font des progrès rapides. Le parti qui veut en profiter loue à outrance ceux qu'il veut gagner, et déverse le blâme sur les autres.

Cette tactique avait eu son succès accoutumé. Barras, Rewbell, déjà ennemis de Carnot, lui en voulaient encore davantage depuis les éloges dont il était l'objet, et lui imputaient le déchaînement auquel eux-mêmes étaient en butte. Larévellière employait de vains efforts pour calmer de tels ressentiments ; la discorde n'en faisait pas moins de funestes progrès ; le public, instruit de ce qui se passait, distinguait le directoire en majorité et minorité, et rangeait Larévellière, Rewbell et Barras d'une part, Carnot et Letourneur de l'autre.

On classait aussi les ministres. Comme on s'attachait beaucoup à critiquer la direction des finances, on poursuivait le ministre Ramel, administrateur excellent, que la situation pénible du trésor obligeait à des expédients blâmables en tout autre temps, mais inévitables dans les circonstances. Les impôts ne rentraient que difficilement, à cause du désordre effroyable de la perception. Il avait fallu réduire l'imposition foncière ; et les contributions indirectes rendaient beaucoup moins qu'on ne l'avait présumé. Souvent on se trouvait sans aucuns fonds à la trésorerie ; et, dans ces cas pressants, on prenait sur les fonds de l'ordinaire ce qui était destiné à l'extraordinaire, ou bien on anticipait sur les recettes, et on faisait tous les marchés bizarres et onéreux auxquels les situations de ce genre donnent lieu. On criait alors aux abus et aux malversations, tandis qu'il aurait fallu au contraire venir au secours du gouvernement. Ramel, qui remplissait les devoirs de son ministère avec autant d'intégrité que de lumières, était en butte à toutes les attaques et traité en ennemi par tous les journaux. Il en était ainsi du ministre de la marine Truguet, connu comme franc républicain, comme l'ami de Hoche, et comme l'appui de tous les officiers patriotes; ainsi du ministre des affaires étrangères, Delacroix, capable d'être un bon administrateur, mais du reste mauvais diplomate, trop pédant et trop rude dans ses rapports avec les ministres des puissances; ainsi de Merlin, qui, dans son administration de la justice, déployait toute la ferveur d'un républicain montagnard. Quant aux ministres de l'intérieur, de la guerre et de la police, Benezech, Petiet et Cochon, on les rangeait entièrement à part. Benezech avait essuyé tant d'attaques de la part des jacobins, pour avoir proposé de revenir au commerce libre des subsistances et de ne plus nourrir Paris, qu'il en était devenu agréable au parti contre-révolutionnaire. Administrateur habile, mais élevé sous l'ancien régime qu'il regrettait, il méritait en partie la faveur de ceux qui le louaient. Petiet, ministre de la guerre, s'acquittait bien de ses fonctions; mais créature de Carnot, il en partageait entièrement le sort auprès des partis. Quant au ministre Cochon, il était recommandé aussi par ses liaisons avec Carnot; la découverte qu'il avait faite des complots des jacobins, et son zèle dans les poursuites dirigées contre eux, lui valaient la faveur du parti contraire, qui le louait avec affectation.

Malgré ces divergences, le gouvernement était encore assez uni pour administrer avec vigueur et poursuivre avec gloire ses opérations contre les puissances de l'Europe. L'opposition était toujours contenue par la majorité conventionnelle, restée dans le corps législatif. Cependant les élections approchaient, et le moment arrivait où un nouveau tiers, élu sous l'influence du moment, remplacerait un autre tiers conventionnel. L'opposition se flattait d'acquérir alors la majorité, et de sortir de l'état de soumission dans lequel elle avait vécu. Aussi, son langage devenait plus haut dans les deux conseils, et laissait percer ses espérances. Les membres de cette minorité se réunissaient à Tivoli pour s'y entretenir de leurs projets et y concerter leur marche. Cette réunion de députés était devenue un club des plus violents, connu sous le nom de *club de Clichy*. Les journaux participaient à ce mouvement. Une multitude de jeunes gens, qui sous l'ancien régime auraient fait de petits vers, déclamaient dans cinquante ou soixante feuilles contre les excès de la révolution et contre la convention, à laquelle ils imputaient ces excès. On n'en voulait pas, disaient-ils, à la république, mais à ceux qui avaient ensanglanté son berceau. Les réunions d'électeurs se formaient par avance, et on tâchait d'y préparer les choix. C'était en tout le langage, l'esprit, les passions de vendémiaire; c'était la même bonne foi et la même duperie dans la masse, la même ambition dans quelques individus, la même perfidie dans quelques conspirateurs, travaillant secrètement pour la royauté.

Cette faction royaliste, toujours battue, mais toujours crédule et intrigante, renaissait sans cesse. Partout où il y a une prétention appuyée de quelques secours d'argent, il se trouve des intrigants prêts à la servir par de misérables projets. Quoique Lemaître eût été condamné à mort, que la Vendée fût soumise, et que Pichegru eût été privé du commandement de l'armée du Rhin, les menées de la contre-révolution n'avaient pas cessé; elles continuaient au contraire avec une extrême activité. Toutes les situations étaient singulièrement changées. Le prétendant, qualifié tour à tour de comte de Lille ou de Louis XVIII, avait quitté Vérone, comme on a vu, pour passer à l'armée du Rhin. Il s'était arrêté un moment dans le camp du prince de Condé, où un accident mit sa vie en péril. Étant à une fenêtre, il reçut un coup de fusil, et fut légèrement effleuré par la balle. Ce fait, dont l'auteur resta inconnu, ne pouvait manquer d'être attribué au directoire, qui n'était pas assez sot pour payer un crime profitable seulement au comte d'Artois. Le prétendant ne resta pas long-temps auprès du prince de Condé. Sa présence dans l'armée autrichienne ne convenait pas au cabinet de Vienne, qui n'avait pas voulu le reconnaître, et qui sentait combien elle envenimerait encore la querelle avec la France, querelle déjà trop coûteuse et trop cruelle. On lui signifia l'ordre de partir, et, sur son refus, on fit marcher un détachement pour l'y contraindre. Il se retira alors à Blankembourg, où il continua d'être le centre de toutes les correspondances. Condé demeura avec son corps sur le Rhin. Le comte d'Artois, après ses vains projets sur la Vendée, s'était retiré en Écosse, d'où il correspondait encore avec quelques intrigants, allant et venant de la Vendée en Angleterre.

Lemaître étant mort, ses associés avaient pris sa place et lui avaient succédé dans la confiance du prétendant. C'étaient, comme on le sait déjà, l'abbé Brottier, ancien précepteur, Laville-Heurnois, ci-devant maître des requêtes, un certain chevalier Despomelles, et un officier de marine nommé Duverne de Presle. L'ancien système de ces agents, placés à Paris, était de tout faire par les intrigues de la capitale, tandis que les Vendéens prétendaient tout faire par l'insurrection armée, et le prince de Condé tout par le moyen de Pichegru. La Vendée étant soumise, Pichegru étant condamné à la retraite, et une réaction menaçante éclatant contre la révolution, les agents de Paris furent d'autant plus persuadés que l'on devait tout attendre d'un mouvement spontané de l'intérieur. S'emparer d'abord des élections, puis s'emparer par les élections des conseils, par les conseils du directoire et des places, leur semblait un moyen assuré de rétablir la royauté, avec les moyens même que leur fournissait la république. Mais pour cela il fallait mettre un terme à cette divergence d'idées qui avait toujours régné dans les projets de contre-révolution. Puisaye, resté secrètement en Bretagne, y rêvait, comme autrefois, l'insurrection de cette province. M. de Frotté, en Normandie, tâchait d'y préparer une Vendée, mais ni l'un ni l'autre ne voulaient s'entendre avec les agents de Paris. Le prince de Condé, dupé sur le Rhin dans son intrigue avec Pichegru, voulait toujours la conduire à part, sans y mêler ni les Autrichiens, ni le prétendant, et c'est à regret qu'il les avait mis dans le secret. Pour mettre de l'ensemble dans ces projets incohérents, et surtout pour avoir de l'argent, les agents de Paris firent voyager l'un d'entre eux dans les provinces de l'Ouest, en Angleterre, en Écosse, en Allemagne et en Suisse. Ce fut Duverne de Presle qui fut choisi. Ne pouvant pas réussir à priver Puisaye de son commandement, on essaya, par l'influence du comte d'Artois, de le rattacher au système de l'agence de Paris, et de l'obliger à s'entendre avec elle. On obtint des Anglais la chose la plus importante, quelques secours d'argent. On se fit donner par le prétendant, des pouvoirs qui faisaient ressortir toutes les intrigues de l'agence de Paris. On vit le prince de Condé, qu'on ne rendit ni intelligent, ni maniable. On vit M. de Précy, qui était toujours le promoteur secret des troubles de Lyon et du Midi; enfin on concerta un plan général qui n'avait d'ensemble et d'unité que sur le papier, et qui n'empêchait pas que chacun agît à sa façon, d'après ses intérêts et ses prétentions.

Il fut convenu que la France entière se partagerait en deux agences, l'une comprenant l'Est et le Midi, l'autre le Nord et l'Ouest. M. de Précy était à la tête de la première, les agents de Paris dirigeaient la seconde. Ces deux agences devaient se concerter dans toutes leurs opérations, et correspondre directement avec le prétendant qui leur donnait ses ordres. On imagina des associations secrètes sur le plan de celles de Babœuf. Elles étaient isolées entre elles, et ignoraient le nom des chefs, ce qui empêchait qu'on ne saisît toute la conspiration en saisissant l'une des parties. Ces associations devaient être adaptées à l'état de la France. Comme on avait vu que la plus grande partie de la population, sans désirer le retour des Bourbons, voulait l'ordre, le repos, et imputait au directoire la continuation du système révolutionnaire, on forma une maçonnerie dite *des philanthropes*, qui s'engageaient à user de leurs droits électoraux et à les exercer en faveur d'hommes opposés au directoire. Les philanthropes ignoraient le but secret de ces menées, et on ne devait leur avouer qu'une seule intention, celle de renforcer l'opposition.

Une autre association, plus secrète, plus concentrée, moins nombreuse, et intitulée *des fidèles*, devait se composer de ces hommes plus énergiques et plus dévoués, auxquels on pouvait révéler le secret de la faction. Les fidèles devaient être secrètement armés et prêts à tous les coups de main. Ils devaient s'enrôler dans la garde nationale, qui n'était pas encore organisée, et, à la faveur de ce costume, exécuter plus sûrement les ordres qu'on leur donnerait. Leur mission obligée, indépendamment de tout plan d'insurrection, était de veiller aux élections; et si on en venait aux mains, comme cela était arrivé en vendémiaire, de voler au secours du parti de l'opposition. Les fidèles contribuaient en outre à cacher les émigrés et les prêtres, à faire de faux passeports, à persécuter les révolutionnaires et les acquéreurs de biens nationaux. Ces associations étaient sous la direction de chefs militaires, qui correspondaient avec les deux agences principales, et recevaient leurs ordres. Tel était le nouveau plan de la faction, plan chimérique que l'histoire dédaignerait de rapporter, s'il ne faisait connaître les rêves dont les partis se repaissent dans leurs défaites. Malgré ce prétendu ensemble, l'association du Midi n'aboutissait qu'à produire des compagnies anonymes, agissant sans direction et sans but, et ne suivant que l'inspiration de la vengeance et du pillage. Puisaye, Frotté, Rochecot, dans la Bretagne et la Normandie, travaillaient à part à refaire une Vendée, et désavouaient la contre-révolution mixte des agents de Paris. Puisaye fit même un manifeste pour déclarer que jamais la Bretagne ne seconderait des projets qui ne tendraient pas à rendre par la force ouverte une royauté absolue et entière à la famille de Bourbon.

Le prince de Condé continuait de son côté à correspondre directement avec Pichegru, dont la conduite singulière et bizarre ne s'explique que par l'embarras de sa position. Ce général, le seul connu dans l'histoire pour s'être fait battre volontairement, avait lui-même demandé sa démission. Cette conduite devra paraître étonnante, car c'était se priver de tout moyen d'influence, et par conséquent se mettre dans l'impossibilité d'accomplir ses prétendus desseins. Cependant on la comprendra en examinant la position de Pichegru: il ne pouvait pas rester général sans mettre enfin à exécution les projets qu'il annonçait, et pour lesquels il avait reçu des sommes considérables. Pichegru avait devant lui trois exemples, tous trois fort différents, celui de Bouillé, de

Lafayette et de Dumouriez, qui lui prouvaient qu'entraîner une armée était chose impossible. Il voulait donc se mettre dans l'impuissance de rien tenter, et c'est là ce qui explique la demande de sa démission, que le directoire, ignorant encore tout-à-fait sa trahison, ne lui accorda d'abord qu'à regret. Le prince de Condé et ses agents furent fort surpris de la conduite de Pichegru, et crurent qu'il leur avait escroqué leur argent, et qu'au fond il n'avait jamais voulu les servir. Mais à peine destitué, Pichegru retourna sur les bords du Rhin, sous prétexte de vendre ses équipages, et passa ensuite dans le Jura, qui était son pays natal. De là il continua à correspondre avec les agents du prince, et leur présenta sa démission comme une combinaison très-profonde. Il allait, disait-il, être considéré comme une victime du directoire, il allait se lier avec tous les royalistes de l'intérieur et se faire un parti immense; son armée, qui passait sous les ordres de Moreau, le regrettait vivement, et, au premier revers qu'elle essuyerait, elle ne manquerait pas de réclamer son ancien général, et de se révolter pour qu'on le lui rendît. Il devait profiter de ce moment pour lever le masque, accourir à son armée, se donner la dictature, et proclamer la royauté. Ce plan ridicule, eût-il été sincère, aurait été déjoué par les succès de Moreau, qui, même pendant sa fameuse retraite, n'avait cessé d'être victorieux. Le prince de Condé, les généraux autrichiens qu'il avait été obligé de mettre dans la confidence, le ministre anglais en Suisse, Wickam, commençaient à croire que Pichegru les avait trompés. Ils ne voulaient plus continuer cette correspondance; mais sur les instances des agents intermédiaires, qui ne veulent jamais avoir fait une vaine tentative, la correspondance fut continuée, pour voir si on en tirerait quelque profit. Elle se faisait par Strasbourg, au moyen de quelques espions qui passaient le Rhin et se rendaient auprès du général autrichien Klinglin; et aussi par Bâle, avec le ministre anglais Wickam. Pichegru resta dans le Jura sans accepter ni refuser l'ambassade de Suède, qu'on lui proposa, mais travaillant à se faire nommer député, payant les agents du prince des plus misérables promesses du monde, et recevant toujours des sommes considérables. Il faisait espérer les plus grands résultats de sa nomination aux cinq-cents; il se targuait d'une influence qu'il n'avait pas; il prétendait donner au directoire des avis perfides, et l'induire à des déterminations dangereuses; il s'attribuait la longue résistance de Kehl, qu'il disait avoir conseillée pour compromettre l'armée. On comptait peu sur ces prétendus services. M. le comte de Bellegarde écrivait : — « Nous sommes dans la situation du joueur qui veut regagner son argent, et qui s'expose à perdre encore pour recouvrer ce qu'il a perdu. » Les généraux autrichiens continuaient cependant à correspondre, parce qu'à défaut de grands desseins, ils recueillaient au moins de précieux détails sur l'état et les mouvements de l'armée française. Les infames agents de cette correspondance envoyaient au général Klinglin les états et les plans qu'ils pouvaient se procurer. Pendant le siége de Kehl, ils n'avaient cessé d'indiquer eux-mêmes les points sur lesquels le feu ennemi pouvait se diriger avec le plus d'effet.

Tel était donc alors le rôle misérable de Pichegru. Avec un esprit médiocre, il était fin et prudent, et avait assez de tact et d'expérience pour croire tout projet de contre-révolution inexécutable dans le moment. Ses éternels délais, ses fables pour amuser la crédulité des agents du prince, prouvent sa conviction à cet égard; et sa conduite dans des circonstances importantes le prouvera mieux encore. Il n'en recevait pas moins le prix des projets qu'il ne voulait pas exécuter, et avait l'art de se le faire offrir sans le demander.

Du reste, c'était là la conduite de tous les agents du royalisme. Ils mentaient avec impudence, s'attribuaient une influence qu'ils n'avaient pas, et prétendaient disposer des hommes les plus importants, sans leur avoir jamais adressé la parole. Brottier, Duverne de Presle et Laville-Heurnois se vantaient de disposer d'un grand nombre de députés dans les deux conseils, et se promettaient d'en avoir bien plus encore après de nouvelles élections. Il n'en était rien cependant; ils ne communiquaient qu'avec le député Lemerer et un nommé Mersan, qui avait été exclu du corps législatif, en vertu de la loi du 3 brumaire contre les parents d'émigrés. Par Lemerer ils prétendaient avoir tous les députés composant la réunion de Clichy. Ils jugeaient, d'après les discours et la manière de voter de ces députés, qu'ils applaudiraient probablement à la restauration de la monarchie, et ils se croyaient autorisés par là à offrir d'avance leur dévouement et même leur repentir au roi de Blankembourg. Ces misérables en imposaient à ce roi, et calomniaient les membres de la réunion de Clichy. Il y avait là des ambitieux qui étaient ennemis des conventionnels, parce que les conventionnels occupaient le gouvernement tout entier, des hommes exaspérés contre la révolution, des dupes qui se laissaient conduire, mais très-peu d'hommes assez hardis pour songer à la royauté, et assez capables pour travailler utilement à son rétablissement. Ce n'en était pas moins sur de tels fondements que les agents du royalisme bâtissaient leurs projets et leurs promesses.

C'est l'Angleterre qui fournissait à tous les frais de la contre-révolution présumée; elle envoyait de Londres en Bretagne les secours que demandait Puisaye. Le ministre anglais en Suisse, Wickam, était chargé de fournir des fonds aux deux agences de Lyon et de Paris, et d'en faire parvenir directement à Pichegru, qui était, suivant la correspondance, *cavé pour les grands cas*.

Les agents de la contre-révolution avaient la prétention de prendre l'argent de l'Angleterre et de se moquer d'elle. Ils étaient convenus avec le prétendant de recevoir ses fonds, sans jamais suivre aucune de ses vues, sans jamais obéir à aucune de ses inspirations, dont il fallait, disait-on, se défier. L'Angleterre n'était point leur dupe, et avait pour eux tout le mépris qu'ils méritaient. Wickam, Pitt, et tous les ministres anglais, ne comptaient pas du tout sur les œuvres de ces messieurs, et n'en espéraient pas la contre-révolution. Il leur fallait des brouillons qui troublassent la France, qui répandissent l'inquiétude par leurs projets, et qui, sans mettre le gouvernement dans un péril réel, lui causassent des craintes exagérées. Ils consacraient volontiers un million ou deux par an à cet objet. Ainsi les agents de contre-révolution se trompaient, en croyant tromper les Anglais. Avec toute leur bonne volonté de faire une escroquerie, ils n'y réussissaient pas; et l'Angleterre ne comptait pas sur de plus grands résultats que ceux qu'ils étaient capables de produire.

Tels étaient alors les projets et les moyens de la faction royaliste. Le ministre de la police, Cochon, en connaissait une partie; il savait qu'il existait à Paris des correspondants de la cour de Blankembourg; car dans notre longue révolution, où tant de complots se sont succédé, il n'y a pas d'exemple d'une conspiration restée inconnue. Il suivait attentivement leur marche, les entourait d'espions, et attendait de leur part une tentative caractérisée, pour les saisir avec avantage. Ils lui en fournirent bientôt l'occasion. Poursuivant leur beau projet de s'emparer des autorités, ils songèrent à s'assurer d'abord des autorités militaires de Paris. Les principales forces de la capitale consistaient dans les grenadiers du corps législatif, et dans le camp des Sablons. Les grenadiers du corps législatif étaient une troupe d'élite de douze cents hommes, que la constitution avait placés auprès des deux conseils, comme garde de sûreté et d'honneur. Leur commandant, l'adjudant-général Ramel, était connu pour ses sentiments modérés, et aux yeux des imbécilles agents de Louis XVIII, c'était une raison suffisante pour le croire royaliste. La force armée réunie aux Sablons s'élevait à peu près à douze mille hommes. Le commandant de cette force armée était le général Hatry, brave homme qu'on n'espérait pas gagner. On songea au chef d'escadron du 21$^e$ de dragons, le nommé Malo, qui avait chargé si brusquement les jacobins lors de leur ridicule tentative sur le camp de Grenelle. On raisonna pour lui comme pour Ramel; et parce qu'il avait repoussé les jacobins, on supposa qu'il accueillerait les royalistes. Brottier, Laville-Heurnois et Duverne de Presle les sondèrent tous les deux, et leur firent des propositions qui furent écoutées, et dénoncées sur-le-champ au ministre de la police. Celui-ci enjoignit à Ramel et Malo de continuer à écouter les conspirateurs, pour connaître tout leur plan. Ceux-ci les laissèrent développer longuement leurs projets, leurs moyens, leurs espérances; et on s'ajourna à une prochaine entrevue, dans laquelle ils devaient exhiber les pouvoirs qu'ils tenaient de Louis XVIII. C'était le moment choisi pour les arrêter. Les entrevues avaient lieu chez le chef d'escadron Malo, dans l'appartement qu'il occupait à l'École-Militaire. Des gendarmes et des témoins furent cachés, de manière à tout entendre, et à pouvoir se montrer à un signal donné. Le 11 pluviôse (30 janvier), en effet, ces misérables dupes se rendirent chez Malo avec les pouvoirs de Louis XVIII, et développèrent de nouveau leurs projets. Quand on les eut assez écoutés, on feignit de les laisser partir, mais les agents apostés les saisirent, et les conduisirent chez le ministre de la police. Sur-le-champ on se rendit à leurs domiciles, et on s'empara en leur présence de tous leurs papiers. On y trouva des lettres qui prouvaient suffisamment la conspiration, et qui en révélaient en partie les détails. On y vit, par exemple, que ces messieurs composaient de leur chef un gouvernement tout entier. Ils voulaient dans le premier moment, et en attendant le retour du roi de Blankenbourg, laisser exister une partie des autorités actuelles. Ils voulaient nommément conserver Benezech à l'intérieur, Cochon à la police; et si ce dernier, comme régicide, effarouchait les royalistes, ils projetaient de mettre à sa place M. Siméon ou M. Portalis. Ils voulaient encore placer aux finances M. Barbé-Marbois, *qui a*, disaient-ils, *des talents, de l'instruction*, et qui *passe pour honnête*. Ils n'avaient point consulté certainement ni Benezech, ni Cochon, ni MM. Portalis, Siméon et Barbé-Marbois, auxquels ils étaient totalement inconnus; mais ils avaient disposé d'eux, comme d'usage, à leur insu, et sur leurs opinions présumées.

La découverte de ce complot produisit une vive sensation, et prouva que la république devait toujours être en garde contre ses anciens ennemis. Il causa un véritable étonnement dans toute l'opposition, qui aboutissait au royalisme sans s'en douter, et qui n'était nullement dans le secret. Cet étonnement prouvait combien ces misérables se vantaient, en annonçant à Blankembourg qu'ils disposaient d'un grand nombre de membres des deux conseils. Le directoire voulut sur-le-champ les livrer à une commission militaire. Ils déclinèrent cette compétence, en soutenant qu'ils n'avaient point été surpris les armes à la main, ni faisant une tentative de vive force. Plusieurs députés, qui s'unissaient de sentiment à leur cause, les appuyèrent dans les conseils; mais le directoire n'en persista pas moins à les traduire devant une commission militaire, comme ayant tenté d'embaucher des militaires.

Leur système de défense fut assez adroit. Ils avouèrent leur qualité d'agents de Louis XVIII, mais ils soutinrent qu'ils n'avaient d'autre mission que celle de préparer l'opinion, et d'attendre d'elle seule, et non de la force, le retour aux idées monarchiques. Ils furent condamnés à mort, mais leur peine fut commuée en une détention, pour prix des révélations de Duverne de Presle*. Celui-ci fit au directoire une longue déclaration, qui fut insérée au registre secret, et dans laquelle il dévoila toutes les menées des royalistes. Le directoire, instruit de ces détails, se garda de les publier, pour ne point apprendre aux conspirateurs qu'il connaissait leur plan tout entier. Duverne de Presle ne dit rien sur Pichegru, dont les intrigues, aboutissant directement au prince de Condé, étaient restées inconnues aux agents de Paris; mais il déclara vaguement, d'après des ouï-dire, que l'on avait essayé de pratiquer des intelligences dans l'une des principales armées.

Cette arrestation de leurs principaux agents

---

* 19 germinal (8 avril).

aurait pu déjouer les intrigues des royalistes, s'ils avaient eu un plan bien lié; mais chacun agissant de son côté, et à sa manière, l'arrestation de Brottier, Laville-Heurnois et Duverne de Presle, n'empêcha point MM. Puisaye et de Frotté d'intriguer en Normandie et en Bretagne, M. de Précy à Lyon, et le prince de Condé dans l'armée du Rhin.

On jugea peu de temps après Babœuf et ses complices; ils furent tous acquittés, excepté Babœuf et Darthé qui subirent la peine de mort\*.

L'affaire importante était celle des élections. Par opposition au directoire ou par royalisme, une foule de gens s'agitaient pour les influencer. Dans le Jura, on travaillait à faire nommer Pichegru; à Lyon M. Imbert-Colomès, l'un des agents de Louis XVIII dans le Midi. A Versailles, on faisait élire un M. de Vauvilliers, gravement compromis dans le complot découvert. Partout enfin on préparait des choix hostiles au directoire. A Paris, les électeurs de la Seine s'étaient réunis pour concerter leurs nominations. Ils se proposaient d'adresser les demandes suivantes aux candidats : *As-tu acquis des biens nationaux? As-tu été journaliste?*

---

\* 6 prairial (25 mai).

*As-tu écrit, agi et fait quelque chose dans la révolution?* On ne devait nommer aucun de ceux qui répondraient affirmativement sur ces questions. De pareils préparatifs annonçaient combien était violente la réaction contre tous les hommes qui avaient pris part à la révolution. Cent journaux déclamaient avec véhémence, et produisaient un véritable étourdissement sur les esprits. Le directoire n'avait, pour les réprimer, que la loi qui punissait de mort les écrivains provoquant le retour à la royauté. Jamais des juges ne pouvaient consentir à appliquer une loi aussi cruelle. Il demanda pour la troisième fois aux conseils, de nouvelles dispositions législatives qui lui furent encore refusées. Il proposa aussi de faire prêter aux électeurs le serment de haine à la royauté; une vive discussion s'engagea sur l'efficacité du serment, et on modifia la proposition, en changeant le serment en une simple déclaration. Chaque électeur devait déclarer qu'il était également opposé à l'anarchie et à la royauté. Le directoire, sans se permettre aucun des moyens honteux, si souvent employés dans les gouvernements représentatifs pour influer sur les élections, se contenta de choisir pour commissaires auprès des assemblées, des hommes connus par leurs sentiments républicains, et de faire écrire des circulaires par le ministre Cochon, dans lesquelles il recommandait aux électeurs les candidats de son choix. On se récria beaucoup contre ces circulaires, qui n'étaient qu'une exhortation insignifiante, et point du tout une injonction; car le nombre, l'indépendance des électeurs, surtout dans un gouvernement où presque toutes les places étaient électives, les mettaient à l'abri de l'influence du directoire.

Pendant qu'on travaillait ainsi aux élections, on s'occupait beaucoup du choix d'un nouveau directeur. La question était de savoir lequel des cinq serait désigné par le sort, conformément à la constitution, pour sortir du directoire : si c'était Barras, Rewbell ou Larévellière-Lépaux, l'opposition était assurée, avec le secours du nouveau tiers, de nommer un directeur de son choix. Alors elle espérait avoir la majorité dans le gouvernement; en quoi elle se flattait beaucoup, car bientôt ses folies n'auraient pas manqué d'éloigner d'elle Carnot et Letourneur.

Le club de Clichy discutait bruyamment le choix du nouveau directeur. On y proposait Cochon et Barthélemy. Cochon avait perdu un peu dans l'opinion des contre-révolutionnaires, depuis qu'il avait fait arrêter Brottier et ses complices, surtout depuis ses circulaires aux électeurs. On préférait Barthélemy, notre ambassadeur en Suisse, que l'on croyait secrètement lié avec les émigrés et le prince de Condé.

Les bruits les plus absurdes étaient répandus au milieu de cette agitation. On disait que le directoire voulait faire arrêter les députés nouvellement élus, et empêcher leur réunion; on soutenait même qu'il voulait les faire assassiner. Ses amis, de leur côté, disaient qu'on préparait son acte d'accusation à Clichy, et qu'on n'attendait que le nouveau tiers pour le présenter aux cinq-cents.

Mais tandis que les partis s'agitaient, dans l'attente d'un événement qui devait altérer les majorités, et changer la direction du gouvernement de la république, une campagne nouvelle se préparait, et tout annonçait qu'elle serait la dernière. Les puissances étaient à peu près partagées comme l'année précédente. La France, unie à l'Espagne et à la Hollande, avait à lutter avec l'Angleterre et l'Autriche. Les sentiments de la cour d'Espagne n'étaient pas et ne pouvaient pas être favorables aux républicains français; mais sa politique, dirigée par le prince de la Paix, était entièrement pour eux. Elle regardait leur alliance comme le moyen le plus sûr d'être protégée contre leurs principes, et pensait avec raison qu'ils ne voudraient pas la révolutionner, tant qu'ils trouveraient en elle un puissant auxiliaire maritime. D'ailleurs, elle avait une vieille haine contre l'Angleterre, et se flattait que l'union de toutes les marines du continent lui fournirait un moyen de venger ses injures. Le prince de la Paix, voyant son existence attachée à cette politique, et sentant qu'il périrait avec elle, employait, à la faire triompher des sentiments de la famille royale, toute son influence sur la reine; il y réussissait parfaitement. Il résultait toutefois de cet état de choses que les Français étaient individuellement maltraités en Espagne, tandis que leur gouvernement y obtenait la plus grande déférence à ses volontés. Malheureusement la légation française ne s'y conduisit ni avec les égards dus à une puissance amie, ni avec la fermeté nécessaire pour protéger les sujets français. L'Espagne, en s'unissant à la France, avait perdu l'importante colonie de la Trinité. Elle espérait que si la France se délivrait cette année de l'Autriche, et reportait toutes ses forces contre l'Angleterre, on ferait expier à celle-ci tous ses avantages. La reine se flattait surtout d'un agrandissement en Italie pour son gendre, le duc de Parme. Il était question encore d'une entreprise contre le Portugal; et, dans ce vaste bouleversement des états, la cour de Madrid n'était pas sans quelque espérance de réunir toute la péninsule sous la même domination.

Quant à la Hollande, sa situation était assez triste. Elle était agitée par toutes les passions que provoque un changement de constitution. Les gens raisonnables, qui voulaient un gouvernement dans lequel on conciliât l'ancien système fédératif avec l'unité nécessaire pour donner de la force à la république batave, avaient à combattre trois partis également dangereux. D'abord les orangistes, comprenant toutes les créatures du stathouder, les gens vivant d'emplois, et la populace; secondement les fédéralistes, comprenant toutes les familles riches et puissantes qui voulaient conserver l'ancien état de choses, au stathoudérat près, qui blessait leur orgueil; enfin les démocrates prononcés, parti bruyant, audacieux, implacable, composé de têtes ardentes et des aventuriers. Ces trois partis se combattaient avec acharnement et retardaient l'établissement de la constitution du pays. Outre ces embarras, la Hollande craignait toujours une invasion de la Prusse, qui n'était contenue que par les succès de la France. Elle voyait son commerce gêné dans le Nord par les Anglais et les Russes ; enfin elle perdit toutes ses colonies par la trahison de la plupart de ses commandants. Le cap de Bonne-Espérance, Trinquemale, les Moluques étaient déjà au pouvoir des Anglais. Les troupes françaises, campées en Hollande pour la couvrir contre la Prusse, observaient la plus louable et la plus sévère discipline ; mais les administrations et les chefs militaires ne s'y conduisaient ni avec ménagement, ni avec probité. Le pays était donc horriblement surchargé. On en pourrait conclure que la Hollande avait mal fait de se lier à la France, mais ce serait raisonner légèrement. La Hollande, placée entre les deux masses belligérantes, ne pouvait pas échapper à l'influence des vainqueurs. Sous le stathouder, elle était sujette de l'Angleterre et sacrifiée à ses intérêts ; elle avait de plus l'esclavage intérieur. En s'alliant à la France, elle courait les chances attachées à la nature de cette puissance, continentale plutôt que maritime, et compromettait ses colonies ; mais elle pouvait un jour, grace à l'union des trois marines du continent, recouvrer ce qu'elle avait perdu ; elle pouvait espérer une constitution raisonnable sous la protection française. Tel est le sort des états : s'ils sont forts, ils font eux-mêmes leurs révolutions, mais ils en subissent tous les désastres et se noient dans leur propre sang; s'ils sont faibles, ils voient leurs voisins venir les révolutionner à main armée, et subissent tous les inconvénients de la présence des armées étrangères. Ils ne s'égorgent pas, mais ils paient les soldats qui viennent faire la police chez eux. Telle était la destinée de la Hollande et sa situation par rapport à nous. Dans cet état, elle n'avait pas été fort utile au gouvernement français. Sa marine et son armée se réorganisaient très-lentement; les rescriptions bataves, avec lesquelles avait été payée l'indemnité de guerre de cent millions, s'étaient négociées presque pour rien, et les avantages de l'alliance étaient devenus presque nuls pour la France : aussi il s'en était ensuivi de l'humeur entre les deux pays. Le directoire reprochait au gouvernement hollandais de ne pas tenir ses engagements, et le gouvernement hollandais reprochait au directoire de le mettre dans l'impossibilité de les remplir. Malgré ces nuages, les deux puissances marchaient cependant au même but. Une escadre et une armée d'embarquement se préparaient en Hollande, pour concourir aux projets du directoire.

Quant à la Prusse, une grande partie de l'Allemagne, au Danemark, à la Suède et à la

Suisse, la France était toujours avec ces états dans les rapports d'une exacte neutralité. Des nuages s'étaient élevés entre la France et l'Amérique. Les États-Unis se conduisaient à notre égard avec autant d'injustice que d'ingratitude. Le vieux Washington s'était laissé entraîner dans le parti de John Adams et des Anglais, qui voulaient ramener l'Amérique à l'état aristocratique et monarchique. Les torts de quelques corsaires et la conduite des agents du comité de salut public leur servaient de prétexte; prétexte bien peu fondé, car les torts des Anglais envers la marine américaine étaient bien autrement graves; et la conduite de nos agents s'était ressentie du temps, et devait être excusée. Les fauteurs du parti anglais répandaient que la France voulait se faire céder par l'Espagne les Florides et la Louisiane; qu'au moyen de ces provinces et du Canada, elle entourerait les États-Unis, y sèmerait les principes démocratiques, détacherait successivement tous les États de l'Union, dissoudrait ainsi la fédération américaine, et composerait une vaste démocratie entre le golfe du Mexique et les cinq lacs. Il n'en était rien; mais ces mensonges servaient à échauffer les têtes et à faire des ennemis à la France. Un traité de commerce venait d'être conclu par les Américains avec l'Angleterre; il renfermait des stipulations qui transportaient à cette puissance des avantages réservés autrefois à la France seule, et dus aux services qu'elle avait rendus à la cause américaine. L'avis d'une rupture avec les États-Unis avait des partisans dans le gouvernement français. Monroë, qui était ambassadeur à Paris, donnait à cet égard les plus sages avis au directoire. — La guerre avec la France, disait-il, forcera le gouvernement américain à se jeter dans les bras de l'Angleterre, et le livrera à son influence; l'aristocratie dominera aux États-Unis, et la liberté sera compromise. En souffrant patiemment, au contraire, les torts du président actuel, on le laissera sans excuse, on éclairera les Américains, et on décidera un choix contraire à la prochaine élection. Tous les torts dont la France peut avoir à se plaindre seront alors réparés. — Cet avis sage et prévoyant l'avait emporté au directoire. Rewbell, Barras, Larévellière le firent triompher contre l'avis du systématique Carnot, qui, quoique disposé ordinairement pour la paix, voulait qu'on se fît donner la Louisiane, et qu'on y essayât une république.

Tels étaient les rapports de la France avec les puissances qui étaient ses alliées ou simplement ses amies. L'Angleterre et l'Autriche avaient fait, l'année précédente, un traité de triple alliance avec la Russie; mais la grande et fourbe Catherine venait de mourir. Son successeur, Paul I$^{er}$, prince dont la raison était peu solide, et s'éclairait par lueurs passagères, comme il arrive souvent dans sa famille, avait montré beaucoup d'égards aux émigrés français, et cependant peu d'empressement à exécuter les conditions du traité de triple alliance. Ce prince semblait être frappé de la puissance colossale de la république française, et on aurait dit qu'il comprenait le danger de la rendre plus redoutable en la combattant; du moins ses paroles à un Français très-connu par ses lumières et son esprit, le feraient croire. Sans rompre le traité, il avait fait valoir l'état de ses armées et de son trésor, et avait conseillé à l'Angleterre et à l'Autriche la voie des négociations. L'Angleterre avait essayé de décider le roi de Prusse à se jeter dans la coalition, mais n'y avait pas réussi. Ce prince sentait qu'il n'avait aucun intérêt à venir au secours de son plus redoutable ennemi, l'empereur. La France lui promettait une indemnité en Allemagne pour le stathouder, qui avait épousé sa sœur; il n'avait donc rien à désirer pour lui-même. Il voulait seulement empêcher que l'Autriche, battue et dépouillée par la France, ne s'indemnisât de ses pertes en Allemagne; il aurait même désiré s'opposer à ce qu'elle reçût des indemnités en Italie : aussi avait-il déclaré que jamais il ne consentirait à ce que l'Autriche reçût la Bavière en échange des Pays-Bas, et il faisait en même temps proposer son alliance à la république de Venise, lui offrant de la garantir, dans le cas où la France et l'Autriche voudraient s'accommoder à ses dépens. Son but était donc d'empêcher que l'empereur ne trouvât des équivalents pour les pertes qu'il faisait en luttant contre la France.

La Russie n'intervenant pas encore dans la lutte, et la Prusse persistant dans la neutralité, l'Angleterre et l'Autriche restaient seules en ligne. L'Angleterre était dans une situation fort triste; elle ne redoutait plus, pour le moment du moins, une expédition en Irlande, mais sa banque était menacée plus sérieusement que jamais; elle ne comptait pas du tout sur l'Autriche, qu'elle voyait hors d'haleine, et elle s'attendait à voir la France, après avoir vaincu le continent, l'accabler elle-même de ses forces réunies. L'Autriche, malgré l'occupation de Kehl et d'Huningue, sentait qu'elle s'était perdue en s'opiniâtrant contre deux têtes de pont, et en ne portant pas toutes ses forces en Italie. Les désastres de Rivoli et de la Favorite, la prise de Mantoue, la mettaient dans un péril imminent. Elle était obligée de dégarnir le Rhin, et de se réduire, sur cette frontière, à une véritable infériorité, pour porter ses forces et son prince Charles du côté de l'Italie. Mais pendant l'intervalle que ses troupes mettraient à faire le trajet du Haut-Rhin à la Piave et à l'Izonzo, elle était exposée sans défense aux coups d'un adversaire qui savait saisir admirablement les avantages du temps.

Toutes ses craintes étaient fondées; la France lui préparait, en effet, des coups terribles que la campagne que nous allons voir s'ouvrir ne tarda pas à réaliser.

# CHAPITRE II.

État de nos armées à l'ouverture de la campagne de 1797. — Marche de Bonaparte contre les états romains. Traité de Tolentino avec le pape. — Nouvelle campagne contre les Autrichiens. — Passage du Tagliamento. Combat de Tarwis. — Révolution dans les villes de Bergame, Brescia et autres villes des états de Venise. — Passage des Alpes Juliennes par Bonaparte. Marche sur Vienne. Préliminaires de paix avec l'Autriche signés à Léoben. — Passage du Rhin à Neuwied et à Dirsheim. — Perfidie des Vénitiens. Massacre de Vérone. Chute de la république de Venise.

L'armée de Sambre-et-Meuse, renforcée d'une grande partie de l'armée de l'Océan, avait été portée à quatre-vingt mille hommes. Hoche, qui en était devenu général, s'était arrêté peu de temps à Paris, à son retour de l'expédition d'Irlande, et s'était hâté de se rendre à son quartier-général. Il avait employé l'hiver à organiser ses troupes et à les pourvoir de ce qui leur était nécessaire. Tirant de la Hollande et des provinces d'entre Meuse et Rhin, qu'on traitait en pays conquis, des ressources assez grandes, il avait mis ses soldats à l'abri des besoins qui affligeaient l'armée du Rhin. Imaginant une autre répartition des différentes armes, il avait perfectionnné son ensemble, et lui avait donné la plus belle organisation. Il brûlait de marcher à la tête de ses quatre-vingt mille hommes, et ne voyait aucun obstacle qui pût l'empêcher de s'avancer jusqu'au cœur de l'Allemagne. Jaloux de signaler ses vues politiques, il voulait imiter l'exemple du général d'Italie et créer à son tour une république. Les provinces d'entre Meuse et Rhin, qui n'avaient point été, comme la Belgique, déclarées territoire constitutionnel, étaient provisoirement sous l'autorité militaire. Si, à la paix avec l'Empire, on les refusait à la France, pour ne pas lui donner la ligne du Rhin, on pouvait du moins consentir à ce qu'elles fussent constituées en une république indépendante, alliée et amie de la nôtre. Cette république, sous le nom de république cisrhénane, aurait pu être indissolublement attachée à la France, et lui être aussi utile qu'une de ses provinces. Hoche profitait du moment pour lui donner une organisation provisoire, et la préparer à l'état républicain. Il avait formé à Bonn une commission, chargée de la double tâche de l'organiser et d'en tirer les ressources nécessaires à nos troupes.

L'armée du Haut-Rhin, sous Moreau, était loin de se trouver dans un état aussi satisfaisant. Elle ne laissait rien à désirer quant à la valeur et à la discipline des soldats, mais elle manquait du nécessaire; et le défaut d'argent, ne permettant pas même l'acquisition d'un équipage de pont, retardait son entrée en campagne. Moreau faisait de vives instances pour obtenir quelques centaines de mille francs, que la trésorerie était dans l'impossibilité de lui fournir. Il s'était adressé, pour les obtenir, au général Bonaparte; mais il fallait attendre que celui-ci eût achevé son excursion dans les états du pape. Cette circonstance devait retarder les opérations sur le Rhin.

Les plus grands coups et les plus prompts allaient se porter en Italie. Bonaparte, prêt à détruire à Rivoli la dernière armée autrichienne, avait annoncé qu'il ferait ensuite une excursion de quelques jours dans les états du pape, pour le soumettre à la république, et y prendre l'argent nécessaire aux besoins de l'armée; il avait ajouté que si on lui envoyait un renfort de trente mille hommes, il franchirait les Alpes Juliennes, et marcherait hardiment sur Vienne. Ce plan, si vaste, était chimérique l'année précédente, mais aujourd'hui il était devenu possible. La politique seule du directoire aurait pu y mettre obstacle; il aurait pu ne pas vouloir remettre toutes les opérations de la guerre dans les mains de ce jeune homme si absolu dans ses volontés. Cependant, le bienveillant Larévellière insista fortement pour qu'on lui fournît le moyen d'exécuter un projet si beau, et qui terminait la guerre si vite. Il fut décidé que trente mille hommes lui seraient envoyés du Rhin. La division Bernadotte fut tirée de l'armée de Sambre-et-Meuse; la division Delmas de celle du Haut-Rhin, pour être acheminées toutes deux à travers les Alpes au milieu de l'hiver. Moreau fit les plus grands efforts pour mettre la division Delmas en état de représenter convenablement l'armée du Rhin en Italie; il choisit ses meilleures troupes, et épuisa ses magasins pour les équiper. On ne pouvait être mû par un sentiment plus honorable et plus délicat. Ces deux divisions, formant vingt et quelques mille hommes, passèrent les Alpes en janvier, dans un

moment où personne ne se doutait de leur
marche. Sur le point de franchir les Alpes, une
tempête les arrêta. Les guides conseillaient de
faire halte; on sonna la charge, et on brava
la tempête, tambour battant, enseignes déployées. Déjà ces deux divisions descendaient
dans le Piémont, qu'on ignorait encore leur
départ du Rhin.

Bonaparte avait à peine signé la capitulation
de Mantoue, qu'il était parti, sans attendre
que le maréchal Wurmser eût défilé devant
lui, et s'était rendu à Bologne pour aller faire
la loi au pape. Le directoire aurait désiré qu'il
détruisît enfin la puissance temporelle du Saint-
Siége; mais il ne lui en faisait pas une obligation, et le laissait libre d'agir d'après les circonstances et sa volonté. Bonaparte ne songeait
point du tout à s'engager dans une pareille
entreprise. Tandis que tout se préparait dans
la Haute-Italie pour une marche au-delà des
Alpes Juliennes, il voulait arracher encore une
ou deux provinces au pape, et le soumettre à
une contribution qui suffît aux frais de la
nouvelle campagne. Aspirer à faire davantage,
c'était compromettre le plan général contre
l'Autriche. Il fallait même que Bonaparte se
hâtât beaucoup, pour être en mesure de revenir promptement vers la Haute-Italie; il fallait

surtout qu'il se conduisît de manière à s'éviter une guerre de religion, et qu'il imposât à la cour de Naples, laquelle avait signé la paix, mais ne se regardait nullement comme liée par son traité. Cette puissance avait envie d'intervenir dans la querelle, soit pour s'emparer d'une partie des dépouilles du pape, soit pour empêcher qu'on n'établît une république à Rome, et qu'on ne plaçât ainsi la révolution à ses portes. Bonaparte réunit à Bologne la division Victor, les nouvelles troupes italiennes levées en Lombardie et dans la Cispadane, et s'achemina à leur tête, pour exécuter lui-même une entreprise qui, pour être conduite à bien, exigeait tout ce qu'il avait de tact et de promptitude.

Le pape était dans la plus cruelle anxiété; l'empereur ne lui avait promis son alliance qu'aux plus dures conditions, c'est-à-dire au prix de Ferrare et de Commachio; mais cette alliance même ne pouvait plus être efficace, depuis que l'armée d'Alvinzy n'existait plus. Le Saint-Siége s'était donc compromis inutilement. La correspondance du cardinal Busca, secrétaire d'état, et ennemi juré de la France, avait été interceptée. Les projets contre l'armée française, qu'on avait voulu prendre par derrière, étaient dévoilés; il ne restait plus aucune excuse pour invoquer la clémence du vainqueur, dont on refusait depuis un an d'écouter les propositions. Lorsque le ministre Cacault publia le manifeste du général français et qu'il demanda à se retirer, on n'osa pas le retenir par un reste d'orgueil, mais on fut dans une cruelle inquiétude. Bientôt on n'écouta plus que les conseils du désespoir. Le général autrichien Colli, arrivé à Rome avec quelques officiers, fut mis à la tête des troupes papales; on fit des prédications fanatiques dans toutes les provinces romaines; on promit le ciel à tous ceux qui se dévoueraient pour le Saint-Siége, et on tâcha d'exciter une Vendée autour de Bonaparte. Des prières instantes furent adressées à la cour de Naples, pour réveiller tout ce qu'elle avait d'ambition et de zèle religieux.

Bonaparte s'avança rapidement pour ne pas donner à l'incendie le temps de se propager. Le 16 pluviôse an V (4 février), il marcha sur le Senio. L'armée papale s'y était retranchée; elle se composait de sept à huit mille hommes de troupes régulières, et de grand nombre de paysans armés à la hâte et précédés de leurs moines. Cette armée présentait l'aspect le plus burlesque. Un parlementaire vint déclarer que si l'armée de Bonaparte persistait à s'avancer, on tirerait sur elle. Elle s'avança néanmoins vers le pont du Senio qui était assez bien retranché. Lannes remonta son cours avec quelques cents hommes, le passa à gué, et vint se ranger en bataille sur les derrières de l'armée papale. Alors le général Lahoz, avec les troupes lombardes, marcha sur le pont, et l'eut bientôt enlevé. Les nouvelles troupes italiennes supportèrent bien le feu, qui fut un instant assez vif. On fit quatre à cinq cents prisonniers, et on sabra quelques paysans. L'armée papale se retira en désordre. On la poursuivit sur Faenza; on enfonça les portes de la ville, et on y entra au bruit du tocsin et aux cris d'un peuple furieux. Les soldats en demandaient le pillage; Bonaparte le leur refusa. Il assembla les prisonniers faits dans la journée aux bords du Senio, et leur parla en italien. Ces malheureux s'imaginaient qu'on allait les égorger. Bonaparte les rassura, et leur annonça, à leur grand étonnement, qu'il les laissait libres, à condition qu'ils iraient éclairer leurs compatriotes sur les intentions des Français, qui ne venaient détruire ni la religion ni le Saint-Siége, mais qui voulaient écarter seulement les mauvais conseillers dont le pape était entouré. Il leur fit ensuite donner à manger et les renvoya. Bonaparte s'avança rapidement de Faenza à Forli, Césène, Rimini,

Pesaro et Sinigaglia. Colli, auquel il ne restait plus que trois mille hommes de troupes régulières, les retrancha en avant d'Ancône dans une bonne position. Bonaparte les fit envelopper, et enlever en grande partie. Il leur donna encore la liberté aux mêmes conditions. Colli se retira avec ses officiers à Rome. Il ne restait plus qu'à marcher sur cette capitale. Bonaparte se dirigea immédiatement sur Lorette, dont le trésor était évacué et où l'on trouva à peine un million. La vierge en vieux bois fut envoyée à Paris, comme objet de curiosité. De Lorette, il quitta les bords de la mer, et marcha par Macerata sur l'Apennin, pour le traverser et déboucher sur Rome, si cela devenait nécessaire. Il arriva à Tolentino le 25 pluviôse (13 février), et s'y arrêta pour attendre l'effet que produiraient sa marche rapide et le renvoi des prisonniers. Il avait mandé le général des Camaldules, religieux en qui Pie VI avait une grande confiance, et l'avait chargé d'aller porter à Rome des paroles de paix. Bonaparte souhaitait avant tout que le pape se soumît et acceptât les conditions qu'il voulait lui faire subir. Il ne voulait pas perdre du temps à faire à Rome une révolution, qui pourrait le retenir plus qu'il ne lui convenait, qui provoquerait peut-être la cour de Naples à prendre les armes, et qui, enfin, en renversant le gouvernement établi, ruinerait pour le moment les finances romaines, et empêcherait de tirer du pays les 20 ou 30 millions dont on avait besoin. Il pensait que le Saint-Siége, privé de ses plus belles provinces au profit de la Cispadane, et exposé au voisinage de la nouvelle république, serait bientôt atteint par la contagion révolutionnaire, et succomberait sous peu de temps. Cette politique était habile, et l'avenir en prouva la justesse. Il attendit donc à Tolentino les effets de la clémence et de la peur.

Les prisonniers renvoyés étaient allés, en effet, dans toutes les parties de l'état romain, et surtout à Rome, répandre les bruits les plus favorables à l'armée française, et calmer les ressentiments excités contre elle. Le général des Camaldules arriva au Vatican, au moment où le pape allait monter en voiture pour quitter Rome. Ce prince, rassuré par ce que lui dit ce religieux, renonça à quitter sa capitale, congédia le secrétaire d'état Busca, et dépêcha à Tolentino, pour traiter avec le général français, le cardinal Mattei, le prélat Galeppi, le marquis Massimi, et son neveu le duc de Braschi. Ils avaient plein pouvoir de traiter, pourvu que le général n'exigeât aucun sacrifice relatif à la foi. Le traité devenait dès lors très-facile, car sur les articles de foi, le général français n'était nullement exigeant. Le traité fut arrêté en quelques jours, et signé à Tolentino le 1$^{er}$ ventôse (19 février). Voici quelles en étaient les conditions. Le pape révoquait tout traité d'alliance contre la France, reconnaissait la république, et se déclarait en paix et en bonne intelligence avec elle. Il lui cédait tous ses droits sur le Comtat Venaissin, il abandonnait définitivement à la république cispadane les légations de Bologne et de Ferrare, et en outre la belle province de la Romagne. La ville et l'importante citadelle d'Ancône restaient au pouvoir de la France jusqu'à la paix générale. Les deux provinces du duché d'Urbin et de Macerata, que l'armée française avait envahies, étaient restituées au pape, moyennant la somme de 15 millions. Pareille somme devait être payée conformément à l'armistice de Bologne, non encore exécuté. Ces 30 millions étaient payables deux tiers en argent et un tiers en diamants, ou pierres précieuses. Le pape devait fournir en outre huit cents chevaux de cavalerie, huit cents chevaux de trait, des buffles et autres produits du territoire de l'Église. Il devait désavouer l'assassinat de Basseville, et faire payer 300,000 francs, tant à ses héritiers qu'à ceux qui avaient souffert par suite du même événement. Tous les objets d'art et manuscrits, cédés à la France par l'armistice de Bologne, devaient être sur-le-champ dirigés sur Paris.

Tel fut le traité de Tolentino, qui valait à la république cispadane, outre les légations de Bologne et de Ferrare, la belle province de la Romagne, et qui procurait à l'armée un subside de 30 millions, plus que suffisant pour la campagne qu'on allait faire. Quinze jours avaient suffi à cette expédition. Pendant qu'on négociait ce traité, Bonaparte sut imposer à la cour de Naples, et se débarrasser d'elle. Avant de quitter Tolentino, il fit un acte assez remarquable, et qui déjà prouvait sa politique personnelle. L'Italie et particulièrement les états du pape regorgeaient de prêtres français bannis. Ces malheureux, retirés dans les couvents, n'y étaient pas toujours reçus avec beaucoup de charité. Les arrêtés du directoire leur interdisaient les pays occupés par nos armées, et les moines italiens n'étaient pas fâchés d'en être délivrés par l'approche de nos troupes. Ces infortunés étaient réduits au désespoir. Éloignés depuis long-temps de leur patrie, exposés à tous les dédains de l'étranger, ils pleuraient en voyant nos soldats; ils en reconnurent même quelques-uns dont ils avaient été curés dans les villages de France. Bonaparte était facile à émouvoir; d'ailleurs il tenait à se montrer exempt de toute espèce de préjugés révolutionnaires ou religieux : il ordonna par un arrêté à tous les convents du Saint-Siége de recevoir les prêtres français, de les nourrir, et de leur donner une paie. Il améliora ainsi leur état, loin de les mettre en fuite. Il écrivit au directoire les motifs qu'il avait eus en commettant cette infraction à ses arrêtés. « En faisant, dit-il, des battues continuelles de ces malheureux, on les oblige à rentrer chez eux. Il vaut mieux qu'ils soient en Italie qu'en France; ils nous y seront utiles. Ils sont moins fanatiques que les prêtres italiens, ils éclaireront le peuple qu'on excite contre nous. D'ailleurs, ajoutait-il, ils pleurent en nous voyant; comment n'avoir pas pitié de leur infortune? » Le directoire approuva sa conduite. Cet acte et sa lettre publiés produisirent une sensation très-grande.

Il revint sur-le-champ vers l'Adige, pour exécuter la marche militaire la plus hardie dont l'histoire fasse mention. Après avoir franchi une fois les Alpes pour entrer en Italie, il allait les franchir une seconde fois, pour se jeter au-delà de la Drave et de la Muer, dans la vallée du Danube, et s'avancer sur Vienne. Jamais armée française n'avait paru en vue de cette capitale. Pour exécuter ce vaste plan, il fallait braver bien des périls. Il laissait toute l'Italie sur ses derrières, l'Italie saisie de terreur et d'admiration, mais imbue toujours de l'idée que les Français ne pouvaient la posséder long-temps.

La dernière campagne de Rivoli et la prise de Mantoue avaient paru terminer ces doutes; mais une marche en Allemagne allait les réveiller tous. Les gouvernements de Gênes, de Toscane, de Naples, Rome, Turin, Venise, indignés de voir le foyer de la révolution placé à leurs côtés, dans la Cispadane et la Lombardie, pouvaient saisir le premier revers pour se soulever. Dans l'incertitude du résultat, les patriotes italiens s'observaient, pour ne pas se compromettre. L'armée de Bonaparte était de beaucoup inférieure à ce qu'elle aurait dû être, pour parer à tous les dangers de son plan. Les divisions Delmas et Bernadotte, arrivées du Rhin, ne comptaient pas au-delà de vingt mille hommes; l'ancienne armée d'Italie en comptait au-delà de quarante, ce qui, avec les troupes lombardes, pouvait faire environ soixante et dix mille. Mais il fallait laisser vingt mille hommes au moins en Italie, garder le Tyrol avec quinze ou dix-huit mille, et il n'en restait que trente environ pour marcher sur Vienne;

témérité sans exemple. Bonaparte, pour parer à ces difficultés, tâcha de négocier avec le Piémont une alliance offensive et défensive, à laquelle il aspirait depuis long-temps. Cette alliance devait lui valoir dix mille hommes de bonnes troupes. Le roi, qui d'abord ne s'était pas contenté de la garantie de ses états pour prix des services qu'il allait rendre, s'en contenta, maintenant qu'il voyait la révolution gagner toutes les têtes. Il signa le traité, qui fut envoyé à Paris. Mais ce traité contrariait les vues du gouvernement français. Le directoire, approuvant la politique de Bonaparte en Italie, qui consistait à attendre la chute très-prochaine des gouvernements, et à ne point la provoquer, pour n'avoir ni la peine ni la responsabilité des révolutions, le directoire ne voulait ni attaquer ni garantir aucun prince. La ratification du traité était donc fort douteuse, et d'ailleurs elle exigeait quinze ou vingt jours. Il fallait ensuite que le contingent sarde se mît en mouvement, et alors Bonaparte devait déja se trouver au-delà des Alpes. Bonaparte aurait voulu surtout conclure un pareil traité d'alliance avec Venise. Le gouvernement de cette république faisait des armements considérables, dont le but ne pouvait être douteux. Les lagunes étaient remplies de régiments esclavons. Le podestat de Bergame, Ottolini, instrument aveugle des inquisiteurs d'état, avait répandu de l'argent et des armes parmi les montagnards du Bergamasque, et les tenait prêts pour une bonne occasion. Ce gouvernement, aussi faible que perfide, ne voulait cependant pas se compromettre, et persistait dans sa prétendue neutralité. Il avait refusé l'alliance de l'Autriche et de la Prusse, mais il était en armes; et si les Français, entrant en Autriche, essuyaient des revers, alors il était décidé à se prononcer, en les égorgeant pendant leur retraite. Bonaparte qui était aussi rusé que l'aristocratie vénitienne, sentait ce danger, et tenait à son alliance plutôt pour se garantir de ses mauvais desseins que pour avoir ses secours. En passant l'Adige, il voulut voir le procurateur Pezaro, celui qu'il avait tant effrayé l'année précédente à Peschiera; il lui fit les ouvertures les plus franches et les plus amicales. — Toute la terre-ferme, lui dit-il, était imbue des idées révolutionnaires; il suffisait d'un seul mot des Français pour insurger toutes les provinces contre Venise, mais les Français, si Venise s'alliait à eux, se garderaient de pousser à la révolte; ils tâcheraient de calmer les esprits; ils garantiraient la république contre l'ambition de l'Autriche, et, sans lui demander le sacrifice de sa constitution, ils se contenteraient de lui conseiller, dans son propre intérêt, quelques modifications indispensables. — Rien n'était plus sage ni plus sincère que ces avis. Il n'est point vrai qu'à l'instant où ils étaient donnés, le directoire et Bonaparte songeassent à livrer Venise à l'Autriche. Le directoire n'avait aucune idée à cet égard; en attendant les événements, s'il songeait à quelque chose, c'était plutôt à affranchir l'Italie, qu'à en céder une partie à l'Autriche. Quant à Bonaparte, il voulait sincèrement se faire un allié; et si Venise l'eût écouté, si elle se fût rattachée à lui, et qu'elle eût modifié sa constitution, elle aurait sauvé son territoire et ses antiques lois. Pezaro ne répondit que d'une manière évasive. Bonaparte voyant qu'il n'y avait rien à espérer, songea à prendre ses précautions, et à pourvoir à tout ce qui lui manquait, par son moyen ordinaire, la rapidité et la vivacité des coups.

Il avait soixante et quelques mille hommes de troupes, telles que l'Europe n'en avait jamais vu. Il voulait en laisser dix mille en Italie, qui, réunis aux bataillons lombards et cispandans, formeraient une masse de quinze ou dix-huit mille hommes, capables d'imposer aux Vénitiens. Il lui restait cinquante et quelques mille combattants, dont il allait disposer de la manière suivante. Trois routes conduisaient à travers les Alpes Rhétiennes, Noriques et Juliennes à Vienne : la première à gauche, traversant le Tyrol au col du Brenner; la seconde au centre, traversant la Carinthie au col de Tarwis; la troisième à droite, passant le Tagliamento et l'Izonzo, et conduisant en Carniole. L'archiduc Charles avait le gros de ses forces sur l'Izonzo, gardant la Carniole et couvrant Trieste. Deux corps, l'un à Feltre et Bellune, l'autre dans le Tyrol, occupaient les deux autres chaussées. Par la faute qu'avait commise l'Autriche de ne porter que fort tard ses forces en Italie, six belles divisions détachées du Rhin n'étaient point encore arrivées. Cette faute aurait pu être réparée en partie, si l'archiduc Charles, plaçant son quartier-général dans le Tyrol, avait voulu opérer sur notre gauche. Il aurait reçu quinze jours plus tôt les six divisions du Rhin; et certainement alors, Bonaparte, loin de filer sur la droite par la Carinthie ou la Carniole, aurait été obligé de le combattre, et d'en finir avec lui avant de se hasarder au-delà des Alpes. Il l'aurait trouvé alors avec ses plus belles troupes, et n'en aurait pas eu aussi bon marché. Mais l'archiduc avait ordre de couvrir Trieste, seul port maritime de la monarchie. Il s'établit donc au débouché de la Carniole, et ne plaça que des corps accessoires sur les chaussées de la Carinthie et du Tyrol. Deux des divisions, parties du Rhin, devaient venir renforcer le général Kerpen dans le Tyrol; les quatre autres devaient filer par derrière les Alpes, à travers la Carinthie et la Carniole, et rejoindre le quartier-général dans le Frioul. On était en ventôse (mars). Les Alpes étaient couvertes de neiges et de glace : comment imaginer que Bonaparte songeât à gravir dans ce moment la crête des Alpes?

Bonaparte pensa qu'en se jetant sur l'archiduc, avant l'arrivée des principales forces du Rhin, il enlèverait plus facilement les débouchés des Alpes, les franchirait à sa suite, battrait successivement, comme il avait toujours fait, les Autrichiens isolés, et, s'il était appuyé par un mouvement des armées du Rhin, s'avancerait jusqu'à Vienne.

En conséquence, il renforça Joubert, qui depuis Rivoli avait mérité toute sa confiance, des divisions Baraguai d'Hilliers et Delmas, et lui composa un corps de dix-huit mille hommes. Il le chargea de monter dans le Tyrol, de battre à outrance les généraux Laudon et Kerpen, de les rejeter au-delà du Brenner, de l'autre côté des Alpes, et ensuite de filer par la droite à travers le Putersthal, pour venir joindre la grande armée dans la Carinthie. Laudon et Kerpen pouvaient sans doute revenir dans le Tyrol, après que Joubert aurait rejoint l'armée principale; mais il leur fallait du temps pour se remettre d'une défaite, pour se renforcer et regagner le Tyrol, et pendant ce temps, Bonaparte serait aux portes de Vienne. Pour calmer les Tyroliens, il recommanda à Joubert de caresser les prêtres, de dire du bien de l'empereur et du mal de ses ministres, de ne toucher qu'aux caisses impériales, et de ne rien changer à l'administration du pays. Il chargea l'intrépide Masséna, avec sa belle division forte de dix mille hommes, de marcher sur le corps qui était au centre vers Feltre et Bellune, de courir aux gorges de la Ponteba qui précèdent le grand col de Tarwis, de s'emparer des gorges et du col, et de s'assurer ainsi du débouché de la Carinthie. Il voulait de sa personne marcher avec trois divisions, fortes de vingt-cinq mille hommes, sur la Piave et le Tagliamento, pousser devant lui l'archiduc dans la Carniole, se rabattre ensuite vers la chaussée de la Carinthie, joindre Masséna au col de Tarwis, franchir les Alpes à ce col, descendre dans la vallée de la Drave et de la Muer, recueillir Joubert, et marcher sur Vienne. Il comptait sur l'impétuosité et l'audace de ses attaques, et sur l'impression que laissaient ordinairement ses coups prompts et terribles.

Avant de se mettre en marche, il donna au général Kilmaine le commandement de la Haute-Italie. La division Victor, échelonnée dans les états du pape, en attendant le paiement des 30 millions, devait revenir sous peu de jours sur l'Adige, et y former avec les Lombards le corps d'observation. Une fermentation extraordinaire régnait dans les provinces vénitiennes. Les paysans et les montagnards dévoués aux prêtres et à l'aristocratie, les villes agitées par l'esprit révolutionnaire, étaient près d'en venir aux mains. Bonaparte commanda au général Kilmaine d'observer la plus exacte neutralité, et se mit en marche pour exécuter ses vastes projets. Il publia, suivant son usage, une proclamation énergique et capable d'augmenter encore l'exaltation de ses soldats, si elle avait pu l'être. Le 20 ventôse an V (10 mars 1797), par un froid rigoureux et plusieurs pieds de neige sur les montagnes, il mit toute sa ligne en mouvement. Masséna commença son opération sur le corps du centre, le poussa sur Feltre, Bellune, Cadore, lui fit un millier de prisonniers, au nombre desquels était encore le général Lusignan, se rabattit sur Spilimbergo, et s'engagea dans les gorges de la Ponteba, qui précèdent le col de Tarwis. Bonaparte s'avança avec trois divisions sur la Piave : la division Serrurier qui s'était illustrée devant Mantoue, la division Augereau, actuellement confiée au général Guyeux, en l'absence d'Augereau qui était allé porter des drapeaux à Paris, et la division Bernadotte arrivée du Rhin. Cette dernière contrastait, par sa simplicité et sa tenue sévère, avec la vieille armée d'Italie, enrichie dans les belles plaines qu'elle avait conquises, et composée de méridionaux braves, fougueux et intempérants. Les soldats d'Italie, fiers de leurs victoires, se moquaient des soldats venus du Rhin, et les appelaient *le contingent*, par allusion aux contingents des cercles, qui dans les armées de l'empereur faisaient mollement leur devoir. Les soldats du Rhin, vieillis sous les armes, étaient impatients de prouver leur valeur à leurs rivaux de gloire. Déjà quelques coups de sabre avaient été échangés à cause de ces railleries, et on était impatient de faire ses preuves devant l'ennemi.

Le 23 (13 mars), les trois divisions passèrent la Piave sans accident, et faillirent seulement perdre un homme, qui allait se noyer, lorsqu'une cantinière le sauva en se jetant à la nage. Bonaparte donna à cette femme un collier d'or. Les avant-gardes ennemies se replièrent, et vinrent chercher un refuge derrière le Tagliamento. Toutes les troupes du prince Charles répandues dans le Frioul, y étaient réunies pour en disputer le passage. Les deux jeunes adversaires allaient se trouver en présence. L'un, en sauvant l'Allemagne par une pensée heureuse, s'était acquis l'année précédente une grande réputation. Il était brave, point engagé dans les routines allemandes, mais fort incertain du succès, et très-alarmé pour sa gloire. L'autre avait étonné l'Europe par la fécondité et l'audace de ses combinaisons; il ne craignait rien au monde. Modeste jusqu'à Lodi, il ne croyait maintenant aucun génie égal au sien, et aucun soldat égal au soldat français. Le 26 ventôse (16 mars) au matin, Bonaparte dirigea ses trois divisions par Valvasone, sur les bords du Tagliamento. Ce fleuve, dont le lit est mal tracé, roule des Alpes sur des graviers, et se divise en une multitude de bras, tous guéables. L'armée autrichienne était déployée sur l'autre rive, couvrant les grèves du fleuve de ses boulets, et tenant sa belle cavalerie déployée sur ses ailes, pour en profiter sur ces plaines si favorables aux évolutions.

Bonaparte laissa la division Serrurier en réserve à Valvasone, et porta les deux divisions

Guyeux et Bernadotte, la première à gauche, faisant face au village de Gradisca où était logé l'ennemi; la seconde à droite, en face de Godroïpo. La canonnade commença, et il y eut quelques escarmouches de cavalerie sur les graviers. Bonaparte trouvant l'ennemi trop préparé, feignit de donner du repos à ses troupes, fit cesser le feu, et ordonna de commencer la soupe. L'ennemi trompé crut que les divisions ayant marché toute la nuit allaient faire une halte et prendre du repos. Mais à midi, Bonaparte fait tout-à-coup reprendre les armes. La division Guyeux se déploie à gauche, la division Bernadotte à droite. On forme les bataillons de grenadiers. En tête de chaque division, se place l'infanterie légère, prête à se disperser en tirailleurs, puis les grenadiers qui doivent charger, et les dragons qui doivent les appuyer. Les deux divisions sont déployées en arrière de ces deux avant-gardes. Chaque demi-brigade a son premier bataillon déployé en ligne, et les deux autres ployés en colonne serrée sur les ailes du premier. La cavalerie est destinée à voltiger sur les ailes. L'armée s'avance ainsi vers les bords du fleuve, et marche au combat avec le même ordre et la même tranquillité que dans une parade.

Le général Dammartin à gauche, le général

Lespinasse à droite, font approcher leur artillerie. L'infanterie légère se disperse, et couvre les bords du Tagliamento d'une nuée de tirailleurs. Alors Bonaparte donne le signal. Les grenadiers des deux divisions entrent dans l'eau, appuyés par des escadrons de cavalerie, et s'avancent sur l'autre rive. — « Soldats du Rhin, s'écrie Bernadotte, l'armée d'Italie vous regarde! » — Des deux côtés on s'élance avec la même bravoure. On fond sur l'armée ennemie, et on la repousse de toutes parts. Cependant le prince Charles avait placé un gros d'infanterie à Gradisca, vers notre gauche, et tenait sa cavalerie vers notre aile droite, pour nous déborder et nous charger à la faveur de la plaine. Le général Guyeux à la tête de sa division attaque Gradisca avec furie, et l'enlève. Bonaparte dispose sa réserve de cavalerie vers notre aile menacée, et la lance, sous les ordres du général Dugua et de l'adjudant-général Kellermann, sur la cavalerie autrichienne. Nos escadrons chargent avec adresse et impétuosité, font prisonnier le général de la cavalerie ennemie, et la mettent en déroute. Sur toute la ligne le Tagliamento est franchi, l'ennemi est en fuite. Nous avons quatre à cinq cents prisonniers; le terrain tout ouvert ne permettait pas d'en prendre davantage.

Telle fut la journée du 26 ventôse (16 mars), dite bataille du Tagliamento. Pendant qu'elle avait lieu, Masséna, sur la chaussée du centre, attaquait Osopo, s'emparait des gorges de la Ponteba, et poussait sur Tarwis les débris des divisions Lusignan et Orkscay.

L'archiduc Charles sentait que, pour garder la chaussée de la Carniole et couvrir Trieste, il allait perdre la chaussée de la Carinthie, qui était la plus directe et la plus courte, et celle que Bonaparte voulait suivre pour marcher sur Vienne. La chaussée de la Carniole communique avec celle de la Carinthie et le col de Tarwis par une route transversale qui suit la vallée de l'Izonzo. L'archiduc Charles dirige la division Bayalitsch par cette communication sur le col de Tarwis, pour prévenir Masséna, s'il est possible. Il se retire ensuite avec le reste de ses forces sur le Frioul, afin de disputer le passage du Bas-Izonzo.

Bonaparte le suit et s'empare de Palma-Nova, place vénitienne, que l'archiduc avait occupée, et qui renfermait des magasins immenses. Il marche ensuite sur Gradisca, ville située en avant de l'Izonzo. Il y arrive le 29 ventôse (19 mars). La division Bernadotte s'avance de Gradisca, qui était faiblement retranchée, mais gardée par trois mille hommes. Pendant ce temps, Bonaparte dirige la division Serrurier un peu au-dessous de Gradisca, pour y passer l'Izonzo et couper la retraite à la garnison. Bernadotte, sans attendre le résultat de cette manœuvre, somme la place de se rendre. Le commandant s'y refuse. Les soldats du Rhin demandent l'assaut, pour entrer dans la place avant les soldats d'Italie. Ils fondent sur les retranchements, mais une grêle de balles et de mitraille en abat plus de cinq cents. Heureusement la manœuvre de Serrurier fait cesser le combat. Les trois mille hommes de Gradisca mettent bas les armes, et livrent des drapeaux et du canon.

Pendant ce temps, Masséna était enfin arrivé au col de Tarwis, et, après un combat assez vif, s'était emparé de ce passage des Alpes. La division Bayalitsch, acheminée à travers les sources de l'Izonzo pour prévenir Masséna à Tarwis, allait donc trouver l'issue fermée. L'archiduc Charles, prévoyant ce résultat, laisse le reste de son armée sur la route du Frioul et de la Carniole, avec ordre de venir le rejoindre derrière les Alpes à Klagenfurth ; il vole ensuite de sa personne à Villach, où arrivaient de nombreux détachements du Rhin, pour attaquer Tarwis, en chasser Masséna, et rouvrir la route à la division Bayalitsch. Bonaparte de son côté laisse la division Bernadotte à la poursuite des corps qui se retiraient dans la Carniole, et avec les divisions Guyeux et Serrurier, se met à harceler par derrière la division Bayalitsch à travers la vallée d'Izonzo.

Le prince Charles, après avoir rallié derrière les Alpes les débris de Lusignan et d'Orkscay, qui avaient perdu le col de Tarwis, les renforce de six mille grenadiers, les plus beaux et les plus braves soldats de l'empereur, et réattaque le col de Tarwis, où Masséna avait à peine laissé un détachement. Il parvient à le recouvrer, et s'y établit avec les corps de Lusignan, d'Orkscay et les six mille grenadiers. Masséna réunit toute sa division pour l'emporter de nouveau. Les deux généraux sentaient tous deux l'importance de ce point. Tarwis enlevé, l'armée française était maîtresse des Alpes, et prenait la division Bayalitsch tout entière. Masséna fond tête baissée avec sa brave infanterie, et, suivant son usage, paie de sa personne. Le prince Charles ne se prodigue pas moins que le général républicain, et s'expose plusieurs fois à être pris par les tirailleurs français. Le col de Tarwis est le plus élevé des Alpes Noriques, il domine l'Allemagne. On se battait au-dessus des nuages, au milieu de la neige et sur des plaines de glace.

Des lignes entières de cavalerie étaient renversées et brisées sur cet affreux champ de bataille. Enfin, après avoir fait donner jusqu'à son dernier bataillon, l'archiduc Charles abandonne Tarwis à son opiniâtre adversaire, et se voit obligé de sacrifier la division Bayalitsch. Masséna, resté maître de Tarwis, se rabat sur la division Bayalitsch qui arrivait, et l'attaque en tête, tandis qu'elle est pressée en queue par les divisions Guyeux et Serrurier réunies sous les ordres de Bonaparte. Cette division n'a d'autre ressource que de se rendre prisonnière. Une foule de soldats, natifs de la Carniole et de la Croatie, se sauvent à travers les montagnes en jetant bas leurs armes; mais il en reste cinq mille au pouvoir des Français, avec tous les bagages, avec les administrations et les parcs de l'armée autrichienne, qui avaient suivi cette route. Ainsi Bonaparte était arrivé en quinze jours au sommet des Alpes, et sur le point où il commandait, il avait entièrement réalisé son but.

Dans le Tyrol, Joubert justifiait sa confiance en livrant des combats de géants. Les deux généraux Laudon et Kerpen occupaient les deux rives de l'Adige. Joubert les avait attaqués et battus à Saint-Michel, leur avait tué deux mille hommes et pris trois mille. Les poursuivant sans relâche sur Neumark et Tramin, et leur enlevant encore deux mille hommes, il avait rejeté Laudon à la gauche de l'Adige, dans la vallée de la Meran, et Kerpen à droite, au pied du Brenner. Kerpen, renforcé à Clausen de l'une des deux divisions venant du Rhin, s'était fait battre encore. Il s'était renforcé de nouveau, à Mittenwald, de la seconde division du Rhin, avait été battu une dernière fois, et s'était retiré enfin au-delà du Brenner. Joubert, après avoir ainsi déblayé le Tyrol, avait fait un à-droite, et il marchait à travers le Putersthal pour rejoindre son général en chef. On était au 12 germinal (1$^{er}$ avril), et déjà Bonaparte était maître du sommet des Alpes; il avait près de vingt mille prisonniers; il allait réunir Joubert et Masséna à son corps principal, et marcher avec cinquante mille hommes sur Vienne. Son adversaire rompu faisait effort pour rallier ses débris, et les réunir aux troupes qui arrivaient du Rhin. Tel était le résultat de cette marche prompte et audacieuse.

Mais tandis que Bonaparte obtenait ces résultats si rapides, tout ce qu'il avait prévu et appréhendé sur ses derrières, se réalisait. Les provinces vénitiennes, travaillées par l'esprit révolutionnaire, s'étaient soulevées. Elles avaient ainsi fourni au gouvernement vénitien un prétexte pour déployer des forces considérables, et pour se mettre en mesure d'accabler l'armée française, en cas de revers. Les provinces de la rive droite du Mincio étaient les plus atteintes de l'esprit révolutionnaire, par l'effet du voisinage de la Lombardie. Dans les villes de Bergame, Brescia, Salo, Crème, se trouvaient une multitude de grandes familles, auxquelles le joug de la noblesse du Livre d'or était insupportable, et qui, appuyées par une bourgeoisie nombreuse, formaient des partis puissants. En suivant les conseils de Bonaparte, en ouvrant les pages du Livre d'or, en apportant quelques modifications à l'ancienne constitution, le gouvernement de Venise aurait désarmé le parti redoutable qui s'était formé dans toutes les provinces de la terre-ferme; mais l'aveuglement ordinaire à toutes les aristocraties avait empêché cette transaction, et rendu une révolution inévitable. La part que prirent les Français dans cette révolution est facile à déterminer, malgré toutes les absurdités inventées par la haine et répétées par la sottise. L'armée d'Italie était composée de révolutionnaires méridionaux, c'est-à-dire de révolutionnaires ardents. Dans tous leurs rapports avec les sujets vénitiens, il n'était pas possible qu'ils ne communiquassent leur esprit, et qu'ils n'excitassent la révolte contre la plus odieuse des aristocraties européennes; mais cela était inévitable, et il n'était au pouvoir ni du gouvernement ni des généraux français de l'empêcher. Quant aux intentions du directoire et de Bonaparte, elles étaient claires. Le directoire souhaitait la chute naturelle de tous les gouvernements italiens, mais il était décidé à n'y prendre aucune part active, et du reste il s'en reposait entièrement sur Bonaparte de la conduite des opérations politiques et militaires en Italie. Quant à Bonaparte lui-même, il avait trop besoin d'union, de repos et d'amis sur ses derrières pour vouloir révolutionner Venise. Une transaction entre les deux partis lui convenait bien davantage. Cette transaction et notre alliance étant refusées, il se proposait d'exiger à son retour ce qu'il n'avait pu obtenir par la voie de la douceur; mais pour le moment il ne voulait rien essayer, ses intentions à cet égard étaient positivement exprimées à son gouvernement, et il avait donné au général Kilmaine l'ordre le plus formel de ne prendre aucune part aux événements politiques, et de maintenir le calme le plus qu'il pourrait.

Les villes de Bergame et de Brescia, les plus agitées de la terre-ferme, étaient fort en communication avec Milan. Partout se formaient des comités révolutionnaires secrets pour correspondre avec les patriotes milanais. On leur demandait du secours pour secouer le joug de Venise. Les victoires des Français ne laissaient plus aucun doute sur l'expulsion définitive des Autrichiens. Les patrons de l'aristocratie étaient donc vaincus; et quoique les Français affectassent la neutralité, il était clair qu'ils n'emploieraient pas leurs armes à faire rentrer sous le joug les peuples qui l'auraient secoué. Tous ceux donc qui s'insurgeaient, paraissaient devoir rester libres. Telle était la manière de raisonner des Italiens. Les habitants de Bergame, plus rapprochés de Milan, firent demander secrètement aux chefs milanais s'ils pouvaient compter sur leur appui, et sur le secours de la légion lombarde commandée par Lahoz. Le podestat de Bergame, Ottolini, celui qui, fidèle agent des inquisiteurs d'état, donnait de l'argent et des armes aux paysans et aux montagnards, avait des espions parmi les patriotes milanais; il connut le projet qui se tramait, et obtint le nom des principaux habitants de Bergame, agents de la révolte. Il se hâta de dépêcher un courrier à Venise, pour porter leurs noms aux inquisiteurs d'état, et provoquer leur arrestation. Les habitants de

Bergame, avertis du péril, firent courir après le porteur de la dépêche, le firent arrêter, et publièrent les noms de ceux d'entre eux qui étaient compromis. Cet événement décida l'explosion. Le 11 mars, au moment même où Bonaparte marchait sur la Piave, le tumulte commença dans Bergame. Le podestat Ottolini fit des menaces qui ne furent pas écoutées. Le commandant français que Bonaparte avait placé dans le château avec une garnison, pour veiller aux mouvements des montagnards du Bergamasque, redoubla de vigilance et renforça tous ses postes. De part et d'autre on invoqua son appui; il répondit qu'il ne pouvait entrer dans les démêlés des sujets vénitiens avec leur gouvernement, et il dit que le doublement de ses postes n'était qu'une précaution pour la sûreté de la place qui lui était confiée. En exécutant ses ordres, et en restant neutre, il faisait bien assez pour les Bergamasques. Ceux-ci s'assemblèrent le lendemain 12 mars, formèrent une municipalité provisoire, déclarèrent la ville de Bergame libre, et chassèrent le podestat Ottolini, qui se retira avec les troupes vénitiennes. Sur-le-champ ils envoyèrent une adresse à Milan, pour obtenir l'appui des Lombards. L'incendie devait se communiquer rapidement à Brescia, et à toutes les villes voisines. Les habitants de Bergame à peine affranchis, envoyèrent une députation à Brescia. La présence des Bergamasques souleva les Brescians. C'était Bataglia, ce Vénitien qui avait soutenu de si sages avis dans les délibérations du sénat, qui était podestat à Brescia. Il ne crut pas pouvoir résister, et il se retira. La révolution de cette ville s'opéra le 15 mars. L'incendie continua de se répandre, en longeant le pied des montagnes. Il se communiqua à Salo, où la révolution se fit de même par l'arrivée des Bergamasques et des Brescians, par la retraite des autorités vénitiennes, et en présence des garnisons françaises, qui restaient neutres, mais dont l'aspect, quoique silencieux, remplissait les révoltés d'espérance. Ce soulèvement du parti patriote dans les villes devait naturellement déterminer le soulèvement du parti contraire, qui était dans les montagnes et les campagnes. Les montagnards et les paysans, armés de longue main par Ottolini, reçurent le signal des capucins et des moines qui vinrent prêcher dans les hameaux : ils se préparèrent à venir saccager les villes insurgées, et, s'ils le pouvaient, à assassiner les Français. Dès cet instant, les généraux français ne pouvaient plus demeurer inactifs, tout en voulant rester neutres. Ils connaissaient trop bien les intentions des montagnards et des paysans, pour souffrir qu'ils prissent les armes; et sans vouloir donner de l'appui à aucun parti, ils se voyaient obligés d'intervenir, et de comprimer celui qui avait et qui annonçait contre eux des intentions hostiles. Kilmaine ordonna sur-le-champ au général Lahoz, commandant la légion lombarde, de marcher vers les montagnes pour s'opposer à leur armement. Il ne voulait ni ne devait mettre obstacle aux opérations des troupes vénitiennes régulières, si elles venaient agir contre les villes insurgées, mais il ne voulait pas souffrir un soulèvement dont le résultat était incalculable, dans le cas d'une défaite en Autriche. Il envoya sur-le-champ des courriers à Bonaparte, et fit hâter la marche de la division Victor, qui revenait des états du pape.

Le gouvernement de Venise, comme il arrive toujours aux gouvernements aveuglés, qui ne veulent pas prévenir le danger en accordant ce qui est indispensable, fut épouvanté de ces événements, comme s'ils avaient été imprévus. Il fit marcher sur-le-champ les troupes qu'il réunissait depuis long-temps, et les achemina sur les villes de la rive droite du Mincio. En même temps, persuadé que les Français étaient l'influence secrète qu'il fallait conjurer, il s'adressa au ministre de France Lallemant, pour savoir si, dans ce péril extrême, la république de Venise pouvait compter sur l'amitié du directoire. La réponse du ministre Lallemant fut simple, et dictée par sa position. Il déclara qu'il n'avait aucune instruction de son gouvernement pour ce cas, ce qui était vrai, mais il ajouta que si le gouvernement vénitien voulait apporter à sa constitution les modifications réclamées par le besoin du temps, il pensait que la France l'appuierait volontiers. Lallemant ne pouvait pas faire d'autre réponse; car si la France avait offert son alliance à Venise contre les autres puissances, elle ne la lui offrit jamais contre ses propres sujets; et elle ne pouvait la lui offrir contre eux, qu'à condition que le gouvernement adopterait des principes sages et raisonnables. Le grand-conseil de Venise délibéra sur la réponse de Lallemant. Il y avait plusieurs siècles que la proposition d'un changement de constitution n'avait été faite publiquement. Sur deux cents voix, elle n'en obtint que cinq. Une cinquantaine de voix se déclarèrent pour l'adoption d'un parti énergique; mais cent quatre-vingts se prononcèrent pour une réforme lente, successive, renvoyée à des temps plus calmes, c'est-à-dire, pour une détermination évasive. On résolut d'envoyer sur-le-champ deux députés à Bonaparte, pour sonder ses intentions, et invoquer son appui. On choisit l'un des sages de terre-ferme, J.-B. Cornaro, et le fameux procurateur Pezaro, qu'on a déja vu si souvent en présence du général.

Les courriers de Kilmaine et les envoyés vénitiens atteignirent Bonaparte, au moment où ses manœuvres hardies lui avaient assuré la ligne des Alpes et ouvert les États héréditaires. Il était à Gorice, occupé à régler la capitulation de Trieste. Il apprit avec une véritable peine les événements qui se passaient sur ses derrières, et on le croira facilement si on réfléchit combien il y avait d'audace et de danger dans sa marche sur Vienne. Du reste, ses dépêches au directoire font foi de la peine qu'il éprouvait; et ceux qui ont dit qu'il n'exprimait pas sa véritable pensée dans ces dépêches ont montré peu de jugement, car il ne fait aucune difficulté d'y avouer ses ruses les moins franches contre les gouvernements italiens. Cependant que pouvait-il faire au milieu de pareilles circonstances? Il n'était pas généreux à lui de comprimer par la force le parti qui proclamait nos principes, qui caressait, accueillait nos armées, et d'assurer le triomphe à celui qui était prêt, en cas de revers, à anéantir nos principes et nos armées. Il résolut de profiter encore de cette circonstance, pour obtenir des envoyés de Venise les concessions et les secours qu'il n'avait pu leur arracher. Il reçut les deux envoyés poliment, et leur donna audience le 5 germinal (25 mars). — Que je m'arme, leur dit-il, contre mes amis, contre ceux qui nous accueillent et veulent nous défendre, en faveur de mes ennemis, en faveur de ceux qui nous détestent et veulent nous égorger, c'est là une chose impossible. Cette lâche politique est aussi loin de mon cœur que de mes intérêts. Jamais je ne prêterai mon secours contre des principes pour lesquels la France a fait sa révolution, et auxquels je dois en partie le succès de mes armes. Mais je vous offre encore une fois mon amitié et mes conseils. Alliez-vous franchement à la France, rapprochez-vous de ses principes, faites des modifications indispensables à votre constitution; alors je réponds de tout, et sans employer une violence qui est impossible de ma part, j'obtiendrai par mon influence sur le peuple italien, et par l'assurance d'un régime plus raisonnable, le retour à l'ordre et à la paix. Ce résultat vous convient à vous autant qu'à moi. — Ce langage, qui était sincère, et dont la sagesse n'a pas besoin d'être démontrée, ne con venait point aux envoyés vénitiens, surtout à Pezaro. Ce n'était point là ce qu'ils voulaient; ils désiraient que Bonaparte leur restituât les forteresses qu'il avait occupées par précaution, dans Bergame, Brescia, Vérone; qu'il souffrît l'armement du parti fanatique contre le parti patriote, et qu'il permît qu'on lui préparât ainsi une Vendée sur ses derrières. Ce n'était pas là un moyen de s'entendre. Bonaparte, dont l'humeur était prompte, traita fort mal les deux envoyés, et leur rappelant les procédés des Vénitiens envers l'armée française, leur déclara qu'il connaissait leurs dispositions secrètes et leurs projets; mais qu'il était en mesure, et qu'il y avait une armée en Lombardie pour veiller sur eux. La conférence devint aigre. On passa de ces questions à celles des approvisionnements. Jusqu'ici Venise avait fourni des vivres à l'armée française, et elle avait autorisé Bonaparte à les exiger d'elle, en nourrissant l'armée autrichienne. Les Vénitiens voulaient que Bonaparte, transporté dans les États héréditaires, cessât de se nourrir à leurs dépens. Ce n'était pas du tout son intention, car il ne voulait rien demander aux habitants de l'Autriche, afin de se les concilier. Les fournisseurs secrètement chargés par le gouvernement vénitien de nourrir l'armée avaient cessé ces fournitures. On avait été réduit à faire des réquisitions dans les états vénitiens. — Ce moyen est vicieux, dit Bonaparte; il vexe l'habitant, il donne lieu à d'affreuses dilapidations; donnez-moi un million par mois pendant que durera encore cette campagne qui ne peut pas être longue; la république française comptera ensuite avec vous, et vous saura plus de gré de ce million que de tous les maux que vous endurez par les réquisitions. D'ailleurs vous avez nourri tous mes ennemis, vous leur avez donné asile, vous me devez la réciprocité. — Les deux envoyés répondirent en disant que le trésor était ruiné. — S'il est ruiné, répliqua Bonaparte, prenez de l'argent dans le trésor du duc de Modène, que vous avez recélé au détriment de mes alliés les Modénois; prenez-en dans les propriétés des Anglais, des Russes, des Autrichiens, de tous mes ennemis, que vous gardez en dépôt. — On se sépara avec humeur. Une entrevue nouvelle eut lieu le lendemain. Bonaparte, calmé, renouvela toutes ses propositions; mais Pezaro ne fit rien pour le satisfaire et promit seulement d'informer le sénat de toutes ses demandes. Alors Bonaparte, dont l'irritation commençait à ne plus se contenir, prit Pezaro par le bras et lui dit : — Au reste, je vous observe, je vous devine; je sais ce que vous me préparez; mais prenez-y garde! si, pendant que je serai engagé dans une entreprise lointaine, vous assassiniez mes malades, vous attaquiez mes dépôts, vous menaciez ma retraite, vous auriez décidé votre ruine. Ce que je pourrais pardonner pendant que je suis en Italie, serait un crime irrémissible pendant que je serai engagé en Autriche. Si vous prenez les armes, vous décidez ou ma perte ou la vôtre. Songez-y donc, et n'exposez pas le lion valétudinaire de Saint-Marc contre la fortune d'une armée qui trouverait dans ses dépôts et ses hôpitaux de quoi franchir vos lagunes et vous détruire. — Ce langage énergique effraya, sans les convaincre, les envoyés vénitiens, qui écrivirent sur-le-champ le résultat de cette conférence. Bonaparte écrivit aussitôt à Kilmaine pour lui ordonner de redoubler de vigilance, de punir les commandants français s'ils sortaient des limites de la neutralité, et de désarmer tous les montagnards et les paysans.

Les événements étaient tellement avancés, qu'il était impossible qu'ils s'arrêtassent. L'insurrection de Bergame avait eu lieu le 22 ventôse (12 mars); celle de Brescia le 27 (17 mars); celle de Salo le 4 germinal (24 mars). Le 8 germinal (28 mars), la ville de Crème fit sa révolution, et les troupes françaises s'y trouvèrent forcément engagées. Un détachement qui précédait la division Victor, de retour en Lombardie, se présenta aux portes de Crême. C'était dans un moment de fermentation. La vue des troupes françaises ne pouvait qu'accroître les espérances et la hardiesse des patriotes. Le podestat vénitien, qui était dans l'effroi, refusa d'abord l'entrée aux Français; puis il en introduisit quarante, lesquels s'emparèrent des portes de la ville, et les ouvrirent aux troupes françaises qui suivaient. Les habitants profitèrent de l'occasion, s'insurgèrent, et renvoyèrent le podestat vénitien. Les Français n'avaient pris ce parti que pour s'ouvrir passage; les patriotes en profitèrent pour se soulever. Quand il existe de pareilles dispositions, tout devient cause, et les événements les plus involontaires ont des résultats qui font supposer la complicité là où il n'en existe point. Telle fut la situation des Français, qui, sans aucun doute, souhaitaient individuellement la révolution, mais qui officiellement observaient la neutralité.

Les montagnards et les paysans, excités par les agents de Venise, et par les prédications des capucins, inondaient les campagnes. Les régiments esclavons, débarqués des lagunes sur la terre-ferme, s'avançaient sur les villes insurgées. Kilmaine avait donné ses ordres, et mis en mouvement la légion lombarde pour désarmer les paysans. Déja plusieurs escarmouches avaient eu lieu; des villages avaient été incendiés, des paysans saisis et désarmés. Mais ceux-ci, de leur côté, menaçaient de saccager les villes et d'égorger les Français, qu'ils désignaient sous le nom de jacobins. Déja même ils assassinaient d'une manière horrible tous ceux qu'ils trouvaient isolés. Ils firent d'abord la contre-révolution à Salo; aussitôt une troupe des habitants de Bergame et de Brescia, appuyée par un détachement des Polonais de la légion lombarde, marcha sur Salo, pour en chasser les montagnards. Quelques individus envoyés pour parlementer, furent attirés dans la ville et égorgés; le détachement fut enveloppé et battu; deux cents Polonais furent faits prisonniers, et envoyés à Venise. On saisit à Salo, à Vérone, dans toutes les villes vénitiennes, les partisans connus des Français; on les envoya sous les plombs, et les inquisiteurs d'état, encouragés par ce misérable succès, se montrèrent disposés à de cruelles vengeances. On prétend qu'il fut défendu de nettoyer le canal Orfano, qui était destiné, comme on sait, à l'horrible usage de noyer les prisonniers d'état. Cependant le gouvernement de Venise, tandis qu'il se préparait à déployer les plus grandes rigueurs, cherchait à tromper Bonaparte par des actes de condescendance apparente, et il accorda le million par mois qui avait été demandé. L'assassinat des Français ne continua pas moins partout où ils furent rencontrés. La situation devenait extrêmement grave, et Kilmaine envoya de nouveaux courriers à Bonaparte. Celui-ci, en apprenant les combats livrés par les montagnards, l'événement de Salo, où deux cents Polonais avaient été faits prisonniers, l'emprisonnement de tous les partisans de la France, et les assassinats commis sur les Français, fut saisi de colère. Sur-le-champ il envoya une lettre foudroyante au sénat, dans laquelle il récapitulait tous ses griefs, et demandait le désarmement des montagnards, l'élargissement des prisonniers polonais, et des sujets vénitiens jetés sous les plombs. Il chargea Junot de porter cette lettre, de la lire au sénat, et ordonna au ministre Lallemant de sortir sur-le-champ de Venise, en déclarant la guerre, si toutes les satisfactions exigées n'étaient pas accordées.

Pendant ce temps, il descendait à pas de géant du haut des Alpes Noriques, dans la vallée de la Mur. Sa principale espérance dans cette marche téméraire, était la prompte entrée en campagne des armées du Rhin, et leur prochaine arrivée sur le Danube. Mais il reçut une dépêche du directoire qui lui ôta tout espoir à cet égard. La détresse de la trésorerie était si grande, qu'elle ne pouvait fournir au général Moreau les quelques cent mille francs indispensables pour se procurer un équipage de pont, et passer le Rhin. L'armée de Hoche, qui occupait deux ponts et qui était toute prête, demandait à marcher, mais on n'osait pas la hasarder seule au-delà du Rhin, tandis que Moreau resterait en-deçà. Carnot exagérait encore dans sa dépêche les retards que devait subir l'entrée en campagne des armées d'Allemagne, et ne laissait à Bonaparte aucun espoir d'être appuyé. Celui-ci fut très-déconcerté par cette lettre; il avait l'imagination vive, et il passait de l'extrême confiance à l'extrême défiance. Il s'imagina ou que le directoire voulait perdre l'armée d'Italie et son général, ou que les autres généraux ne voulaient pas le seconder. Il écrivit une lettre amère sur la conduite des armées du Rhin. — Il dit qu'une ligne d'eau n'était jamais un obstacle, et que sa conduite en était la preuve; que lorsqu'on voulait franchir un fleuve, on le pouvait toujours;

qu'en ne voulant jamais exposer sa gloire, on la perdait quelquefois; qu'il avait franchi les Alpes sur trois pieds de neige et de glace, et que s'il avait calculé comme ses collègues, il ne l'aurait jamais osé; que si les soldats du Rhin laissaient l'armée d'Italie seule exposée en Allemagne, il fallait *qu'ils n'eussent pas de sang dans les veines;* que du reste cette brave armée, si on l'abandonnait, se replierait, et que l'Europe serait juge entre elle et les autres armées de la république. — Comme tous les hommes passionnés et orgueilleux, Bonaparte aimait à se plaindre, et à exagérer le sujet de ses plaintes. Quoi qu'il dît, il ne songeait ni à se retirer, ni même à s'arrêter, mais à frapper l'Autriche d'épouvante par une marche rapide, et à lui imposer la paix. Beaucoup de circonstances favorisaient ce projet. La terreur était dans Vienne; la cour était portée à transiger; le prince Charles le conseillait fortement; le ministère seul, dévoué à l'Angleterre, résistait encore. Les conditions fixées à Clarke, avant les victoires d'Arcole et de Rivoli, étaient si modérées, qu'on pouvait facilement obtenir l'adhésion de l'Autriche à ces conditions, et même à beaucoup mieux. Réuni à Joubert et à Masséna, Bonaparte allait avoir quarante-cinq ou cinquante mille hommes sous la main; et avec une masse aussi forte, il ne craignait point une bataille générale, quelle que fût la puissance de l'ennemi. Par toutes ces raisons, il résolut de faire une ouverture au prince Charles, et s'il n'y répondait pas, de fondre sur lui avec impétuosité, et de frapper un coup si prompt et si fort, qu'on ne résistât plus à ses offres. Quelle gloire pour lui, si, seul, sans appui, transporté en Autriche par une route si extraordinaire, il imposait la paix à l'empereur!

Il était à Klagenfurth, capitale de la Carinthie, le 11 germinal (31 mai). Joubert à sa gauche achevait son mouvement et allait le rejoindre. Bernadotte, qu'il avait détaché pour traverser la chaussée de la Carniole, s'était emparé de Trieste, des riches mines d'Idria, des magasins autrichiens, et allait arriver par Laybach et Klagenfurth. Il écrivit au prince Charles, le même jour 11 (31), une lettre mémorable. « Monsieur le général en chef, lui
« dit-il, les braves militaires font la guerre et
« désirent la paix. Cette guerre ne dure-t-elle
« pas depuis six ans? avons-nous assez tué de
« monde, et causé assez de maux à la triste
« humanité? Elle réclame de tous côtés. L'Eu-
« rope qui avait pris les armes contre la répu-
« blique française, les a posées. Votre nation
« reste seule, et cependant le sang va couler

« plus que jamais. Cette sixième campagne s'an-
« nonce par des présages sinistres. Quelle qu'en
« soit l'issue, nous tuerons de part et d'autre
« quelques milliers d'hommes, et il faudra bien
« que l'on finisse par s'entendre, puisque tout
« a un terme, même les passions haineuses.

« Le directoire exécutif de la république
« française avait fait connaître à sa majesté l'em-
« pereur le désir de mettre fin à la guerre qui
« désole les deux peuples. L'intervention de la
« cour de Londres s'y est opposée. N'y a-t-il
« donc aucun espoir de nous entendre, et faut-
« il, pour les intérêts et les passions d'une na-
« tion étrangère aux maux de la guerre, que
« nous continuions à nous entr'égorger? Vous,
« monsieur le général en chef, qui par votre
« naissance approchez si près du trône, et êtes
« au-dessus de toutes les petites passions qui
« animent souvent les ministres et les gouver-
« nements, êtes-vous décidé à mériter le titre
« de bienfaiteur de l'humanité entière, et de
« vrai sauveur de l'Allemagne? Ne croyez pas,
« monsieur le général en chef, que j'entende
« par là qu'il n'est pas possible de la sauver par
« la force des armes; mais dans la supposition
« que les chances de la guerre vous deviennent
« favorables, l'Allemagne n'en sera pas moins
« ravagée. Quant à moi, monsieur le général

« en chef, si l'ouverture que j'ai l'honneur de
« vous faire peut sauver la vie à un seul homme,
« je m'estimerai plus fier de la couronne civi-
« que que je me trouverai avoir méritée, que
« de la triste gloire qui peut revenir des suc-
« cès militaires. »

L'archiduc Charles ne pouvait accueillir cette ouverture, car la détermination du conseil aulique n'était pas encore prise. On embarquait à Vienne les meubles de la couronne et les papiers précieux sur le Danube, et on envoyait les jeunes archiducs et archiduchesses en Hongrie. La cour se préparait, dans un cas extrême, à évacuer la capitale. L'archiduc répondit au général Bonaparte qu'il désirait la paix autant que lui, mais qu'il n'avait aucun pouvoir pour en traiter, et qu'il fallait s'adresser directement à Vienne. Bonaparte s'avança rapidement à travers les montagnes de la Carinthie, et, le 12 germinal au matin (1$^{er}$ avril), poursuivit l'arrière-garde ennemie sur Saint-Weith et Freisach, et la culbuta. Dans l'après-midi du même jour, il rencontra l'archiduc, qui avait pris position en avant des gorges étroites de Neumark, avec les restes de son armée du Frioul, et avec quatre divisions venues du Rhin, celles de Kaim, de Mercantin, du prince d'Orange, et la réserve des grenadiers. Un combat furieux s'engagea dans ces gorges. Masséna en eut encore tout l'honneur. Les soldats du Rhin défièrent les vieux soldats de l'armée d'Italie. C'était à qui s'avancerait plus vite et plus loin. Après une action acharnée, dans laquelle l'archiduc perdit trois mille hommes sur le champ de bataille et douze cents prisonniers, tout fut enlevé à la baïonnette, et les gorges emportées. Bonaparte marcha sans relâche le lendemain, de Neumark sur Unzmark. C'était entre ces deux points qu'aboutissait la route transversale, qui unissait la grande chaussée du Tyrol à la grande chaussée de la Carinthie. C'était par cette route qu'arrivait Kerpen poursuivi par Joubert. L'archiduc voulant avoir le temps de rallier Kerpen à lui, proposa une suspension d'armes pour prendre, disait-il, en considération la lettre du 11 (31 mars). Bonaparte répondit qu'on pouvait négocier et se battre, et continua sa marche. Le lendemain 14 germinal (3 avril), il livra encore un violent combat à Unzmark, où il fit quinze cents prisonniers, entra à Knitelfeld, et ne trouva plus d'obstacle jusqu'à Léoben. L'avant-garde y entra le 18 germinal (7 avril). Kerpen avait fait un grand détour pour rejoindre l'archiduc, et Joubert avait donné la main à l'armée principale.

Le jour même où Bonaparte entrait à Léoben, le lieutenant-général Bellegarde, chef d'état-major du prince Charles, et le général major Merfeld, arrivèrent au quartier-général au nom de l'empereur, que la marche rapide des Français avait intimidé, et qui voulait une suspension d'armes. Ils la demandaient de dix jours. Bonaparte sentait qu'une suspension d'armes de dix jours donnait à l'archiduc le temps de recevoir ses derniers renforts du Rhin, de remettre ensemble toutes les parties de son armée, et de reprendre haleine. Mais lui-même en avait grand besoin, et il gagnait de son côté l'avantage de rallier Bernadotte et Joubert; d'ailleurs il croyait au désir sincère de traiter, et il accorda cinq jours de suspension d'armes, pour donner à des plénipotentiaires le temps d'arriver, et de signer des préliminaires. La convention fut signée le 18 (7 avril), et dut se prolonger seulement jusqu'au 23 (12 avril). Il établit son quartier-général à Léoben, et porta l'avant-garde de Masséna sur le Simmering, dernière hauteur des Alpes Noriques, qui est à vingt-cinq lieues de Vienne, et d'où l'on peut voir les clochers de cette capitale. Il employa ces cinq jours à reposer et à rallier ses colonnes. Il fit une proclamation aux habitants pour les rassurer sur ses intentions, et il joignit les effets aux paroles, car rien ne fut pris sans être payé par l'armée.

Bonaparte attendit l'expiration des cinq jours, prêt à frapper un nouveau coup pour ajouter à la terreur de la cour impériale, si elle n'était pas encore assez épouvantée. Mais tout se disposait à Vienne pour mettre fin à cette longue et cruelle lutte, qui durait depuis six années, et qui avait fait répandre des torrents de sang. Le parti anglais dans le ministère était entièrement discrédité; Thugut était prêt à tomber en disgrace. Les Viennois demandaient la paix à grands cris; l'archiduc Charles lui-même, le héros de l'Autriche, la conseillait, et déclarait que l'Empire ne pouvait plus être sauvé par les armes. L'empereur penchait pour cet avis. On se décida enfin, et on fit partir sur-le-champ pour Léoben le comte de Merfeld, et le marquis de Gallo, ambassadeur de Naples à Vienne. Ce dernier fut choisi par l'influence de l'impératrice, qui était fille de la reine de Naples, et qui se mêlait beaucoup des affaires. Leurs instructions étaient de signer des préliminaires qui serviraient de base pour traiter plus tard de la paix définitive. Ils arrivèrent le 24 germinal (13 avril au matin), à l'instant où la trève étant achevée, Bonaparte allait faire attaquer les avant-postes. Ils déclarèrent qu'ils avaient des pleins pouvoirs pour arrêter les bases de la paix. On neutralisa un jardin dans les environs de Léoben, et on traita au milieu des bivouacs de l'armée française. Le jeune général, devenu tout-à-coup négociateur, n'avait jamais fait d'apprentissage diplomatique; mais depuis une année il avait eu à traiter les plus grandes affaires qui se puissent traiter sur la terre; il avait une gloire qui en faisait l'homme le plus imposant de son siècle, et il avait un langage aussi imposant que sa personne. Il représentait donc glorieusement la république française. Il n'avait pas mission pour négocier; c'est Clarke qui était revêtu de tous les pouvoirs à cet égard, et Clarke, qu'il avait mandé, n'était point encore arrivé au quartier-général. Mais il pouvait considérer les préliminaires de la paix comme un armistice, ce qui était dans les attributions des généraux; d'ailleurs il était certain que Clarke signerait tout ce qu'il aurait fait, et il entra sur-le-champ en pourparler. Le plus grand souci de l'empereur et de ses envoyés était le règlement de l'étiquette. D'après un ancien usage, l'empereur avait sur les rois de France l'honneur de l'initiative; il était toujours nommé le premier dans le protocole des traités, et ses ambassadeurs avaient le pas sur les ambassadeurs français. C'était le seul souverain auquel cet honneur fût concédé par la France. Les deux envoyés de l'empereur consentaient à reconnaître sur-le-champ la république française, si l'ancienne étiquette était conservée.

—La république française, répondit fièrement Bonaparte, n'a pas besoin d'être reconnue; elle est en Europe comme le soleil sur l'horizon; tant pis pour les aveugles qui ne savent ni le voir ni en profiter. —Il refusa l'article de la reconnaissance. Quant à l'étiquette, il déclara que ces questions étaient fort indifférentes à la république française, qu'on pourrait s'entendre à cet égard avec le directoire, et qu'il ne serait probablement pas éloigné de sacrifier de semblables intérêts à des avantages réels; que, pour le moment, on traiterait sur le pied de l'égalité, et que la France et l'empereur auraient alternativement l'initiative.

On aborda ensuite les questions essentielles. Le premier et le plus important article était la cession des provinces belgiques à la France. Il ne pouvait plus entrer dans l'intention de l'Autriche de les refuser. Il fut convenu d'abord que l'empereur abandonnerait à la France toutes ses provinces belgiques, qu'en outre il consentirait, comme membre de l'empire germanique, à ce que la France étendît sa limite jusqu'au Rhin. Il s'agissait de trouver des indemnités, et l'empereur avait exigé qu'on lui en procurât de suffisantes, soit en Allemagne, soit en Italie. Il y avait deux moyens de lui en procurer en Allemagne, lui donner la Bavière, ou séculariser divers états ecclésiastiques de l'Empire. La première idée avait plus d'une fois occupé la diplomatie européenne. La seconde était due à Rewbell, qui avait imaginé ce moyen comme le plus convenable et le plus conforme à l'esprit de la révolution. Ce n'était plus le temps, en effet, où des évêques devaient être souverains temporels, et il était ingénieux de faire payer à la puissance ecclésiastique les agrandissements que recevait la république française. Mais les agrandissements de l'empereur en Allemagne ne pouvaient que difficilement obtenir l'assentiment de la Prusse. D'ailleurs, si on donnait la Bavière, il fallait trouver des indemnités pour le prince qui la possédait. Enfin les états d'Allemagne étant sous l'influence immédiate de l'empereur, il ne gagnait pas beaucoup à les acquérir, et il aimait beaucoup mieux des agrandissements en Italie, qui ajoutaient véritablement de nouveaux territoires à sa puissance. Il fallait donc songer à chercher des indemnités en Italie.

Si on avait consenti à rendre sur-le-champ

à l'empereur la Lombardie; si on avait pris l'engagement de conserver dans son état actuel la république de Venise, et de ne pas faire arriver la démocratie jusqu'aux frontières des Alpes, il aurait consenti sur-le-champ à la paix, et aurait reconnu la république cispadane, composée du duché de Modène, des deux légations et de la Romagne. Mais replacer la Lombardie sous le joug de l'Autriche, la Lombardie qui nous avait montré tant d'attachement, qui avait fait pour nous tant d'efforts et de sacrifices, et dont les principaux habitants s'étaient si fort compromis, était un acte odieux et une faiblesse; car notre situation nous permettait d'exiger davantage. Il fallait donc assurer l'indépendance de la Lombardie, et chercher en Italie des indemnités qui dédommageassent l'Autriche de la double perte de la Belgique et de la Lombardie. Il y avait un arrangement tout simple, qui s'était présenté plus d'une fois à l'esprit des diplomates européens, qui plus d'une fois avait été un sujet d'espérance pour l'Autriche et de crainte pour Venise, c'était d'indemniser l'Autriche avec les états vénitiens. Les provinces illyriennes, l'Istrie et toute la Haute-Italie, depuis l'Izonzo jusqu'à l'Oglio, formaient de riches possessions, et pouvaient fournir d'amples dédommagements à l'Autriche. La manière dont l'aristocratie vénitienne s'était conduite avec la France, ses refus constants de s'allier avec elle, ses armements secrets dont le but évident était de tomber sur les Français en cas de revers, le soulèvement récent des montagnards et des paysans, l'assassinat des Français, avaient rempli Bonaparte d'indignation. D'ailleurs, si l'empereur, pour qui Venise s'était secrètement armée, acceptait ses dépouilles, Bonaparte, contre qui elle avait fait ces armements, ne pouvait avoir aucun scrupule à les céder. Du reste, il y avait des dédommagements à offrir à Venise. On avait la Lombardie, le duché de Modène, les légations de Bologne et de Ferrare, la Romagne, provinces riches et considérables, dont une partie formait la république cispadane. On pouvait indemniser Venise avec quelques-unes de ces provinces. Cet arrangement parut le plus convenable, et là, pour la première fois, fut arrêté le principe de dédommager l'Autriche avec les provinces de la terre-ferme de Venise, sauf à dédommager celle-ci avec d'autres provinces italiennes.

On en référa à Vienne, dont on était à peine éloigné de vingt-cinq lieues. Ce genre d'indemnité fut agréé; les préliminaires de la paix furent aussitôt fixés, et rédigés en articles, qui durent servir de base à une négociation définitive. L'empereur abandonnait à la France toutes ses possessions des Pays-Bas, et consentait, comme membre de l'Empire, à ce que la république acquît la limite du Rhin. Il renonçait en outre à la Lombardie. En dédommagement de tous ces sacrifices, il recevait les états vénitiens de la terre-ferme, l'Illyrie, l'Istrie et la Haute-Italie jusqu'à l'Oglio. Venise restait indépendante, conservait les îles Ioniennes, et devait recevoir des dédommagements pris sur les provinces qui étaient à la disposition de la France. L'empereur reconnaissait les républiques qui allaient être fondées en Italie. L'armée française devait se retirer des états autrichiens, et cantonner sur la frontière de ces états, c'est-à-dire, évacuer la Carinthie et la Carniole, et se placer sur l'Izonzo, et aux débouchés du Tyrol. Tous les arrangements relatifs aux provinces et au gouvernement de Venise, devaient être faits d'un commun accord avec l'Autriche. Deux congrès devaient s'ouvrir, l'un à Berne pour la paix particulière avec l'empereur, l'autre dans une ville d'Allemagne pour la paix avec l'Empire. La paix avec l'empereur devait être conclue dans trois mois, sous peine de la nullité des préliminaires. L'Autriche avait de plus une raison puissante de hâter la conclusion du traité définitif, c'était d'entrer au plus tôt en possession des provinces vénitiennes, afin que les Français n'eussent pas le temps d'y répandre les idées révolutionnaires.

Le projet de Bonaparte était de démembrer la république cispadane, composée du duché de Modène, des deux légations et de la Romagne; de réunir le duché de Modène à la Lombardie, et d'en composer une seule république, dont la capitale serait Milan, et dont le nom serait *Cisalpine*, à cause de sa situation par rapport aux Alpes. Il voulait ensuite donner les deux légations et la Romagne à Venise, en ayant soin de soumettre son aristocratie et de modifier sa constitution. De cette manière, il existerait en Italie deux républiques, alliées de la France, lui devant leur existence, et disposées à concourir à tous ses plans. La Cisalpine aurait pour frontière l'Oglio, qu'il serait facile de retrancher. Elle n'avait pas Mantoue, qui restait avec le Mantouan à l'empereur; mais on pouvait faire de Pizzighitone sur l'Adda, une place de premier ordre; on pouvait relever les murs de Bergame et de Crême. La république de Venise avec ses îles, avec le Dogado et la Polésine qu'on tâcherait de lui conserver, avec les deux légations et la Romagne, qu'on lui donnerait, avec la province de

Massa-Carrara, et le golfe de la Spezia, qu'on y ajouterait dans la Méditerranée, serait une puissance maritime touchant à la fois aux deux mers.

On se demande pourquoi Bonaparte ne profitait pas de sa position pour rejeter tout-à-fait les Autrichiens hors de l'Italie; pourquoi surtout il les indemnisait aux dépens d'une puissance neutre, et par un attentat semblable à celui du partage de la Pologne. D'abord, était-il possible d'affranchir entièrement l'Italie? Ne fallait-il pas bouleverser encore l'Europe, pour la faire consentir au renversement du pape, du roi de Piémont, du grand-duc de Toscane, des Bourbons de Naples, et du prince de Parme? La république française était-elle capable des efforts qu'une telle entreprise aurait encore exigés? N'était-ce pas beaucoup de jeter dans cette campagne les germes de la liberté, en instituant deux républiques, d'où elle ne manquerait pas de s'étendre bientôt jusqu'au fond de la péninsule? Le partage des états vénitiens n'avait rien qui ressemblât à l'attentat célèbre qu'on a si souvent reproché à l'Europe. La Pologne fut partagée par les puissances mêmes qui l'avaient soulevée, et qui lui avaient promis solennellement leurs secours. Venise, à qui les Français avaient sincèrement offert leur amitié, l'avait refusée, et se préparait à les trahir, et à les surprendre dans un moment de péril. Si elle avait à se plaindre de quelqu'un, c'était des Autrichiens, au profit de qui elle voulait trahir les Français. La Pologne était un état dont les limites étaient clairement tracées sur la carte de l'Europe, dont l'indépendance était, pour ainsi dire, commandée par la nature, et importait au repos de l'Occident; dont la constitution, quoique vicieuse, était généreuse; dont les citoyens, indignement trahis, avaient déployé un beau courage, et mérité l'intérêt des nations civilisées. Venise, au contraire, n'avait de territoire naturel que ses lagunes, car sa puissance n'avait jamais résidé dans ses possessions de terre-ferme; elle n'était pas détruite, parce que certaines de ses provinces étaient échangées contre d'autres; sa constitution était la plus inique de l'Europe; son gouvernement était abhorré de ses sujets; sa perfidie et sa lâcheté ne lui donnaient aucun droit ni à l'intérêt, ni à l'existence. Rien donc dans le partage des états vénitiens ne pouvait être comparé au partage de la Pologne, si ce n'est le procédé particulier de l'Autriche.

D'ailleurs, pour se dispenser de donner de pareilles indemnités aux Autrichiens, il fallait les chasser de l'Italie, et on ne le pouvait qu'en traitant dans Vienne même. Mais il aurait fallu pour cela le concours des armées du Rhin, et on avait écrit à Bonaparte qu'elles ne pourraient entrer en campagne avant un mois. Il ne lui restait, dans cette situation, qu'à rétrograder, pour attendre leur entrée en campagne, ce qui exposait à bien des inconvénients; car il eût donné par là à l'archiduc le temps de préparer une armée formidable contre lui, et à la Hongrie de se lever en masse pour se jeter sur ses flancs. De plus, il fallait rétrograder, et presque avouer la témérité de sa marche. En acceptant les préliminaires, il avait l'honneur d'arracher seul la paix; il recueillait le fruit de sa marche si hardie; il obtenait des conditions qui, dans la situation de l'Europe, étaient fort brillantes et qui étaient surtout beaucoup plus avantageuses que celles qui avaient été fixées à Clarke, puisqu'elles stipulaient la ligne du Rhin et des Alpes, et une république en Italie. Ainsi, moitié par des raisons politiques et militaires, moitié par des considérations personnelles, il se décida à signer les préliminaires. Clarke n'était pas encore arrivé au quartier-général. Avec sa hardiesse accoutumée et l'assurance que lui donnaient sa gloire, son nom, et le vœu général pour la paix, Bonaparte passa outre, et signa les préliminaires, comme s'il eût été question d'un simple armistice. La signature fut donnée à Léoben le 29 germinal an V (18 avril 1797).

Si dans le moment il eût connu ce qui se passait sur le Rhin, il ne se serait pas tant hâté de signer les préliminaires de Léoben; mais il ne savait que ce qu'on lui avait mandé, et on lui avait mandé que l'inaction serait longue. Il fit partir sur-le-champ Masséna pour porter à Paris le traité des préliminaires. Ce brave général était le seul qui n'eût pas été député, pour porter des drapeaux, et recevoir à son tour les honneurs du triomphe. Bonaparte jugea que l'occasion de l'envoyer était belle, et digne des grands services qu'il avait rendus. Il expédia des courriers pour les armées du Rhin et de Sambre-et-Meuse, qui passèrent par l'Allemagne, afin d'arriver beaucoup plus vite, et de faire cesser toutes les hostilités, si elles étaient commencées.

Elles l'étaient, en effet, à l'instant même de la signature des préliminaires. Hoche, impatient depuis long-temps d'entrer en action, ne cessait de demander les hostilités. Moreau était accouru à Paris pour solliciter les fonds nécessaires à l'achat d'un équipage de pont. Enfin l'ordre fut donné. Hoche, à la tête de sa belle armée, déboucha par Neuwied, tandis que Championnet, avec l'aile droite, débouchait par Dusseldorf, et marchait sur Uckerath et Altenkirchen. Hoche attaqua les Autrichiens à Heddersdoff, où ils avaient élevé des retranchements considérables, leur tua beaucoup de monde, et leur fit cinq mille prisonniers. Après cette belle action, il s'avança rapidement sur Francfort, battant toujours Kray, et cherchant à lui couper la retraite. Il allait l'envelopper par une manœuvre habile, et l'enlever peut-être, lorsqu'arriva le courrier de Bonaparte, qui annonçait la signature des préliminaires. Cette circonstance arrêta Hoche au milieu de sa marche victorieuse, et lui causa un vif chagrin, car il se voyait encore une fois arrêté dans sa carrière. Si du moins on eût fait passer les courriers par Paris, il aurait eu le temps d'enlever Kray tout entier, ce qui aurait ajouté un beau fait d'armes à sa vie, et aurait eu l'influence la plus grande sur la suite des négociations. Tandis que Hoche se portait si rapidement sur la Nidda, Desaix, qui avait reçu de Moreau l'autorisation de franchir le Rhin, tentait une des actions les plus hardies dont l'histoire de la guerre fasse mention. Il avait choisi pour passer le Rhin un point fort au-dessous de Strasbourg. Après avoir échoué avec ses troupes sur une île de gravier, il avait enfin abordé la rive opposée; il était resté là pendant vingt-quatre heures, exposé à être jeté dans le Rhin, et obligé de lutter contre toute l'armée autrichienne pour se maintenir dans des taillis, des marécages, en attendant que le pont fût jeté sur le fleuve. Enfin le passage s'était opéré; on avait poursuivi les Autrichiens dans les Montagnes Noires, et on s'était emparé d'une partie de leurs administrations. Ici encore l'armée fut arrêtée au milieu de ses succès par le courrier parti de Léoben, et on dut regretter que les faux avis donnés à Bonaparte l'eussent engagé à signer si tôt.

Les courriers arrivèrent ensuite à Paris, où ils causèrent une grande joie à ceux qui souhaitaient la paix, mais non au directoire, qui jugeant notre situation formidable, voyait avec peine qu'on n'en eût pas tiré un parti plus avantageux. Larévellière et Rewbell désiraient en philosophes l'affranchissement entier de l'Italie; Barras souhaitait, en fougueux révolutionnaire, que la république humiliât les puissances; Carnot, qui affectait la modération depuis quelque temps, qui appuyait assez généralement les vœux de l'opposition, approuvait la paix, et prétendait que, pour l'obtenir durable, il ne fallait pas trop humilier l'empereur. Il y eut de vives discussions au directoire sur les préliminaires; cependant, pour ne pas trop indisposer l'opinion, et ne point paraître désirer une guerre éternelle, il fut décidé qu'on approuverait les bases posées à Léoben.

Tandis que ces choses se passaient sur le Rhin et en France, des événements importants éclataient en Italie. On a vu que Bonaparte, averti des troubles qui agitaient les états vénitiens, du soulèvement des montagnards contre les villes, de l'échec des Brescians devant Salo, de la capture de deux cents Polonais, de l'assassinat d'une grande quantité de Français, de l'emprisonnement de tous leurs partisans, avait écrit de Léoben une lettre foudroyante au sénat de Venise. Il avait chargé son aide-de-camp Junot de la lire lui-même au sénat, de demander ensuite l'élargissement de tous les prisonniers, la recherche et l'extradition des assassins, et il lui avait prescrit de sortir de suite de Venise, en faisant afficher une déclaration de guerre, si une pleine satisfaction n'était accordée. Junot fut présenté au sénat le 26 germinal (15 avril). Il lut la lettre menaçante de son général, et se comporta avec toute la rudesse d'un soldat, et d'un soldat victorieux. On lui répondit que les armements qui avaient été faits, n'avaient pour but que de maintenir la subordination dans les états de la république; que, si des assassinats avaient été commis, c'était un malheur involontaire qui serait réparé. Junot ne voulait pas se payer de vaines paroles, et menaçait de faire afficher la déclaration de guerre si on n'élargissait pas les prisonniers d'état et les Polonais, si on ne donnait pas l'ordre de désarmer les montagnards et de poursuivre les auteurs de tous les assassinats. Cependant on parvint à le calmer, et il fut arrêté avec lui et le ministre français Lallemant qu'on allait écrire au général Bonaparte, et lui envoyer deux députés pour convenir des satisfactions qu'il avait à exiger. Les deux députés choisis furent François Donat et Léonard Justiniani.

Mais, pendant ce temps, l'agitation continuait dans les états vénitiens. Les villes étaient toujours en hostilité avec la population des campagnes et des montagnes. Les agents du parti aristocratique et monacal répandaient les bruits les plus faux sur le sort de l'armée française en Autriche. Ils prétendaient qu'elle avait été enveloppée et détruite, et ils s'appuyaient sur deux faits pour autoriser leurs fausses nouvelles. Bonaparte, en attirant à lui les deux corps de Joubert et de Bernadotte, qu'il avait fait passer, l'un par le Tyrol, l'autre par la Carniole, avait découvert ses ailes. Joubert avait battu et rejeté Kerpen au-delà des Alpes, mais il avait laissé Laudon dans une partie du Tyrol, d'où celui-ci avait bientôt reparu, soulevant toute la population fidèle de ces montagnes, et descendant l'Adige pour se porter sur Vérone. Le général Servier, laissé avec douze cents hommes à la garde du Tyrol, se retirait pied à pied sur Vérone, pour venir se réfugier auprès des troupes françaises laissées dans la Haute-Italie. En même temps un corps de même force, laissé dans la Carniole, se retirait devant les Croates, insurgés comme les Tyroliens, et se repliait sur Palma-Nova. C'étaient là des faits insignifiants, et le ministre de France, Lallemant, s'efforçait de démontrer au gouvernement de Venise leur peu d'importance, pour lui épargner de nouvelles imprudences; mais tous ses raisonnements étaient inutiles; et tandis que Bonaparte obligeait les plénipotentiaires autrichiens à venir traiter au milieu de son quartier-général, on répandait dans les états de Venise qu'il était battu, débordé, et qu'il allait périr dans sa folle entreprise. Le parti ennemi des Français et de la révolution, à la tête duquel étaient la plupart des membres du gouvernement vénitien, sans que le gouvernement parût y être lui-même, se montrait plus exalté que jamais. C'est à Vérone surtout que l'agitation était grande. Cette ville, la plus importante des états vénitiens, était la première exposée à la contagion révolutionnaire, car elle venait immédiatement après Salo sur la ligne des villes insurgées. Les Vénitiens tenaient à la sauver et à en chasser les Français. Tout les y encourageait, tant les dispositions des habitants, que l'affluence des montagnards et l'approche du général Laudon. Déjà il s'y trouvait des troupes italiennes et esclavonnes, au service de Venise. On en fit approcher de nouvelles, et bientôt toutes les communications furent interceptées avec les villes voisines. Le général Balland, qui commandait à Vérone la garnison française, se vit séparé des autres commandants placés dans les environs. Plus de vingt mille montagnards inondaient la campagne. Les détachements français étaient attaqués sur les routes, des capucins prêchaient la populace dans les rues, et on vit paraître un faux manifeste du podestat de Vérone, qui encourageait au massacre des Français. Ce manifeste était supposé, et le nom de Battaglia, dont on l'avait signé, suffisait pour en prouver la fausseté; mais il n'en devait pas moins contribuer à échauffer les têtes. Enfin un avis émané des chefs du parti dans Vérone, annonçait au général Laudon qu'il pouvait s'avancer, et qu'on allait lui livrer la place. C'était dans les journées des 26 et 27 germinal (15 et 16 avril) que tout ceci se passait. On n'avait aucune nouvelle de Léoben, et le moment paraissait en effet des mieux choisis pour une explosion.

Le général Balland se tenait sur ses gardes. Il avait donné à toutes ses troupes l'ordre de se retirer dans les forts au premier signal. Il réclama auprès des autorités vénitiennes contre les traitements exercés à l'égard des Français, et surtout contre les préparatifs qu'il voyait faire. Mais il n'obtint que des paroles évasives et point de satisfaction réelle. Il écrivit à Mantoue, à Milan, pour demander des secours, et il se tint prêt à s'enfermer dans les forts. Le 28 germinal (17 avril), jour de la seconde fête de Pâques, une agitation extraordinaire se manifesta dans Vérone; des bandes de paysans y entrèrent en criant : Mort aux jacobins! Balland fit retirer ses troupes dans les forts, ne laissa que des détachements aux portes, et signifia qu'au premier acte de violence, il foudroierait la ville. Mais vers le milieu du jour, des coups de sifflet furent entendus dans les rues; on se précipita sur les Français, des bandes armées assaillirent les détachements laissés à la garde des portes, et massacrèrent ceux qui n'eurent pas le temps de rejoindre les forts. De féroces assassins couraient sur les Français désarmés que leurs fonctions retenaient dans Vérone, les poignardaient et les jetaient dans l'Adige. Ils ne respectaient pas même les hôpitaux, et se souillèrent du sang d'une partie des malades. Cependant tous ceux qui pouvaient s'échapper, et qui n'avaient pas le temps de courir vers les forts, se jetaient dans l'hôtel du gouvernement, où les autorités vénitiennes leur donnèrent asile, pour que le massacre ne parût pas leur ouvrage. Déjà plus de quatre cents malheureux avaient péri, et la garnison française frémissait de rage en voyant les Français égorgés et leurs cadavres flottant au loin sur l'Adige. Le général Balland ordonna aussitôt le feu, et couvrit la ville de boulets. Il pouvait la mettre en cendres. Mais si les montagnards qui avaient débordé s'en inquiétaient peu, les habitants et les magistrats vénitiens effrayés voulurent parlementer pour sauver leur ville. Ils envoyèrent un parlementaire au général Balland pour s'entendre avec lui et arrêter le désastre. Le général Balland consentit à entendre les pourparlers, afin de sauver les malheureux qui s'étaient réfugiés au palais du gouvernement, et sur lesquels on memaçait de venger tout le mal fait à la ville. Il y avait là des femmes, des enfants appartenant aux employés des administrations, des malades échappés aux hôpitaux, et il importait de les tirer du péril. Balland demandait qu'on les lui livrât sur-le-champ, qu'on fît sortir les montagnards et les régiments esclavons, qu'on désarmât la populace, et qu'on lui donnât des otages pris dans les magistrats vénitiens, pour garants de la soumission de la ville. Les parlementaires demandaient qu'un officier vînt traiter au palais du gouvernement. Le brave chef de brigade Beaupoil eut le courage d'accepter cette mission. Il traversa les flots d'une populace furieuse, qui voulait le mettre en pièces, et parvint enfin auprès des autorités vénitiennes. Toute la nuit se passa en vaines discussions, avec le provéditeur et le podestat, sans pouvoir s'entendre. On ne voulait pas désarmer, on ne voulait pas donner d'otages, on voulait des garanties contre les vengeances que le général Bonaparte ne manquerait pas de tirer de la ville rebelle. Mais pendant ces pourparlers, la convention de ne pas tirer dans l'intervalle des conférences, n'était pas exécutée par les hordes furieuses qui avaient envahi Vérone; on se fusillait avec les forts, et nos troupes faisaient des sorties. Le lendemain matin, 29 germinal (18 avril), le chef de brigade Beaupoil rentra dans les forts, au milieu des plus grands périls, sans avoir rien obtenu. On apprit que les magistrats vénitiens ne pouvant gouverner cette multitude furieuse, avaient disparu. Les coups de fusil recommencèrent contre le fort. Alors le général Balland fit de nouveau mettre le feu à ses pièces, et tira sur la ville à toute outrance. Le feu éclata dans plusieurs quartiers. Quelques-uns des principaux habitants se réunirent au palais du gouvernement pour prendre la direction de la ville en l'absence des autorités. On parlementa de nouveau, on convint de ne plus tirer; mais la convention n'en fut pas mieux exécutée par les insurgés, qui ne cessèrent de tirer sur les forts. Les féroces paysans qui couvraient la campagne, se jetèrent sur la garnison du fort de la Chiusa, placé sur l'Adige, et l'égorgèrent. Ils en firent de même à l'égard des Français répandus dans les villages autour de Vérone.

Mais l'instant de la vengeance approchait. Des courriers partis de tous côtés étaient allés prévenir le général Kilmaine. Des troupes accouraient de toutes parts. Le général Kilmaine avait ordonné au général Chabran de marcher sur-le-champ avec douze cents hommes; au chef de la légion lombarde, Lahoz, de s'avancer avec huit cents; aux généraux Victor et Baraguay-d'Hilliers, de marcher avec leurs divisions. Pendant que ces mouvements de troupes s'exécutaient, le général Laudon venait de recevoir la nouvelle de la signature des préliminaires, et s'était arrêté sur l'Adige. Après un combat sanglant que le général Chabran eut à livrer aux troupes vénitiennes, la ville de Vérone fut entourée de toutes parts, et alors les furieux, qui avaient massacré les Français, passèrent de la plus atroce violence au plus grand abattement. On n'avait cessé de parlementer et de tirer pendant les journées du 1$^{er}$ au 5 floréal (du 20 au 24 avril). Les magistrats vénitiens avaient reparu; ils voulaient encore des garanties contre les vengeances qui les menaçaient; on leur avait donné vingt-quatre heures pour se décider; ils disparurent de nouveau. Une municipalité provisoire les remplaça; et, en voyant les troupes françaises maîtresses de la ville et prêtes à la réduire en cendres, elle se rendit sans conditions. Le général Kilmaine fit ce qu'il put pour empêcher le pillage; mais il ne put sauver le Mont-de-Piété, qui fut en partie dépouillé. Il fit fusiller quelques-uns des chefs connus de l'insurrection, pris les armes à la main; il imposa pour la solde de l'armée une contribution de onze cent mille francs à la ville, et lança sa cavalerie sur les routes pour désarmer les paysans, et sabrer ceux qui résisteraient. Il s'efforça ensuite de rétablir l'ordre, et fit sur-le-champ un rapport au général en chef, pour attendre sa décision à l'égard de la ville rebelle. Tels furent les massacres connus sous le nom de *Pâques véronaises*.

Pendant que cet événement se passait à Vérone, il se commettait à Venise même un acte plus odieux encore, s'il est possible. Un réglement défendait aux vaisseaux armés des puissances belligérantes d'entrer dans le port du Lido. Un lougre commandé par le capitaine Laugier, faisant partie de la flottille française dans l'Adriatique, chassé par des frégates autrichiennes, s'était sauvé sous les batteries du Lido, et les avait saluées de neuf coups de canon. On lui signifia de s'éloigner malgré le temps et malgré les vaisseaux ennemis qui le poursuivaient. Il allait obéir, lorsque, sans lui donner le temps de prendre le large, les batteries font feu sur le malheureux vaisseau, et le criblent sans pitié. Le capitaine Laugier, se comportant avec un généreux dévouement, fait descendre son équipage à fond de cale, et monte sur le pont avec un porte-voix pour se faire entendre, et répéter qu'il se retire. Mais il tombe mort sur le pont avec deux hommes de son équipage. Dans le même moment, des chaloupes vénitiennes, montées par des Esclavons, abordent le lougre, fondent sur le pont et massacrent l'équipage, à l'exception de deux ou trois malheureux qui sont conduits à Venise. Ce déplorable événement eut lieu le 4 floréal (23 avril.).

Dans ce moment, on apprenait avec les massacres de Vérone, la prise de cette ville, et la signature des préliminaires. Le gouvernement se voyait tout-à-fait compromis, et ne pouvait plus compter sur la ruine du général Bonaparte, qui, loin d'être enveloppé et battu, était au contraire victorieux, et venait d'imposer la paix à l'Autriche. Il allait se trouver maintenant en présence de ce général tout-puissant dont il avait refusé l'alliance, et dont il venait de massacrer les soldats. Il était plongé dans la terreur. Qu'il eût ordonné officiellement, et les massacres de Vérone, et les cruautés commises au port du Lido, ce n'était pas vraisemblable; et on ne connaîtrait pas la marche des gouvernements dominés par les factions, si on le supposait. Les gouvernements qui sont dans cette situation, n'ont pas besoin de donner les ordres dont ils souhaitent l'exécution; ils n'ont qu'à laisser agir la faction dont ils partagent les vœux. Ils lui livrent leurs moyens, et font par elle tout ce qu'ils n'oseraient pas faire eux-mêmes. Les insurgés de Vérone avaient des canons; ils étaient appuyés par les régiments réguliers vénitiens; le podestat de Bergame, Ottolini, avait reçu de longue main tout ce qui était nécessaire pour armer les paysans; ainsi, après avoir fourni les moyens, le gouvernement n'avait qu'à laisser faire; et c'est ainsi qu'il se conduisit. Dans le premier instant cependant, il commit une imprudence : ce fut de décerner une récompense au commandant du Lido, pour avoir fait respecter, dit-il, les lois vénitiennes. Il ne pouvait donc se flatter d'offrir des excuses valables au général Bonaparte. Il envoya de nouvelles instructions aux deux députés Donat et Justiniani, qui n'étaient chargés d'abord que de répondre aux sommations faites par Junot le 26 germinal (15 avril). Alors les événements de Vérone et du Lido n'étaient pas connus; mais maintenant les deux députés avaient une bien autre tâche à remplir, et bien d'autres événements à expliquer. Ils s'avancèrent au milieu des cris d'allégresse excités par la nouvelle de la paix, et ils comprirent bientôt qu'eux seuls auraient sujet d'être tristes, au milieu de ces grands événements. Ils apprirent en route que Bonaparte, pour les punir du refus de son alliance, de leurs rigueurs contre ses partisans, et de quelques assassinats isolés commis sur les Français, avait cédé une partie de leurs provinces à l'Autriche. Que serait-ce quand il connaîtrait les odieux événements qui avaient suivi!

Bonaparte revenait déjà de Léoben, et suivant la teneur des préliminaires, repliait son armée sur les Alpes et l'Izonzo. Ils le trouvèrent à Gratz, et lui furent présentés le 6 floréal (25 avril). Il ne connaissait encore dans ce moment que les massacres de Vérone, qui avaient commencé le 28 germinal (17 avril), et point encore ceux du Lido, qui avaient eu lieu le 4 floréal (23 avril). Ils s'étaient munis d'une lettre d'un frère du général, pour être plus gracieusement accueillis. Ils abordèrent en tremblant cet homme *vraiment extraordinaire*, dirent-ils, *par la vivacité de son imagination, la promptitude de son esprit, et la force invincible de ses sentiments*[\*]. Il les accueillit avec politesse, et, contenant son courroux, leur

---

[\*] Veramente originale, ma forse non più che per vivacità d'imaginazione, robustezza invincibile di sentimento, ed agilità nel ravvisarlo esternamente.

permit de s'expliquer longuement; puis, rompant le silence : — Mes prisonniers, leur dit-il, sont-ils délivrés? Les assassins sont-ils poursuivis? Les paysans sont-ils désarmés? Je ne veux plus de vaines paroles : mes soldats ont été massacrés, il faut une vengeance éclatante! — Les deux envoyés voulurent revenir sur les circonstances qui les avaient obligés de se prémunir contre l'insurrection, sur les désordres inséparables de pareils événements, sur la difficulté de saisir les vrais assassins. — Un gouvernement, reprit vivement Bonaparte, aussi bien servi par ses espions que le vôtre, devrait connaître les vrais instigateurs de ces assassinats. Au reste, je sais bien qu'il est aussi méprisé que méprisable, qu'il ne peut plus désarmer ceux qu'il a armés; mais je les désarmerai pour lui. J'ai fait la paix, j'ai quatre-vingt mille hommes; j'irai briser vos plombs, je serai un second Attila pour Venise. Je ne veux plus ni inquisition, ni Livre d'or; ce sont des institutions des siècles de barbarie. Votre gouvernement est trop vieux, il faut qu'il s'écroule. Quand j'étais à Gorice, j'offris à M. Pezaro mon alliance et des conseils raisonnables. Il me refusa. Vous m'attendiez à mon retour pour me couper la retraite; eh bien! me voici. Je ne veux plus traiter, je veux faire la loi. Si vous n'avez pas autre chose à me dire, je vous déclare que vous pouvez vous retirer.

Ces paroles, prononcées avec courroux, atterrèrent les envoyés vénitiens. Ils sollicitèrent une seconde entrevue, mais ils ne purent pas obtenir d'autres paroles du général, qui persista toujours dans les mêmes intentions, et dont la volonté évidente était de faire la loi à Venise, et de détruire par la force une aristocratie qu'il n'avait pu engager à s'amender par ses conseils. Mais bientôt ils eurent de bien autres sujets de crainte, en apprenant avec détail les massacres de Vérone, et surtout l'odieuse cruauté commise au port du Lido. N'osant se présenter à Bonaparte, ils hasardèrent de lui écrire une lettre des plus soumises, pour lui offrir toutes les explications qu'il pourrait désirer. — Je ne puis, leur répondit-il, vous recevoir tout couverts de sang français; je vous écouterai quand vous m'aurez livré les trois inquisiteurs d'état, le commandant du Lido et l'officier chargé de la police de Venise. — Cependant, comme ils avaient reçu un dernier courrier relatif à l'événement du Lido, il consentit à les voir, mais il refusa d'écouter aucune proposition, avant qu'on lui eût livré les têtes qu'il avait demandées. Les deux Vénitiens cherchant alors à user d'une puissance dont la république avait souvent tiré un utile parti, essayèrent de lui proposer une réparation d'un autre genre. « Non, non, répliqua le « général irrité, quand vous couvririez cette « plage d'or, tous vos trésors, tous ceux du « Pérou, ne pourraient payer le sang d'un seul « de mes soldats. »

Bonaparte les congédia. C'était le 13 floréal (2 mai); il publia sur-le-champ un manifeste de guerre contre Venise. La constitution française ne permettait ni au directoire, ni aux généraux de déclarer la guerre, mais elle les autorisait à repousser les hostilités commencées. Bonaparte s'étayant sur cette disposition, et sur les événements de Vérone et du Lido, déclara les hostilités commencées, somma le ministre Lallemant de sortir de Venise, fit abattre le lion de Saint-Marc dans toutes les provinces de la terre-ferme, municipaliser les villes, proclamer partout le renversement du gouvernement vénitien, et, en attendant la marche de ses troupes qui revenaient de l'Autriche, ordonna au général Kilmaine de porter les divisions Baraguay-d'Hilliers et Victor sur le bord des lagunes. Ses déterminations, aussi promptes que son courroux, s'exécutèrent sur-le-champ. En un clin d'œil on vit disparaître l'antique lion de Saint-Marc des bords de l'Izonzo jusqu'à ceux du Mincio, et partout il fut remplacé par l'arbre de la liberté. Des troupes s'avancèrent de toutes parts, et le canon français retentit sur ces rivages, qui depuis si long-temps n'avaient pas entendu le canon ennemi.

L'antique ville de Venise, placée au milieu de ses lagunes, pouvait présenter encore des difficultés presque invincibles, même au général qui venait d'humilier l'Autriche. Toutes les lagunes étaient armées. Elle avait trente-sept galères, cent soixante-huit barques canonnières, portant sept cent cinquante bouches à feu, et huit mille cinq cents matelots ou canonniers. Elle avait pour garnison trois mille cinq cents Italiens, et onze mille Esclavons; des vivres pour huit mois, de l'eau douce pour deux, et les moyens de renouveler ces provisions. Nous n'étions pas maîtres de la mer; nous n'avions point de barques canonnières, pour traverser les lagunes; il fallait s'avancer la sonde à la main, le long de ces canaux inconnus pour nous, et sous le feu d'innombrables batteries. Quelque braves et audacieux que fussent les vainqueurs de l'Italie, ils pouvaient être arrêtés par de pareils obstacles, et condamnés à un siége de plusieurs mois. Et que d'événements aurait pu amener un délai de plusieurs mois! L'Autriche repoussée pouvait rejeter les préliminaires, rentrer dans la lice, ou faire naître de nouvelles chances.

Mais si la situation militaire de Venise présentait ces ressources, son état intérieur ne permettait pas qu'on en fît un usage énergique. Comme tous les corps usés, cette aristocratie était divisée; elle n'avait ni les mêmes intérêts, ni les mêmes passions. La haute aristocratie, maîtresse des places, des honneurs, et disposant de grandes richesses, avait moins d'ignorance, de préjugés, et de passions, que la noblesse inférieure; elle avait surtout l'ambition du pouvoir. La masse de la noblesse, exclue des emplois, vivant de secours, ignorante et furieuse, avait les véritables préjugés aristocratiques. Unie aux prêtres, elle excitait le peuple qui lui appartenait, comme il arrive dans tous les états où la classe moyenne n'est pas encore assez puissante pour l'attirer à elle. Ce peuple, composé de marins et d'artisans, dur, superstitieux, et à demi sauvage, était prêt à se livrer à toutes les fureurs. La classe moyenne, composée de bourgeois, de commerçants, de gens de loi, de médecins, etc., souhaitant comme partout l'établissement de l'égalité civile, se réjouissait de l'approche des Français, mais n'osait pas laisser éclater sa joie, en voyant un peuple qu'on pouvait pousser aux plus grands excès, avant qu'une révolution fût opérée. Enfin, à tous ces éléments de division, se joignait une circonstance non moins dangereuse. Le gouvernement vénitien était servi par des Esclavons. Cette soldatesque barbare, étrangère au peuple vénitien, et souvent en hostilité avec lui, n'attendait qu'une occasion pour se livrer au pillage, sans le projet de servir aucun parti.

Telle était la situation intérieure de Venise. Ce corps usé était prêt à se disloquer. Les grands, en possession du gouvernement, étaient effrayés de lutter contre un guerrier comme Bonaparte; quoique Venise pût très-bien résister à une attaque, ils n'envisageaient qu'avec épouvante les horreurs d'un siége, les fureurs auxquelles deux partis irrités ne manqueraient pas de se livrer, les excès de la soldatesque esclavonne, les dangers auxquels seraient exposés Venise et ses établissements maritimes et commerciaux; ils redoutaient surtout de voir leurs propriétés, toutes situées sur la terre-ferme, séquestrées par Bonaparte, et menacées de confiscation. Ils craignaient même pour les pensions dont vivait la petite noblesse, et qui seraient perdues si, en poussant la lutte à l'extrémité, on s'exposait à une révolution. Ils pensaient qu'en traitant ils pourraient sauver les anciennes institutions de Venise par des modifications; conserver le pouvoir qui est toujours assuré aux hommes habitués à le manier; sauver leurs terres, les pensions de la petite noblesse, et éviter à la ville les horreurs du sac et du pillage. En conséquence, ces hommes qui n'avaient ni l'énergie de leurs ancêtres, ni les passions de la masse nobiliaire, songèrent à traiter. Les principaux membres du gouvernement se réunirent chez le doge. C'étaient les six conseillers du doge, les trois présidents de la garantie criminelle, les six sages-grands, les cinq sages de terre-ferme, les cinq sages des ordres, les onze sages sortis du conseil, les trois chefs du conseil des dix, les trois avogadors. Cette assemblée extraordinaire, et contraire même aux usages, avait pour but de pourvoir au salut de Venise. L'épouvante y régnait. Le doge, vieillard affaibli par l'âge, avait les yeux remplis de larmes. Il dit qu'on n'était pas assuré cette nuit même de dormir tranquillement dans son lit. Chacun fit différentes propositions. Un membre proposait de se servir du banquier Haller pour gagner Bonaparte. On trouva la proposition ridicule et vaine. D'ailleurs l'ambassadeur Quirini avait ordre de faire à Paris tout ce qu'il pourrait, et d'acheter même des voix au directoire, s'il était possible. D'autres proposèrent de se défendre. On trouva la proposition imprudente, et digne de têtes folles et jeunes. Enfin on s'arrêta à l'idée de proposer au grand conseil une modification à la constitution, afin d'apaiser Bonaparte par ce moyen. Le grand conseil, composé ordinairement de toute la noblesse, et représentant la nation vénitienne, fut convoqué. Six cent dix-neuf membres, c'est-à-dire un peu plus de la moitié, furent présents. La proposition fut faite au milieu d'un morne silence. Déja cette question avait été agitée, sur une communication du ministre Lallemant au sénat; et on avait décidé alors de renvoyer les modifications à d'autres temps. Mais cette fois on sentit qu'il n'était plus possible de recourir à des moyens dilatoires. La proposition du doge fut adoptée par cinq cent quatre-vingt-dix-huit voix. Elle portait que deux commissaires envoyés par le sénat, seraient autorisés à négocier avec le général Bonaparte, et à traiter même des objets qui étaient de la compétence du grand conseil, c'est-à-dire des objets constitutionnels, sauf ratification.

Les deux commissaires partirent sur-le-champ et trouvèrent Bonaparte sur le bord des lagunes, au pont de Marghera. Il disposait ses troupes, et les artilleurs français échangeaient déjà des boulets avec les canonnières vénitiennes. Les deux commissaires lui remirent la délibération du grand conseil. Un instant il parut frappé de cette détermination; puis reprenant un ton brusque, il leur dit: — Et les trois inquisiteurs d'état, et le commandant du Lido, sont-ils arrêtés? Il me faut leurs têtes. Point de traité jusqu'à ce que le sang français soit vengé. Vos lagunes ne m'effraient pas; je les trouve telles que je l'avais prévu. Dans quinze jours je serai à Venise. Vos nobles ne se déroberont à la mort qu'en allant comme les émigrés français traîner leur misère par toute la terre. — Les deux commissaires firent tous leurs efforts pour obtenir un délai de quelques jours, afin de convenir des satisfactions qu'il désirait. Il ne voulait accorder que vingt-quatre heures. Cependant il consentit à accorder six jours de suspension d'armes, pour donner aux commissaires vénitiens le temps de venir le rejoindre à Mantoue, avec l'adhésion du grand conseil à toutes les conditions imposées.

Bonaparte, satisfait d'avoir jeté l'épouvante chez les Vénitiens, ne voulait pas en venir à des hostilités réelles, parce qu'il appréciait la difficulté d'emporter les lagunes, et qu'il prévoyait une intervention de l'Autriche. Un article des préliminaires portait que tout ce qui était relatif à Venise serait réglé d'accord avec la France et l'Autriche. S'il y entrait de vive force, on se plaindrait à Vienne de la violation des préliminaires, et de toutes manières il lui convenait mieux de les amener à se soumettre. Satisfait de les avoir effrayés, il partit pour Mantoue et Milan, ne doutant pas qu'ils ne vinssent bientôt faire leur soumission pleine et entière.

L'assemblée de tous les membres du gouvernement, qui s'était déjà formée chez le doge, se réunit de nouveau pour entendre le rapport des commissaires. Il n'y avait plus moyen de résister aux exigences du général; il fallait consentir à tout, car le péril devenait chaque jour plus imminent. On disait que la bourgeoisie conspirait et voulait égorger la noblesse, que les Esclavons allaient profiter de l'occasion pour piller la ville. On convint de faire une nouvelle proposition au grand conseil, tendante à accorder tout ce que demandait le général Bonaparte. Le 15 floréal (4 mai), le grand conseil fut assemblé de nouveau. A la majorité de sept cent quatre voix contre dix, il décida que les commissaires seraient autorisés à traiter à toutes conditions avec le général Bonaparte, et qu'une procédure serait commencée sur-le-champ contre les trois inquisiteurs d'état et le commandant du Lido.

Les commissaires, munis de ces nouveaux pouvoirs, suivirent Bonaparte à Milan pour aller mettre l'orgueilleuse constitution vénitienne à ses pieds. Mais six jours ne suffisaient pas, et la trêve devait expirer avant qu'ils eussent pu s'entendre avec le général. Pendant ce temps la terreur allait croissant dans Venise. Un instant on fut tellement épouvanté, qu'on autorisa le commandant des lagunes à capituler avec les généraux français, chargés du commandement en l'absence de Bonaparte. On lui recommanda seulement l'indépendance de la république, la religion, la sûreté des personnes et des ambassadeurs étrangers, les propriétés publiques et particulières, la monnaie, la banque, l'arsenal, les archives. Cependant on obtint des généraux français une prolongation de la trêve, pour donner aux envoyés vénitiens le temps de négocier avec Bonaparte.

L'arrestation des trois inquisiteurs d'état avait désorganisé la police de Venise. Les plus influents personnages de la bourgeoisie s'agitaient, et manifestaient ouvertement l'intention d'agir, pour hâter la chute de l'aristocratie. Ils entouraient le chargé d'affaires de France, Villetard, qui était resté à Venise après le départ du ministre Lallemant, et qui était un ardent patriote. Ils cherchaient et espéraient en lui un soutien pour leurs projets. En même temps les Esclavons se livraient à l'indiscipline et faisaient craindre les plus horribles excès. Ils avaient eu des rixes avec le peuple de Venise, et la bourgeoisie semblait elle-même exciter ces rixes, qui amenaient la division dans les forces du parti aristocratique. Le 20 floréal (9 mai), la terreur fut portée à son comble. Deux membres très-influents du parti révolutionnaire, les nommés Spada et Zorzi, entrèrent en communication avec quelques-uns des personnages qui composaient la réunion extraordinaire formée chez le doge. Ils insinuèrent qu'il fallait s'adresser au chargé d'affaires de France, et s'entendre avec lui pour préserver Venise des malheurs qui la menaçaient. Donat et Battaglia, deux patriciens qu'on a déjà vus figurer, s'adressèrent à Villetard le 9 mai. Ils lui demandèrent quels seraient, dans le péril actuel, les moyens les plus propres à sauver Venise. Celui-ci répondit qu'il n'était nullement autorisé à traiter par le général en chef, mais que si on lui demandait son avis personnel, il conseillait les mesures suivantes : l'embarquement et le renvoi des Esclavons; l'institution d'une garde bourgeoise; l'introduction de quatre mille Français dans Venise, et l'occupation par eux de tous les points fortifiés; l'abolition de l'ancien gouvernement; son remplacement par une municipalité de trente-six membres choisis dans toutes les classes et ayant le doge actuel pour maire; l'élargissement de tous les prisonniers pour cause d'opinion. Villetard ajouta que sans doute à ce prix le général Bonaparte accorderait la grace des trois inquisiteurs d'état et du commandant du Lido.

Ces propositions furent portées au conseil réuni chez le doge. Elles étaient bien graves, puisqu'elles entraînaient une entière révolution dans Venise. Mais les chefs du gouvernement craignaient une révolution ensanglantée par les projets du parti réformateur, par les fureurs populaires et par la cupidité des Esclavons. Deux d'entre eux firent une vive résistance. Pezaro dit qu'ils devaient se retirer en Suisse avant de consommer eux-mêmes la ruine de l'antique gouvernement vénitien. Cependant les résistances furent écartées, et il fut résolu que ces propositions seraient présentées au grand conseil. La convocation fut fixée au 23 floréal (12 mai). En attendant, on paya aux Esclavons la solde arriérée, et on les embarqua pour les renvoyer en Dalmatie. Mais le vent contraire les retint dans le port, et leur présence dans les eaux de Venise ne fit qu'entretenir le trouble et la terreur.

Le 23 floréal (12 mai), le grand conseil fut réuni avec appareil pour voter l'abolition de cette antique aristocratie. Un peuple immense était réuni. D'une part, on apercevait la bourgeoisie joyeuse enfin de voir le pouvoir de ses maîtres renversé; et d'autre part, le peuple excité par la noblesse, prêt à se précipiter sur ceux qu'il regardait comme les instigateurs de cette révolution. Le doge prit la parole en versant des larmes, et proposa au grand conseil d'abdiquer sa souveraineté. Tandis qu'on allait délibérer, on entendit tirer des coups de fusil. La noblesse se crut menacée d'un massacre. « Aux voix! aux voix! » s'écria-t-on de toutes parts. Cinq cent douze suffrages votèrent l'abolition de l'ancien gouvernement. D'après les statuts, il en aurait fallu six cents. Il y eut douze suffrages contraires, et cinq nuls. Le grand conseil rendit la souveraineté à la nation vénitienne tout entière; il vota l'institution d'une municipalité, et l'établissement d'un gouvernement provisoire, composé de députés de tous les états vénitiens; il consolida la dette publique, les pensions accordées aux nobles pauvres, et décréta l'introduction des troupes françaises dans Venise. A peine cette délibération fut-elle prise, qu'un pavillon fut hissé à une fenêtre du palais. A cette vue, la bourgeoisie fut dans la joie; mais le peuple furieux, portant l'image de Saint-Marc, parcourant les rues de Venise, attaqua les maisons des habitants accusés d'avoir arraché cette détermination à la noblesse vénitienne. Les maisons de Spada et de Zorzi furent pillées et saccagées; le désordre fut porté au comble, et on craignit un horrible bouleversement. Cependant un certain nombre d'habitants intéressés à la tranquillité publique se réunirent, mirent à leur tête un vieux général maltais nommé Salembeni, qui avait été long-temps persécuté par l'inquisition d'état, et fondirent sur les perturbateurs. Après un combat au pont de Rialto, ils les dispersèrent, et rétablirent l'ordre et la tranquillité.

Les Esclavons furent enfin embarqués et renvoyés après de grands excès commis dans les villages du Lido et de Malamocco. La nouvelle municipalité fut instituée; et, le 27 floréal (16 mai), la flottille alla chercher une division de quatre mille Français, qui s'établit paisiblement dans Venise.

Tandis que ces choses se passaient à Venise, Bonaparte signait à Milan, et le même jour, avec les plénipotentiaires vénitiens, un traité conforme en tout à la révolution qui venait de s'opérer. Il stipulait l'abdication de l'aristocratie, l'institution d'un gouvernement provisoire, l'introduction d'une division française à titre de protection, la punition des trois inquisiteurs d'état et du commandant du Lido. Des articles secrets stipulaient en outre des échanges de territoire, une contribution de 3 millions en argent, de 3 millions en munitions navales, et l'abandon à la France de trois vaisseaux de guerre et de deux frégates. Ce traité devait être ratifié par le gouvernement de Venise; mais la ratification devenait impossible, puisque l'abdication avait déjà eu lieu, et elle était inutile, puisque tous les articles du traité étaient déjà exécutés. La municipalité provisoire ne crut pas moins devoir ratifier le traité.

Bonaparte, sans se compromettre avec l'Autriche, sans se donner les horribles embarras d'un siége, en était donc venu à ses fins. Il avait renversé l'aristocratie absurde qui l'avait trahi, il avait placé Venise dans la même situation que la Lombardie, le Modenois, le Bolonais, le Ferrarais; maintenant il pouvait, sans aucun embarras, faire tous les arrangements de territoire qui lui paraîtraient convenables. En cédant à l'empereur toute la terre-ferme qui s'étend de l'Izonzo à l'Oglio, il avait le moyen d'indemniser Venise, en lui donnant Bologne, Ferrare et la Romagne, qui faisaient actuellement partie de la Cispadane. Ce n'était pas replacer ces provinces sous le joug que de les donner à Venise révolutionnée. Restaient ensuite le duché de Modène et la Lombardie, dont il était facile de composer une seconde république, alliée de la première. Il y avait encore mieux à faire, c'était, si on pouvait faire cesser les rivalités locales, de réunir toutes les provinces affranchies par les armes françaises, et de composer avec la Lombardie, le Modenois, le Bolonais, le Ferrarais, la Romagne, la Polésine, Venise et les îles de la Grèce, une puissante république, qui dominerait à la fois le continent et les mers de l'Italie.

Les articles secrets relatifs aux 3 millions en munitions navales, et aux trois vaisseaux et deux frégates, étaient un moyen de mettre la main sur toute la marine vénitienne. Le vaste esprit de Bonaparte, dont la prévoyance se portait sur tous les objets à la fois, ne voulait pas qu'il nous arrivât avec les Vénitiens ce qui nous était arrivé avec les Hollandais, c'est-à-dire que les officiers de la marine, ou les commandants des îles, mécontents de la révolution, livrassent aux Anglais les vaisseaux et les îles qui étaient sous leur commandement. Il tenait surtout beaucoup aux importantes îles vénitiennes de la Grèce, Corfou, Zante, Céphalonie, Sainte-Maure, Cérigo. Sur-le-champ il donna des ordres pour les faire occuper. Il écrivit à Toulon pour qu'on lui envoyât par terre un certain nombre de marins, promettant de les défrayer et de les équiper à leur arrivée à Venise. Il demanda au directoire des ordres pour que l'amiral Brueys appareillât sur-le-champ avec six vaisseaux, afin de venir rallier toute la marine vénitienne, et d'aller s'emparer des îles de la Grèce. Il fit partir de son chef deux millions pour Toulon, afin que l'ordonnateur de la marine ne fût pas arrêté par le défaut de fonds. Il passa encore ici par-dessus les réglements de la trésorerie, pour ne pas subir de délai. Cependant, craignant que Brueys n'arrivât trop tard, il réunit la petite flottille qu'il avait dans l'Adriatique aux vaisseaux trouvés dans Venise, mêla les équipages vénitiens aux équipages français, plaça à bord deux mille hommes de troupes, et les fit partir sur-le-champ pour s'emparer des îles. Il s'assurait ainsi la possession des postes les plus importants dans le Levant et l'Adriatique, et prenait une position qui, devenant tous les jours plus imposante, devait influer singulièrement sur les négociations définitives avec l'Autriche.

La révolution faisait tous les jours de nouveaux progrès, depuis que la signature des préliminaires de Léoben avait fixé le sort de l'Italie, et y avait assuré l'influence française. Il était certain maintenant que la plus grande partie de la Haute-Italie serait constituée en république démocratique. C'était un exemple séduisant, et qui agitait le Piémont, le duché de Parme, la Toscane, les États du pape. Le général français n'excitait personne, mais semblait prêt à accueillir ceux qui se jetteraient dans ses bras. A Gênes, les têtes étaient fort exaltées contre l'aristocratie, moins absurde et moins affaiblie que celle de Venise, mais plus obstinée encore s'il était possible. La France, comme on a vu, avait traité avec elle pour assurer ses derrières, et s'était bornée à exiger 2 millions d'indemnités, 2 millions en prêt, et le rappel des familles exilées pour leur attachement à la France. Mais le parti patriote ne garda plus de mesure dès que Bonaparte eut imposé la paix à l'Autriche. Il se réunissait chez un nommé Morandi, et y avait formé un club extrêmement violent. Une pétition y fut rédigée et présentée au doge, pour demander des modifications à la constitution. Le doge fit former une commission pour examiner cette proposition. Dans l'intervalle, on s'agita. Les bourgeois de Gênes et les jeunes gens à tête ardente se concertèrent, et se tinrent prêts à une prise d'armes. De leur côté, les nobles, aidés par les prêtres, excitèrent le menu peuple, et armèrent les charbonniers et les porte-faix. Le ministre de France, homme doux et modéré, contenait plutôt qu'il n'excitait le parti patriote. Mais le 22 mai, quand les événements de Venise furent connus, les *Morandistes*, comme on les appelait, se montrèrent en armes, et voulurent s'emparer des postes principaux de la ville. Un combat des plus violents s'engagea. Les patriotes, qui avaient affaire à tout le peuple, furent battus et souffrirent de cruelles violences. Le peuple victorieux se porta à beaucoup d'excès, et ne ménagea pas les familles françaises, dont beaucoup furent maltraitées. Le ministre de France ne fut lui-même respecté que parce que le doge eut soin de lui envoyer une garde. Dès que Bonaparte apprit ces événements, il vit qu'il ne pouvait plus différer d'intervenir. Il envoya son aide-de-camp Lavalette pour réclamer les Français détenus, pour demander des réparations à leur égard, et surtout pour exiger l'arrestation des trois inquisiteurs d'état, accusés d'avoir mis les armes aux mains du peuple. Le parti patriote, soutenu par cette influence puissante, se rallia, reprit le dessus, et obligea l'aristocratie génoise à abdiquer, comme avait fait celle de Venise. Un gouvernement provisoire fut installé, et une commission envoyée à Bonaparte, pour s'entendre avec lui sur la constitution qu'il convenait de donner à la république de Gênes.

Ainsi, après avoir en deux mois soumis le pape, passé les Alpes Juliennes, imposé la paix à l'Autriche, repassé les Alpes et puni Venise, Bonaparte était à Milan, exerçant une autorité suprême sur toute l'Italie, attendant, sans la presser, la marche de la révolution, faisant travailler à la constitution des provinces affranchies, se créant une marine dans l'Adriatique, et rendant sa situation toujours plus imposante pour l'Autriche. Les préliminaires de Léoben avaient été approuvés à Paris et à Vienne; l'échange des ratifications avait été fait entre Bonaparte et M. de Gallo, et on attendait incessamment l'ouverture des conférences pour la paix définitive. Bonaparte à Milan, simple général de la république, était plus influent que tous les potentats de l'Europe. Des courriers arrivant et partant sans cesse, annonçaient que c'était là que les destinées du monde venaient aboutir. Les Italiens enthousiastes attendaient des heures entières pour voir le général sortir du palais Serbelloni. De jeunes et belles femmes entouraient madame Bonaparte, et lui composaient une cour brillante. Déja commençait cette existence extraordinaire, qui a ébloui et dominé le monde.

## CHAPITRE III.

Situation embarrassante de l'Angleterre après les préliminaires de paix avec l'Autriche; nouvelles propositions de paix; conférences de Lille. — Élections de l'an V. — Progrès de la réaction contre-révolutionnaire. Lutte des conseils avec le directoire. — Élection de Barthélemy au directoire, en remplacement de Letourneur, directeur sortant. — Nouveaux détails sur les finances de l'an V. Modifications dans leur administration proposées par l'opposition. — Rentrée des prêtres et des émigrés. Intrigues et complot de la faction royaliste. — Division et forces des partis. Dispositions politiques des armées.

La conduite de Bonaparte à l'égard de Venise était hardie, mais renfermée néanmoins dans la limite des lois. Il avait motivé le manifeste de Palma-Nova sur la nécessité de repousser les hostilités commencées; et avant que les hostilités se changeassent en une guerre déclarée, il avait conclu un traité qui dispensait le directoire de soumettre la déclaration de guerre aux deux conseils. De cette manière, la république de Venise avait été attaquée, détruite et effacée de l'Europe, sans que le général eût presque consulté le directoire, et le directoire les conseils. Il ne restait plus qu'à notifier le traité. Gênes avait de même été révolutionnée, sans que le gouvernement parût consulté; et tous ces faits, qu'on attribuait au général Bonaparte, beaucoup plus qu'ils ne lui appartenaient réellement, donnaient de sa puissance en Italie, et du pouvoir qu'il s'arrogeait, une idée extraordinaire. Le directoire jugeait en effet que le général Bonaparte avait tranché beaucoup de questions; cependant il ne pouvait lui reprocher d'avoir outre-passé matériellement ses pouvoirs; il était obligé de reconnaître l'utilité et l'à-propos de toutes ses opérations, et il n'aurait pas osé désapprouver un général victorieux, et revêtu d'une si grande autorité sur les esprits. L'ambassadeur de Venise à Paris, M. Quirini, avait employé tous les moyens possibles auprès du directoire, pour gagner des voix en faveur de sa patrie. Il se servit d'un Dalmate, intrigant adroit, qui s'était lié avec Barras, pour gagner ce directeur. Il paraît qu'une somme de 600 mille francs en billets fut donnée, à la condition de défendre Venise dans le directoire. Mais Bonaparte, instruit de l'intrigue, la dénonça. Venise ne fut pas sauvée, et le paiement des billets fut refusé. Ces faits, connus du directoire, y amenèrent des explications, et même un commencement d'instruction; mais on finit par les étouffer. La conduite de Bonaparte en Italie fut approuvée, et les premiers jours qui suivirent la nouvelle des préliminaires de Léoben furent consacrés à la joie la plus vive. Les ennemis de la révolution et du directoire, qui avaient tant invoqué la paix, pour avoir un prétexte d'accuser le gouvernement, furent très-fâchés au fond d'en voir signer les préliminaires. Les républicains furent au comble de leur joie. Ils auraient désiré sans doute l'entier affranchissement de l'Italie; mais ils étaient charmés de voir la république reconnue par l'empereur, et en quelque sorte consacrée par lui. La grande masse de la population se réjouissait de voir finir les horreurs de la guerre, et s'attendait à une réduction dans les charges publiques. La séance où les conseils reçurent la notification des préliminaires fut une scène d'enthousiasme. On déclara que les armées d'Italie, du Rhin et de Sambre-et-Meuse, avaient bien mérité de la patrie et de l'humanité, en conquérant la paix par leurs victoires. Tous les partis prodiguèrent au général Bonaparte les expressions du plus vif enthousiasme, et on proposa de lui donner le surnom d'*Italique*, comme à Rome on avait donné à Scipion celui d'*Africain*.

Avec l'Autriche, le continent était soumis. Il ne restait plus que l'Angleterre à combattre ; et, réduite à elle-même, elle courait de véritables périls. Hoche, arrêté à Francfort au moment des plus beaux triomphes, était impatient de s'ouvrir une nouvelle carrière. L'Irlande l'occupait toujours, et il n'avait nullement renoncé à son projet de l'année précédente. Il avait près de quatre-vingt mille hommes entre le Rhin et la Nidda ; il en avait laissé environ quarante mille dans les environs de Brest ; l'escadre armée dans ce port était encore toute prête à mettre à la voile. Une flotte espagnole réunie à Cadix n'attendait qu'un coup de vent, qui obligeât l'amiral anglais Jewis à s'éloigner, pour sortir de la rade, et venir dans la Manche combiner ses efforts avec ceux de la marine française. Les Hollandais étaient enfin parvenus aussi à réunir une escadre, et à réorganiser une partie de leur armée. Hoche pouvait donc disposer de moyens immenses pour soulever l'Irlande. Il se proposait de détacher vingt mille hommes de l'armée de Sambre-et-Meuse, et de les acheminer vers Brest, pour y être embarqués de nouveau. Il avait choisi ses meilleures troupes pour cette grande opération, but de toutes ses pensées. Il se rendit aussi en Hollande en gardant le plus grand incognito, et en faisant répandre le bruit qu'il était allé passer quelques jours dans sa famille. Là, il veilla de ses yeux à tous les préparatifs. Dix-sept mille Hollandais d'excellentes troupes furent embarqués sur une flotte, et n'attendaient qu'un signal pour venir se réunir à l'expédition préparée à Brest. Si à ces moyens venaient se joindre ceux des Espagnols, l'Angleterre était menacée, comme on le voit, de dangers incalculables.

Pitt était dans la plus grande épouvante. La défection de l'Autriche, les préparatifs faits au Texel et à Brest, l'escadre réunie à Cadix, et qu'un coup de vent pouvait débloquer, toutes ces circonstances étaient alarmantes. L'Espagne et la France travaillaient auprès du Portugal, pour le contraindre à la paix, et on avait encore à craindre la défection de cet ancien allié. Ces événements avaient sensiblement affecté le crédit, et amené une crise long-temps prévue, et souvent prédite. Le gouvernement anglais avait toujours eu recours à la banque, et en avait tiré des avances énormes, soit en lui faisant acheter des rentes, soit en lui faisant escompter les bons de l'échiquier. Elle n'avait pu fournir à ces avances que par d'abondantes émissions de billets. L'épouvante s'emparant des esprits, et le bruit s'étant répandu que la banque avait fait au gouvernement des prêts considérables, tout le monde courut pour convertir ses billets en argent. Aussi, dès le mois de mars, au moment où Bonaparte s'avançait sur Vienne, la banque se vit-elle obligée de demander la faculté de suspendre ses paiements. Cette faculté lui fut accordée, et elle fut dispensée de remplir une obligation devenue inexécutable; mais son crédit et son existence n'étaient pas sauvés pour cela. Sur-le-champ on publia le compte de son actif et de son passif. L'actif était de 17,597,280 livres sterling; le passif de 13,770,390 livres sterling. Il y avait donc un surplus dans son actif de 3,826,890 livres sterling. Mais on ne disait pas combien dans cet actif il entrait de créances sur l'état. Tout ce qui consistait ou en lingots ou en lettres de change de commerce était fort sûr; mais les rentes, les bons de l'échiquier, qui faisaient la plus grande partie de l'actif, avaient perdu crédit avec la politique du gouvernement. Les billets perdirent sur-le-champ plus de quinze pour cent. Les banquiers demandèrent à leur tour la faculté de payer en billets, sous peine d'être obligés de suspendre leurs paiements. Il était naturel qu'on leur accordât la même faveur qu'à la banque, et il y avait même justice à le faire, car c'était la banque qui, en refusant de remplir ses engagements en argent, les mettait dans l'impossibilité d'acquitter les leurs de cette manière. Mais dès lors on donnait aux billets cours forcé de monnaie. Pour éviter cet inconvénient, les principaux commerçants de Londres se réunirent, et donnèrent une preuve remarquable d'esprit public et d'intelligence. Comprenant que le refus d'admettre en paiement les billets de la banque amènerait une catastrophe inévitable, dans laquelle toutes les fortunes auraient également à souffrir, ils résolurent de la prévenir, et ils convinrent d'un commun accord de recevoir les billets en paiement. Dès cet instant, l'Angleterre entra dans la voie du papier-monnaie. Il est vrai que ce papier-monnaie, au lieu d'être forcé, était volontaire; mais il n'avait que la solidité du papier, et il dépendait éminemment de la conduite politique du cabinet. Pour le rendre plus propre au service de monnaie, on le divisa en petites sommes. On autorisa la banque, dont les moindres billets étaient de 5 livres sterling (98 ou 100 francs), à en émettre de 20 et 40 schellings (24 et 48 francs). C'était un moyen de les faire servir au paiement des ouvriers.

Quoique le bon esprit du commerce anglais eût rendu cette catastrophe moins funeste qu'elle aurait pu l'être, cependant la situation n'en était pas moins très-périlleuse; et, pour qu'elle ne devînt pas tout-à-fait désastreuse, il fallait désarmer la France, et empêcher que les escadres espagnole, française et hollandaise, ne vinssent allumer un incendie en Irlande. La famille royale était toujours aussi ennemie de la révolution et de la paix; mais Pitt, qui n'avait d'autre vue que l'intérêt de l'Angleterre, regardait, dans le moment, un répit comme indispensable. Que la paix fût ou non définitive, il fallait un instant de repos. Entièrement d'accord sur ce point avec lord Grenville, il décida le cabinet à entamer une négociation sincère, qui procurât deux ou trois ans de relâche aux ressorts trop tendus de la puissance anglaise. Il ne pouvait plus être question de disputer les Pays-Bas, aujourd'hui cédés par l'Autriche; il ne s'agissait plus que de disputer sur les colonies, et dès lors il y avait moyen et espoir de s'entendre. Non-seulement la situation indiquait l'intention de traiter, mais le choix du négociateur la prouvait aussi. Lord Malmesbury était encore désigné cette fois, et, à son âge, on ne l'aurait pas employé deux fois de suite dans une vaine représentation. Lord Malmesbury, célèbre par sa longue carrière diplomatique, et par sa dextérité comme négociateur, était fatigué des affaires, et voulait s'en retirer, mais après une négociation heureuse et brillante. Aucune ne pouvait être plus belle que la pacification avec la France après cette horrible lutte; et, s'il n'avait eu la certitude que son cabinet voulait la paix, il n'aurait pas consenti à jouer un rôle de parade, qui devenait ridicule en se répétant. Il avait reçu, en effet, des instructions secrètes qui ne lui laissaient aucun doute. Le cabinet anglais fit demander des passe-ports pour son négociateur; et, d'un commun accord, le lieu des conférences fut fixé non à Paris, mais à Lille. Le directoire aimait mieux recevoir le ministre anglais dans une ville de province, parce qu'il craignait moins ses intrigues. Le ministre anglais, de son côté, désirait n'être pas en présence d'un gouvernement dont les formes avaient quelque rudesse, et préférait traiter par l'intermédiaire de ses négociateurs. Lille fut donc le lieu choisi, et de part et d'autre on prépara une légation solennelle. Hoche n'en dut pas moins continuer ses préparatifs avec vigueur, pour donner plus d'autorité aux négociateurs français.

Ainsi la France, victorieuse de toutes parts, était en négociation avec les deux grandes puissances européennes, et touchait à la paix générale. Des événements aussi heureux et aussi brillants auraient dû ne laisser place qu'à la joie dans tous les cœurs; mais les élections de l'an V venaient de donner à l'opposition des forces dangereuses. On a vu combien les adversaires du directoire s'agitaient à l'approche des élections. La faction royaliste avait beaucoup influé sur leur résultat. Elle avait perdu trois de ses agents principaux, par l'arrestation de Brottier, Laville-Heurnois et Duverne de Presle; mais c'était un petit dommage, car la confusion était si grande chez elle, que la perte de ses chefs n'y pouvait guère ajouter. Il existait toujours deux associations, l'une composée des hommes dévoués et capables de prendre les armes, l'autre des hommes douteux, propres seulement à voter dans les élections. L'agence de Lyon était restée intacte. Pichegru, conspirant à part, correspondait toujours avec le ministre anglais

Wickam et le prince de Condé. Les élections, influencées par ces intrigants de toute espèce, et surtout par l'esprit de réaction, eurent le résultat qu'on avait prévu. La presque totalité du second tiers fut formée, comme le premier, d'hommes qui étaient ennemis du directoire, ou par dévouement à la royauté, ou par haine de la terreur. Les partisans de la royauté étaient, il est vrai, fort peu nombreux; mais ils allaient se servir, suivant l'usage, des passions des autres. Pichegru fut nommé député dans le Jura. A Colmar on choisit le nommé Chemblé, employé à la correspondance avec Wickam; à Lyon, Imbert-Colomès, l'un des membres de l'agence royaliste dans le Midi, et Camille Jordan, jeune homme qui avait de bons sentiments, une imagination vive, et une ridicule colère contre le directoire; à Marseille, le général Willot, qui avait été tiré de l'armée de l'Océan pour aller commander dans le département des Bouches-du-Rhône, et qui, loin de contenir les partis, s'était laissé gagner, peut-être à son insçu, par la faction royaliste; à Versailles, le nommé Vauvilliers, compromis dans la conspiration de Brottier, et destiné par l'agence à devenir administrateur des subsistances; à Brest, l'amiral Villaret-Joyeuse, brouillé avec Hoche, et par suite avec le gouvernement, à l'occasion de l'expédition d'Irlande. On fit encore une foule d'autres choix, tout autant significatifs que ceux-là. Cependant tous n'étaient pas aussi alarmants pour le directoire et pour la république. Le général Jourdan, qui avait quitté le commandement de l'armée de Sambre-et-Meuse, après les malheurs de la campagne précédente, fut nommé député par son département. Il était digne de représenter l'armée au corps législatif, et de la venger du déshonneur qu'allait lui imprimer la trahison de Pichegru. Par une singularité assez remarquable, Barrère fut élu par le département des Hautes-Pyrénées.

Les nouveaux élus se hâtèrent d'arriver à Paris. En attendant le 1$^{er}$ prairial, époque de leur installation, on les entraînait à la réunion de Clichy, qui tous les jours devenait plus violente. Les conseils eux-mêmes ne gardaient plus leur ancienne mesure. En voyant approcher le moment où ils allaient être renforcés, les membres du premier tiers commençaient à sortir de la réserve dans laquelle ils s'étaient renfermés pendant quinze mois. Ils avaient marché jusqu'ici à la suite des constitutionnels, c'est-à-dire des députés qui prétendaient n'être ni amis ni ennemis du directoire, et qui affectaient de ne tenir qu'à la constitution seule, et de ne combattre le gouvernement que lorsqu'il s'en écartait. Cette direction avait surtout dominé dans le conseil des anciens. Mais à mesure que le jour de la jonction s'approchait, l'opposition dans les cinq-cents commençait à prendre un langage plus menaçant. On entendait dire que les anciens avaient trop long-temps mené les cinq-cents, et que ceux-ci devaient sortir de tutelle. Ainsi, dans le club de Clichy comme dans le corps législatif, le parti qui allait acquérir la majorité laissait éclater sa joie et son audace.

Les constitutionnels abusés, comme tous les hommes qui depuis la révolution s'étaient laissé engager dans l'opposition, croyaient qu'ils allaient devenir les maîtres du mouvement, et que les nouveaux arrivés ne seraient qu'un renfort pour eux. Carnot était à leur tête. Toujours entraîné davantage dans la fausse direction qu'il avait prise, il n'avait cessé d'appuyer au directoire l'avis de la majorité législative. Particulièrement dans la discussion des préliminaires de Léoben, il avait laissé éclater une animosité contenue jusque-là dans les bornes des convenances, et appuyé avec un zèle qu'on ne devait pas attendre de sa vie passée, les concessions faites à l'Autriche. Carnot, aveuglé par son amour-propre, croyait mener à son gré le parti constitutionnel, soit dans les cinq-cents, soit dans les anciens, et ne voyait dans les nouveaux élus que des partisans de plus. Dans son zèle à rapprocher les éléments d'un parti dont il espérait être le chef, il cherchait à se lier avec les plus marquants des nouveaux députés. Il avait même devancé Pichegru, qui n'avait pour tous les membres du directoire que des procédés malhonnêtes, et était allé le voir. Pichegru, répondant assez mal à ses prévenances, ne lui avait montré que de l'éloignement et presque du dédain. Carnot s'était lié avec beaucoup d'autres députés du premier et du second tiers. Son logement au Luxembourg était devenu le rendez-vous de tous les membres de la nouvelle opposition; et ses collègues voyaient chaque jour arriver chez lui leurs plus irréconciliables ennemis.

La grande question était celle du choix d'un nouveau directeur. C'était le sort qui devait désigner le membre sortant. Si le sort désignait Larévellière-Lépaux, Rewbell ou Barras, la marche du gouvernement était changée; car le directeur, nommé par la nouvelle majorité, ne pouvait manquer de voter avec Carnot et Letourneur.

On disait que les cinq directeurs s'étaient

entendus pour désigner celui d'entre eux qui sortirait; que Letourneur avait consenti à résigner ses fonctions, et que le scrutin ne devait être que simulé. C'était là une supposition absurde, comme toutes celles que font ordinairement les partis. Les cinq directeurs, Larévellière seul excepté, tenaient beaucoup à leur place. D'ailleurs Carnot et Letourneur, espérant devenir les maîtres du gouvernement, si le sort faisait sortir l'un de leurs trois collègues, ne pouvaient consentir à abandonner volontairement la partie. Une circonstance avait pu autoriser ce bruit. Les cinq directeurs avaient stipulé entre eux, que le membre sortant recevrait de chacun de ses collègues une indemnité de 10,000 fr., c'est-à-dire 40,000 fr. en tout, ce qui empêcherait que les directeurs pauvres ne passassent tout-à-coup de la pompe du pouvoir à l'indigence. Cet arrangement fit croire que, pour décider Letourneur, ses collègues étaient convenus de lui abandonner une partie de leurs appointements. Il n'en était rien cependant. On disait encore que l'on était convenu de lui faire donner sa démission avant le 1$^{er}$ prairial, pour que la nomination du nouveau directeur se fît avant l'entrée du second tiers dans les conseils; combinaison impossible encore avec la présence de Carnot.

La société de Clichy s'agitait beaucoup pour prévenir les arrangements dont on parlait. Elle imagina de faire présenter une proposition aux cinq-cents, tendante à obliger les directeurs à faire publiquement le tirage au sort. Cette proposition était inconstitutionnelle, car la constitution ne réglait pas le mode du tirage, et s'en reposait, quant à sa régularité, sur l'intérêt de chacun des directeurs; cependant elle passa dans les conseils. Le directeur Larévellière-Lépaux, peu ambitieux, mais ferme, représenta à ses collègues que cette mesure était un empiétement sur leurs attributions, et les engagea à n'en pas reconnaître la légalité. Le directoire répondit, en effet, qu'il ne l'exécuterait pas, vu qu'elle était inconstitutionnelle. Les conseils lui répliquèrent qu'il n'avait pas à juger une décision du corps législatif. Le directoire allait insister, et répondre que la constitution était mise par un article fondamental sous la sauvegarde de chacun des pouvoirs, et que le pouvoir exécutif avait l'obligation de ne pas exécuter une mesure inconstitutionnelle; mais Carnot et Letourneur abandonnèrent leurs collègues. Barras, qui était violent, mais peu ferme, engagea Rewbell et Larévellière à céder, et on ne disputa plus sur le mode du tirage.

La turbulente réunion de Clichy imagina de nouvelles propositions à faire aux conseils avant le 1er prairial. La plus importante à ses yeux était le rapport de la fameuse loi du 3 brumaire, qui excluait les parents d'émigrés des fonctions publiques, et qui fermait l'entrée du corps législatif à plusieurs membres du premier et du second tiers. La proposition fut faite, en effet, aux cinq-cents, quelques jours avant le 1er prairial, et adoptée au milieu d'une orageuse discussion. Ce succès inespéré, même avant la jonction du second tiers, prouvait l'entraînement que commençait à exercer l'opposition sur le corps législatif, quoique composé encore de deux tiers conventionnels. Cependant, le parti qui se disait constitutionnel était plus fort aux anciens. Il était blessé de la fougue des députés, qui jusque-là avaient paru recevoir sa direction, et il refusa de rapporter la loi du 3 brumaire.

Le 1er prairial arrivé, les deux cent cinquante nouveaux élus se rendirent au corps législatif, et remplacèrent deux cent cinquante conventionnels. Sur les sept cent cinquante membres des deux conseils, il n'en resta donc plus que deux cent cinquante appartenant à la grande assemblée qui avait consommé et défendu la révolution. Quand Pichegru parut aux cinq-cents, la plus grande partie de l'assemblée, qui ne savait pas qu'elle avait un traître dans son sein, et qui ne voyait en lui qu'un général illustre, disgracié par le gouvernement, se leva par un mouvement de curiosité. Sur quatre cent quarante-quatre voix, il en obtint trois cent quatre-vingt-sept pour la présidence. Le parti modéré et constitutionnel aurait voulu appeler au bureau le général Jourdan, afin de lui préparer les voies au fauteuil, et de l'y porter après Pichegru; mais la nouvelle majorité, fière de sa force, et oubliant déjà toute espèce de ménagement, repoussa Jourdan. Les membres du bureau nommés furent MM. Siméon, Vaublanc, Henri La Rivière, Parisot. L'exclusion de Jourdan était maladroite, et ne pouvait que blesser profondément les armées. Séance tenante, on abolit l'élection des Hautes-Pyrénées, qui avait porté Barrère au corps législatif. On apprit le résultat du tirage au sort fait au directoire. Par une singularité du hasard, le sort était tombé sur Letourneur, ce qui confirma davantage l'opinion qui s'était répandue d'un accord volontaire entre les directeurs\*. Sur-le-champ on songea à le rempla-

---

\* On lit dans une foule d'histoires, que Letourneur sortit par un arrangement volontaire. Le directeur Larévellière-Lé-

cer. Le choix qu'on allait faire avait beaucoup
moins d'importance depuis qu'il ne pouvait plus
changer la majorité directoriale; mais c'était
toujours l'appui d'une voix à donner à Carnot;
et d'ailleurs, comme on ne connaissait pas bien
la pensée de Larévellière-Lépaux, comme on
le savait modéré, et qu'il était un des proscrits
de 1793, on se flattait qu'il pourrait, dans certains cas, se rattacher à Carnot, et changer la
majorité. Les constitutionnels, qui avaient
le désir et l'espoir de modifier la marche du
gouvernement sans le détruire, auraient voulu
nommer un homme attaché au régime actuel,
mais prononcé contre le directoire, et prêt à
se rallier à Carnot. Ils proposaient Cochon, le
ministre de la police, et l'ami de Carnot. Ils
songeaient aussi à Beurnonville; mais, dans le
club de Clichy, on était mal disposé pour Cochon, bien qu'on lui eût accordé d'abord beau-

---

paux, dans des mémoires précieux et inédits, assure le contraire. Pour qui a connu ce vertueux citoyen, incapable de
mentir, son assertion est une preuve suffisante. Mais on n'a
plus aucun doute en lisant le mémoire de Carnot, écrit après
le 18 fructidor. Dans ce mémoire plein de fiel, et qui est à
déplorer pour la gloire de Carnot, il assure que tous ces arrangements ne sont qu'une vaine supposition. Il n'avait certes
aucun intérêt à justifier ses collègues, contre lesquels il était
plein de ressentiment.

coup de faveur, à cause de son énergie contre les jacobins. On lui en voulait maintenant de l'arrestation de Brottier, Duverne de Presle et Laville-Heurnois, mais surtout de ses circulaires aux électeurs. On repoussa Cochon et même Beurnonville. On proposa Barthélemy, notre ambassadeur en Suisse, et le négociateur des traités de paix avec la Prusse et l'Espagne. Ce n'était certainement pas le diplomate pacificateur qu'on voulait honorer en lui, mais le complice supposé du prétendant et des émigrés. Cependant les royalistes, qui espéraient, et les républicains, qui craignaient trouver en lui un traître, se trompaient également. Barthélemy n'était qu'un homme faible, médiocre, fidèle au pouvoir régnant, et n'ayant pas même la hardiesse nécessaire pour le trahir. Pour décider son élection, qui rencontrait des obstacles, on répandit qu'il n'accepterait pas, et que sa nomination serait un hommage à l'homme qui avait commencé la réconciliation de la France avec l'Europe. Cette fable contribua au succès. Il obtint aux cinq-cents trois cent neuf suffrages, et Cochon deux cent trente. On vit figurer sur la liste des candidats présentés aux anciens, Masséna, porté par cent quatre-vingt-sept suffrages; Kléber, par cent soixante-treize; Augereau, par cent trente-neuf. Un nombre de députés voulaient appeler au gouvernement l'un des généraux divisionnaires les plus distingués dans les armées.

Barthélemy fut élu par les anciens; et, malgré la fable inventée pour lui gagner des voix, il répondit de suite qu'il acceptait les fonctions de directeur. Son introduction au directoire à la place de Letourneur n'y changeait nullement les influences. Barthélemy n'était pas plus capable d'agir sur ses collègues que Letourneur; il allait voter de la même manière, et faire par position ce que Letourneur faisait par dévouement à la personne de Carnot.

Les membres de la société de Clichy, *les clichyens*, comme on les appelait, se mirent à l'œuvre dès le 1$^{er}$ prairial, et annoncèrent les intentions les plus violentes. Peu d'entre eux étaient dans la confidence des agents royalistes. Lemerer, Mersan, Imbert-Colomès, Pichegru, et peut-être Willot, étaient seuls dans le secret. Pichegru, d'abord en correspondance avec Condé et Wickam, venait d'être mis en relation directe avec le prétendant. Il reçut de grands encouragements, de superbes promesses, et de nouveaux fonds, qu'il accepta encore, sans être plus certain qu'auparavant de l'usage qu'il en pourrait faire. Il promit beaucoup, et dit qu'il fallait, avant de prendre un parti, observer la nouvelle marche des choses. Froid et taciturne, il affectait avec ses complices, et avec tout le monde, le mystère d'un esprit profond et le recueillement d'un grand caractère. Moins il parlait, plus on lui supposait de combinaisons et de moyens. Le plus grand nombre des clichyens ignoraient sa mission secrète. Le gouvernement lui-même l'ignorait, car Duverne de Presle n'en avait pas le secret, et n'avait pu le lui communiquer.

Parmi les clichyens, les uns étaient mus par l'ambition, les autres par un penchant naturel pour l'état monarchique, le plus grand nombre par les souvenirs de la terreur et par la crainte de la voir renaître. Réunis par des motifs divers, ils étaient entraînés, comme il arrive toujours aux hommes assemblés, par les plus ardents d'entre eux. Dès le 1$^{er}$ prairial, ils formèrent les projets les plus fous. Le premier était de mettre les conseils en permanence. Ils voulaient ensuite demander l'éloignement des troupes qui étaient à Paris; ils voulaient s'arroger la police de la capitale, en interprétant l'article de la constitution qui donnait au corps législatif la police du lieu de ses séances, et en traduisant le mot *lieu* par le mot *ville*; ils voulaient mettre les directeurs en accusation, en nommer d'autres, abroger en masse les lois dites révolutionnaires, c'est-à-dire, abroger, à la faveur de ce mot, la révolution tout entière. Ainsi, Paris soumis à leur pouvoir, les chefs du gouvernement renversés, l'autorité remise entre leurs mains pour en disposer à leur gré, ils pouvaient tout hasarder, même la royauté. Cependant ces propositions de quelques esprits emportés furent écartées. Des hommes plus mesurés, voyant qu'elles équivalaient à une attaque de vive force contre le directoire, les combattirent, et en firent prévaloir d'autres. Il fut convenu qu'on se servirait d'abord de la majorité, pour changer toutes les commissions, pour réformer certaines lois, et pour contrarier la marche actuelle du directoire. La tactique législative fut donc préférée, pour le moment, aux attaques de vive force.

Ce plan arrêté, on le mit sur-le-champ à exécution. Après avoir annulé l'élection de Barrère, on rappela cinq membres du premier tiers, qui avaient été exclus l'année précédente en vertu de la loi du 3 brumaire. Le refus fait par les anciens de rapporter cette loi ne fut pas un obstacle. Les députés repoussés du corps législatif furent rappelés comme inconstitutionnellement exclus. C'étaient les nommés Ferrand-Vaillant, Gault, Polissart, Job Aymé (de la Drôme), et Marsan, l'un des agents du royalisme. On imagina ensuite une nouvelle manière de rapporter la loi du 3 brumaire. Le rapport de cette loi ayant été proposé quelques jours auparavant, et rejeté par les anciens, ne pouvait plus être proposé avant une année. On employa une nouvelle forme, et on décida que la loi du 3 brumaire était rapportée, dans ce qui était relatif à l'exclusion des fonctions publiques. C'était presque toute la loi. Les anciens adoptèrent la résolution sous cette forme. Les membres du nouveau tiers, exclus comme parents d'émigrés, ou comme amnistiés pour délits révolutionnaires, purent être introduits. M. Imbert-Colomès de Lyon dut à cette résolution l'avantage d'entrer au corps législatif. Elle profita aussi à Salicetti, qui avait été compromis dans les événements de prairial, et amnistié avec plusieurs membres de la convention. Nommé en Corse, son élection fut confirmée. Par une apparence d'impartialité, les meneurs des cinq-cents firent rapporter une loi du 21 floréal, qui éloignait de Paris les conventionnels non revêtus de fonctions publiques. C'était afin de paraître abroger toutes les lois révolutionnaires. Ils s'occupèrent immédiatement de la vérification des élections; et, comme il était naturel de s'y attendre, ils annulaient toutes les élections douteuses quand il s'agissait d'un député républicain, et les confirmaient quand il s'agissait d'un ennemi de la révolution. Ils firent renouveler toutes les commissions; et, prétendant que tout devait dater du jour de leur introduction au corps législatif, ils demandèrent des comptes de finances jusqu'au 1$^{er}$ prairial. Ils établirent ensuite des commissions spéciales, pour examiner les lois relatives aux émigrés, aux prêtres, au culte, à l'instruction publique, aux colonies, etc. L'intention de porter la main sur toute chose était assez évidente.

Deux exceptions avaient été faites aux lois qui bannissaient les émigrés à perpétuité : l'une en faveur des ouvriers et cultivateurs que Saint-Just et Lebas avaient fait fuir du Haut-Rhin, pendant leur mission en 1793; l'autre en faveur des individus compromis, et obligés de fuir par suite des événements du 31 mai. Les réfugiés de Toulon, qui avaient livré cette place, et qui s'étaient sauvés sur les escadres anglaises, étaient seuls privés du bénéfice de cette seconde exception. A la faveur de ces deux dispositions, une multitude d'émigrés étaient déja rentrés. Les uns se faisaient passer pour ouvriers ou cultivateurs du Haut-Rhin, les autres pour proscrits du 31 mai. Les clichyens firent adopter une prorogation du délai accordé aux fugitifs du Haut-Rhin, et prolonger ce délai de six mois. Ils firent décider en outre que les fugitifs toulonnais profiteraient de l'exception accordée aux proscrits du 31 mai. Quoique cette faveur fût méritée pour beaucoup de méridionaux, qui ne s'étaient réfugiés à Toulon, et de Toulon sur les escadres anglaises, que pour se soustraire à la proscription encourue par les fédéralistes, néanmoins elle rappelait, et semblait amnistier l'attentat le plus criminel de la faction contre-révolutionnaire, et devait indigner les patriotes. La discussion sur les colonies, et sur la conduite des agents du directoire à Saint-Domingue, amena un éclat violent. La commission chargée de cet objet, et composée de Tarbé, Villaret-Joyeuse, Vaublanc, Bourdon de l'Oise, fit un rapport où la convention était traitée avec la plus grande amertume. Le conventionnel Marec y était accusé de n'avoir pas résisté *à la tyrannie avec l'énergie de la vertu*. A ces mots, qui annonçaient l'intention souvent manifestée d'outrager les membres de la convention, tous ceux qui siégeaient encore dans les cinq-cents, s'élancèrent à la tribune, et demandèrent un rapport rédigé d'une manière plus digne du corps législatif. La scène fut des plus violentes. Les conventionnels, appuyés des députés modérés, obtinrent que le rapport fût renvoyé à la commission. Carnot influa sur la commission par le moyen de Bourdon (de l'Oise), et les dispositions du décret projeté furent modifiées. D'abord on avait proposé d'interdire au directoire la faculté d'envoyer des agents dans les colonies; on lui laissa cette faculté, en limitant le nombre des agents à trois, et la durée de leur mission à dix-huit mois. Santhonax fut rappelé. Les constitutionnels, voyant qu'ils avaient pu, en se réunissant aux conventionnels, arrêter la fougue des clichyens, crurent qu'ils allaient devenir les modérateurs du corps législatif. Mais les séances suivantes allaient bientôt les détromper.

Au nombre des objets les plus importants dont les nouveaux élus se proposaient de s'occuper, étaient le culte et les lois sur les prêtres. La commission chargée de cette grave matière, nomma pour son rapporteur le jeune Camille Jordan, dont l'imagination s'était exaltée aux horreurs du siége de Lyon, et dont la sensibilité, quoique sincère, n'était pas sans prétentious. Le rapporteur fit une dissertation fort longue et fort ampoulée sur la liberté des cultes. Il ne suffisait pas, disait-il, de permettre à chacun l'exercice de son culte, mais il fallait, pour que la liberté fût réelle, ne rien exiger qui fût en contradiction avec les croyances. Ainsi, par exemple, le serment exigé des prêtres, quoique ne blessant en rien les croyances, ayant été néanmoins mal interprété par eux, et regardé comme contraire aux doctrines de l'église catholique, ne devait pas leur être imposé. C'était une tyrannie dont le résultat était de créer une classe de proscrits, et de proscrits dangereux, parce qu'ils avaient une grande influence sur les esprits, et que, dérobés avec empressement aux recherches de l'autorité par le zèle pieux des peuples, ils travaillaient dans l'ombre à exciter la révolte. Quant aux cérémonies du culte, il ne suffisait pas de les permettre dans des temples fermés, il fallait, tout en défendant les pompes extérieures qui pouvaient devenir un sujet de trouble, permettre certaines pratiques indispensables. Ainsi les cloches étaient indispensables pour réunir les catholiques à certaines heures; elles étaient partie nécessaire du culte; les défendre, c'était en gêner la liberté. D'ailleurs le peuple était accoutumé à ces sons, il les aimait, il n'avait pas encore consenti à s'en passer; et, dans les campagnes, la loi contre les cloches n'avait jamais été exécutée. Les permettre, c'était donc satisfaire à un besoin innocent, et faire cesser le scandale d'une loi inexécutée. Il en était de même pour les cimetières. Tout en interdisant les pompes publiques à tous les cultes, il fallait cependant permettre à chacun d'avoir des lieux fermés, consacrés aux sépultures, et dans l'enceinte desquels on pourrait placer les signes propres à chaque religion. En vertu de ces principes, Camille Jordan proposait l'abolition des serments, l'annulation des lois répressives qui en avaient été la conséquence, la permission d'employer les cloches, et d'avoir des cimetières, dans l'enceinte desquels chaque culte pourrait placer à volonté ses signes religieux sur les tombeaux. Les principes de ce rapport, quoique exposés avec une emphase dangereuse, étaient justes. Il est vrai qu'il n'existe qu'un moyen de détruire les vieilles superstitions, c'est l'indifférence et la disette. En souffrant tous les cultes, et n'en salariant aucun, les gouvernements hâteraient singulièrement leur fin. La convention avait déjà rendu aux catholiques les temples qui leur servaient d'églises; le directoire aurait bien fait de leur permettre les cloches, les croix dans les cimetières, et d'abolir l'usage du serment et les lois contre les prêtres qui le refusaient. Mais employait-on les véritables formes, choisissait-on le véritable moment, pour présenter de semblables réclamations? Si au lieu d'en faire l'un des griefs du grand procès intenté au directoire, on eût attendu un moment plus convenable, donné aux passions le temps de se calmer, au gouvernement celui de se rassurer, on aurait infailliblement obtenu les concessions désirées. Mais par cela seul que les contre-révolutionnaires en faisaient une condition, les patriotes s'y opposaient; car on veut toujours le contraire de ce que veut un ennemi. En entendant le bruit des cloches, ils auraient cru entendre le tocsin de la contre-révolution. Chaque parti veut que l'on comprenne et satisfasse ses passions, et ne veut ni comprendre ni admettre celles du parti contraire. Les patriotes avaient leurs passions composées d'erreurs, de craintes, de haines, qu'il fallait aussi comprendre et ménager. Ce rapport fit une sensation extraordinaire, car il touchait aux ressentiments les plus vifs et les plus profonds. Il fut l'acte le plus frappant et le plus dangereux des clichyens, quoique au fond le plus fondé. Les patriotes y répondirent mal, en disant qu'on proposait de récompenser la violation des lois, par l'abrogation des lois violées. Il faut en effet abroger les lois inexécutables.

A toutes ces exigences, les clichyens ajoutèrent des vexations de toute espèce contre le directoire, au sujet des finances. C'était là l'objet important, au moyen duquel ils se proposaient de le tourmenter et de le paralyser. Nous avons exposé déja (tome VIII), en donnant l'aperçu des ressources financières pour l'an V (1797), quelles étaient les recettes et les dépenses présumées de cette année. On avait à suffire à 450 millions de dépenses ordinaires au moyen des 250 millions de la contribution foncière, des 50 millions de la contribution personnelle, et des 150 millions du timbre, de l'enregistrement, des patentes, des postes et des douanes. On devait pourvoir aux 550 millions de la dépense extraordinaire, avec le dernier quart du prix des biens nationaux soumissionnés l'année précédente, s'élevant à 100 millions, et exigé en billets de la part des acquéreurs, avec le produit des bois et du fermage des biens nationaux, l'arriéré des contributions, les rescriptions bataves, la vente du mobilier national, différents produits accessoires, enfin avec l'éternelle ressource des biens restant à vendre. Mais tous ces moyens étaient insuffisants, et très-au-dessous de leur valeur présumée. Les recettes et dépenses de l'année n'étant réglées que provisoirement, on avait ordonné la perception sur les rôles provisoires, de trois cinquièmes de la contribution foncière et personnelle. Mais les rôles, comme on l'a déjà dit, mal faits par les administrations locales, à cause de la variation continuelle des lois fiscales, et surchargés d'émargements, donnaient lieu à des difficultés sans nombre. La mauvaise volonté des contribuables ajoutait encore à ces difficultés, et la recette était lente. Outre l'inconvénient d'arriver tard, elle était fort au-dessous de ce qu'on l'avait imaginé. La contribution foncière faisait prévoir tout au plus 200 millions de produit, au lieu de 250. Les différents revenus, tels que timbre, enregistrement, patentes, douanes et postes, ne faisaient espérer que 100 millions au lieu de 150. Tel était le déficit dans les revenus ordinaires, destinés à faire face à la dépense ordinaire. Il n'était pas moindre dans l'extraordinaire. On avait négocié les bons des acquéreurs nationaux pour le prix du dernier quart; avec grand désavantage. Pour ne pas faire les mêmes pertes sur les rescriptions bataves, on les avait engagées pour une somme très-inférieure à leur valeur. Les biens se vendaient très-lentement, aussi la détresse était-elle extrême. L'armée d'Italie avait vécu avec les contributions qu'elle levait; mais les armées du Rhin, de Sambre-et-Meuse, de l'intérieur, les troupes de la marine avaient horriblement souffert. Plusieurs fois les troupes s'étaient montrées prêtes à se révolter. Les établissements publics et les hôpitaux étaient dans une horrible pénurie. Les fonctionnaires publics ne touchaient pas.

Il avait fallu recourir à des expédients de toute espèce. Ainsi, comme nous l'avons rapporté (tome VIII), on recourut à des délais, pour l'accomplissement de certaines obligations. On ne payait les rentiers qu'un quart en numéraire, et trois quarts en bons acquittables en biens nationaux, appelés *bons des trois quarts*. Le service de la dette consolidée, de la dette viagère et des pensions, s'élevait à 248 millions; par conséquent ce n'était guère que 62 millions à payer, et la dépense ordinaire se trouvait ainsi réduite de 186 millions. Mais, malgré cette réduction, la dépense n'en était pas moins au-dessus des recettes. Quoiqu'on eût établi une distinction entre la dépense ordinaire et extraordinaire, on ne l'observait pas dans les paiements de la trésorerie. On fournissait à la dépense extraordinaire avec les ressources destinées à la dépense ordinaire; c'est-à-dire, qu'à défaut d'argent pour payer les troupes, ou les fournisseurs qui les nourrissaient, on prenait sur les sommes destinées aux appointements des fonctionnaires publics, juges, administrateurs de toute espèce. Non-seulement on confondait ces deux sortes de fonds, mais on anticipait sur les rentrées, et on délivrait des assignations sur tel ou tel receveur, acquittables avec les premiers fonds qui devaient lui arriver. On donnait aux fournisseurs des ordonnances sur la trésorerie, dont le ministre réglait l'ordre d'acquittement, suivant l'urgence des besoins; ce qui donnait quelquefois lieu à des abus, mais ce qui procurait le moyen de pourvoir au plus pressé, et d'empêcher souvent tel entrepreneur de se décourager et d'abandonner son service. Enfin, à défaut de toute autre ressource, on délivrait des bons sur les biens nationaux, papier qu'on négociait aux acheteurs. C'était là le moyen employé, depuis la destruction du papier-monnaie, pour anticiper sur les ventes. De cet état des finances, il résultait que les fournisseurs de la plus mauvaise espèce, c'est-à-dire les fournisseurs aventureux, entouraient seuls le gouvernement, et lui faisaient subir les marchés les plus onéreux. Ils n'acceptaient qu'à un taux fort bas les papiers qu'on leur donnait, et ils élevaient le prix des denrées à proportion des chances ou des délais du paiement. On était souvent obligé de faire les arrangements les plus singuliers, pour suffire à certains besoins. Ainsi le ministre de la marine avait acheté des farines pour les escadres, à condition que le fournisseur, en livrant les farines à Brest, en donnerait une partie en argent, pour payer la solde aux marins prêts à se révolter. Le dédommagement de cette avance de numéraire se trouvait naturellement dans le haut prix des farines. Toutes ces pertes étaient inévitables et résultaient de la situation. Les imputer au gouvernement était une injustice. Malheureusement la conduite scandaleuse de l'un des directeurs, qui avait une part secrète dans les profits extraordinaires des fournisseurs, et qui ne cachait ni ses prodigalités, ni les progrès de sa fortune, fournissait un prétexte à toutes les calomnies. Ce n'étaient pas certainement les bénéfices honteux d'un individu qui mettaient l'état dans la détresse, mais on en prenait occasion pour accuser le directoire de ruiner les finances.

Il y avait là, pour une opposition violente et de mauvaise foi, une ample matière à déclamations et à mauvais projets. Elle en forma en effet de très-dangereux. Elle avait composé la commission des finances d'hommes de son choix, et fort mal disposés pour le gouvernement. Le premier soin de cette commission fut de présenter aux cinq-cents, par l'organe du rapporteur Gilbert-Desmolières, un état inexact de la recette et de la dépense. Elle exagéra l'une, et diminua fortement l'autre. Obligée de reconnaître l'insuffisance des ressources ordinaires, telles que la contribution foncière, l'enregistrement, le timbre, les patentes, les postes, les douanes, elle refusa cependant tous les impôts imaginés pour y suppléer. Depuis le commencement de la révolution, on n'avait pas pu rétablir encore les impôts indirects. On proposait un impôt sur le sel et le tabac, la commission prétendit qu'il effrayait le peuple; on proposait une loterie, elle la repoussa comme immorale; on proposait un droit de passe sur les routes, elle le trouva sujet à de grandes difficultés. Tout cela était plus ou moins juste, mais il fallait chercher et trouver des ressources. Pour toute ressource, la commission annonça qu'elle allait s'occuper de discuter un droit de greffe. Quant au déficit des recettes extraordinaires, loin d'y pourvoir, elle chercha à l'aggraver, en interdisant au directoire les expédients au moyen desquels il était parvenu à vivre au jour le jour. Voici comme elle s'y prit.

La constitution avait détaché la trésorerie du directoire, et en avait fait un établissement à part, qui était dirigé par des commissaires indépendants, nommés par les conseils, et n'ayant d'autre soin que celui de recevoir le revenu, et de payer la dépense. De cette manière le directoire n'avait pas le maniement des fonds de l'état; il délivrait des ordonnances sur la trésorerie, qu'elle acquittait jusqu'à concurrence des crédits ouverts par les conseils. Rien n'était plus funeste que cette institution, car le maniement des fonds est une affaire d'exécution, qui doit appartenir au gouvernement, comme la direction des opérations militaires, et dans laquelle les corps délibérants ne peuvent pas plus intervenir que dans l'ordonnance d'une campagne. C'est même souvent par un maniement adroit et habile qu'un ministre parvient à créer des ressources temporaires, dans un cas pressant. Aussi les deux conseils avaient-ils, l'année précédente, autorisé la trésorerie à faire toutes les négociations commandées par le directoire. La nouvelle commission résolut de couper court aux expédients qui faisaient vivre le directoire, en lui enlevant tout pouvoir sur la trésorerie. D'abord elle voulait qu'il n'eût plus la faculté d'ordonner les négociations de valeurs. Quand il y aurait des valeurs non circulantes à réaliser, les commissaires de la trésorerie devaient les négocier eux-mêmes, sous leur responsabilité personnelle. Elle imagina ensuite d'enlever au directoire le droit de régler l'ordre dans lequel devaient être acquittées les ordonnances de paiement. Elle proposa aussi de lui interdire des anticipations sur les fonds qui devaient rentrer dans les caisses des départements. Elle voulait même que toutes les assignations déjà délivrées sur les fonds non rentrés, fussent rapportées à la trésorerie, vérifiées, et payées à leur tour; ce qui interrompait et annulait toutes les opérations déja faites. Elle proposa en outre de rendre obligatoire la distinction établie entre les deux natures de dépenses et de recettes, et d'exiger que la dépense ordinaire fût soldée sur la recette ordinaire, et la dépense extraordinaire sur la recette extraordinaire; mesure funeste, dans un moment où il fallait fournir à chaque besoin pressant par les premiers fonds disponibles. A toutes ces propositions, elle en ajouta une dernière, plus dangereuse encore que les précédentes. Nous venons de dire que les biens se vendant lentement, on anticipait sur leur vente, en délivrant des bons qui étaient recevables en paiement de leur valeur. Les fournisseurs se contentaient de ces bons, qu'ils négociaient ensuite aux acquéreurs. Ce papier rivalisait, il est vrai, avec les *bons des trois quarts* délivrés aux rentiers, et en diminuait la valeur par la concurrence. Sous prétexte de protéger les malheureux rentiers contre l'avidité des fournisseurs, la commission proposa de ne plus permettre que les biens nationaux pussent être payés avec les bons délivrés aux fournisseurs.

Toutes ces propositions furent adoptées par les cinq-cents, dont la majorité aveuglément entraînée n'observait plus aucune mesure. Elles étaient désastreuses, et menaçaient d'interruption tous les services. Le directoire, en effet, ne pouvant plus négocier à son gré les valeurs qu'il avait dans les mains, ne pouvant plus fixer l'ordre des paiements suivant l'urgence des services, anticiper dans un cas pressant sur les fonds non rentrés, prendre sur l'ordinaire pour l'extraordinaire, et enfin émettre un papier volontaire acquittable en biens nationaux, était privé de tous les moyens qui l'avaient fait vivre jusqu'ici, et lui avaient permis, dans l'impossibilité de satisfaire à tous les besoins, de pourvoir au moins aux plus pressants. Les mesures adoptées, fort bonnes pour établir l'ordre dans un temps calme, étaient effrayantes dans la situation où l'on se trouvait. Les constitutionnels firent de vains efforts, dans les cinq-cents, pour les combattre. Elles passèrent; et il ne resta plus d'espoir que dans le conseil des anciens.

Les constitutionnels, ennemis modérés du directoire, voyaient avec la plus grande peine la marche imprimée au conseil des cinq-cents. Ils avaient espéré que l'adjonction d'un nouveau tiers leur serait plutôt utile que nuisible, qu'elle aurait pour unique effet de changer la majorité, et qu'ils deviendraient les maîtres du corps législatif. Leur chef, Carnot, avait conçu les mêmes illusions; mais les uns et les autres se voyaient entraînés bien au-delà du but, et pouvaient s'apercevoir dans cette occasion, comme dans toutes les autres, que derrière chaque opposition se cachait la contre-révolution avec ses mauvaises pensées. Ils avaient beaucoup plus d'influence chez les anciens que chez les cinq-cents, et ils s'efforcèrent de provoquer le rejet des résolutions relatives aux finances. Carnot y avait un ami dévoué dans le député Lacuée; il avait aussi des liaisons avec Dumas, ancien membre de la législative. Il pouvait compter sur l'influence de Portalis, Tronçon-Ducoudray, Lebrun, Barbé-Marbois, tous adversaires modérés du directoire, et blâmant les emportements du parti clichyen. Grace aux efforts réunis de ces députés, et aux dispositions du conseil des anciens, les premières propositions de Gilbert-Desmolières, qui interdisaient au directoire de diriger les négociations de la trésorerie, de fixer l'ordre des paiements, et de confondre l'ordinaire avec l'extraordinaire, furent rejetées. Ce rejet causa une grande satisfaction aux constitutionnels, et en général à tous les hommes modérés qui redoutaient une lutte. Carnot en fut extrêmement joyeux. Il espéra de nouveau qu'on pourrait contenir les clichyens par le conseil des anciens, et que la direction des affaires resterait à ses amis et à lui.

Mais ce n'était là qu'un médiocre palliatif. Le club de Clichy retentit des plus violentes déclamations contre les anciens, et de nouveaux projets d'accusation contre le directoire. Gilbert-Desmolières reprit ses premières propositions rejetées par les anciens, dans l'espoir de les faire agréer à une seconde délibération, en les présentant sous une autre forme. Les résolutions de toute espèce contre le gouvernement se succédèrent dans les cinq-cents. On interdit aux députés de recevoir des places un an avant leur sortie du corps législatif. Imbert-Colomès, qui correspondait avec la cour de Blankembourg, proposa d'ôter au directoire la faculté qu'il tenait d'une loi, d'examiner les lettres venant de l'étranger. Aubry, le même qui, après le 9 thermidor, opéra une réaction dans l'armée, qui, en 1795, destitua Bonaparte, Aubry proposa d'enlever au directoire le droit de destituer les officiers, ce qui le privait de l'une de ses plus importantes prérogatives constitutionnelles. Il proposa aussi d'ajouter aux douze cents grenadiers composant la garde du corps législatif, une compagnie d'artillerie et un escadron de dragons, et de donner le commandement de toute cette garde aux inspecteurs de la salle du corps législatif; proposition ridicule et qui semblait annoncer des préparatifs de guerre. On dénonça l'envoi d'un million à l'ordonnateur de la marine de Toulon, envoi que Bonaparte avait fait directement, sans prendre l'intermédiaire de la trésorerie, pour hâter le départ de l'escadre dont il avait besoin dans l'Adriatique. Ce million fut saisi par la trésorerie, et transporté à Paris. On parla de semblables envois, faits de la même manière, de l'armée d'Italie aux armées des Alpes, du Rhin et de Sambre-et-Meuse. On fit un long rapport sur nos relations avec les États-Unis; et, quelque raison qu'eût le directoire dans les différends élevés avec cette puissance, on le censura avec amertume. Enfin la fureur de dénoncer et d'accuser toutes les opérations du gouvernement, entraîna les clichyens à une dernière démarche, qui fut de leur part une funeste imprudence.

Les événements de Venise avaient retenti dans toute l'Europe. Depuis le manifeste de Palma-Nova, cette république avait été anéantie, et celle de Gênes révolutionnée, sans que le directoire eût donné un seul mot d'avis aux conseils. La raison de ce silence était, comme on l'a vu, dans la rapidité des opérations, rapidité telle, que Venise n'était plus, avant qu'on pût mettre la guerre en délibération au corps législatif. Le traité intervenu depuis n'avait pas encore été soumis à la discussion, et devait l'être sous quelques jours. Au reste, c'était moins du silence du directoire qu'on était fâché, que de la chute des gouvernements aristocratiques, et des progrès de la révolution en Italie. Dumolard, cet orateur diffus, qui depuis près de deux ans ne cessait de combattre le directoire dans les cinq-cents, résolut de faire une motion, relativement aux événements de Venise et de Gênes. La tentative était hardie ; car on ne pouvait attaquer le directoire sans attaquer le général Bonaparte. Il fallait braver pour cela l'admiration universelle, et une influence devenue colossale, depuis que le général avait obligé l'Autriche à la paix, et que, négociateur et guerrier, il

semblait régler à Milan les destinées de l'Europe. Tous les clichyens qui avaient conservé quelque raison, firent leurs efforts pour dissuader Dumolard de son projet; mais il persista, et dans la séance du 5 messidor (23 juin), il fit une motion d'ordre sur les événements de Venise. « La renommée, dit-il, dont on ne
« peut comprimer l'essor, a semé partout le
« bruit de nos conquêtes sur les Vénitiens, et
« de la révolution étonnante qui les a couron-
« nées. Nos troupes sont dans leur capitale;
« leur marine nous est livrée; le plus ancien
« gouvernement de l'Europe est anéanti; il re-
« paraît en un clin d'œil sous des formes dé-
« mocratiques; nos soldats enfin bravent les
« flots de la mer Adriatique, et sont transpor-
« tés à Corfou pour achever la révolution nou-
« velle.... Admettez ces événements pour cer-
« tains, il suit que le directoire a fait en termes
« déguisés la guerre, la paix, et, sous quel-
« ques rapports, un traité d'alliance avec Ve-
« nise, et tout cela sans votre concours... Ne
« sommes-nous donc plus ce peuple qui a pro-
« clamé en principe, et soutenu par la force
« des armes, qu'il n'appartient, sous aucun
« prétexte, à des puissances étrangères de s'im-
« miscer dans la forme du gouvernement d'un
« autre état? Outragés par les Vénitiens, était-

« ce à leurs institutions politiques que nous
« avions le droit de déclarer la guerre? Vain-
« queurs et conquérants, nous appartenait-il
« de prendre une part active à leur révolution,
« en apparence inopinée? Je ne rechercherai
« point ici quel est le sort que l'on réserve à
« Venise, et surtout à ses provinces de terre-
« ferme. Je n'examinerai point si leur envahis-
« sement, médité peut-être avant les attentats
« qui lui servirent de motifs, n'est pas destiné
« à figurer dans l'histoire, comme un digne
« pendant du partage de la Pologne. Je veux
« bien arrêter ces réflexions, et je demande,
« l'acte constitutionnel à la main, comment le
« directoire peut justifier l'ignorance absolue
« dans laquelle il cherche à laisser le corps
« législatif sur cette foule d'événements ex-
« traordinaires. » Après s'être occupé des événements de Venise, Dumolard parle ensuite
de ceux de Gênes, qui présentaient, disait-il,
le même caractère, et faisaient supposer l'intervention de l'armée française et de ses chefs.
Il parla aussi de la Suisse, avec laquelle on
était, disait-il, en contestation pour un droit
de navigation, et il demanda si on voulait dé-
mocratiser tous les états alliés de la France.
Louant souvent les héros d'Italie, il ne parla
pas une seule fois du général en chef, qu'alors

aucune bouche ne négligeait l'occasion de prononcer, en l'accompagnant d'éloges extraordinaires. Dumolard finit par proposer un message au directoire, pour lui demander des explications sur les événements de Venise et de Gênes, et sur les rapports de la France avec la Suisse.

Cette motion causa un étonnement général, et prouva l'audace des clichyens. Elle devait bientôt leur coûter cher. En attendant qu'ils en essuyassent les tristes conséquences, ils se montraient pleins d'arrogance, affichaient hautement les plus grandes espérances, et semblaient devoir être sous peu les maîtres du gouvernement. C'était partout la même confiance et la même imprudence qu'en vendémiaire. Les émigrés rentraient en foule. On envoyait de Paris une quantité de faux passeports et de faux certificats de résidence, dans toutes les parties de l'Europe. On en faisait commerce à Hambourg. Les émigrés s'introduisaient sur le territoire par la Hollande, par l'Alsace, la Suisse et le Piémont. Ramenés par le goût qu'ont les Français pour leur belle patrie, et par les souffrances et les dégoûts essuyés à l'étranger, n'ayant d'ailleurs plus rien à espérer de la guerre, depuis les négociations entamées avec l'Autriche, ayant même à craindre le licenciement des corps de Condé, ils venaient essayer, par la paix et par les intrigues de l'intérieur, la contre-révolution qu'ils n'avaient pu opérer par le concours des puissances européennes. Du reste, à défaut d'une contre-révolution, ils voulaient revoir au moins leur patrie, et recouvrer une partie de leurs biens. Grace en effet à l'intérêt qu'ils rencontraient partout, ils avaient mille facilités pour les racheter. L'agiotage sur les différents papiers admis en paiement des biens nationaux, et la facilité de se procurer ces papiers à vil prix, la faveur des administrations locales pour les anciennes familles proscrites, la complaisance des enchérisseurs, qui se retiraient dès qu'un ancien propriétaire faisait acheter ses terres sous des noms supposés, permettaient aux émigrés de rentrer dans leur patrimoine avec de très-faibles sommes. Les prêtres surtout revenaient en foule. Ils étaient recueillis par toutes les dévotes de France, qui les logeaient, les nourrissaient, leur élevaient des chapelles dans leurs maisons, et les entretenaient d'argent au moyen des quêtes. L'ancienne hiérarchie ecclésiastique était clandestinement rétablie. Aucune des nouvelles circonscriptions de la constitution civile du clergé n'était reconnue. Les anciens diocèses existaient encore; des évêques et des archevêques les administraient secrètement, et correspondaient avec Rome. C'était par eux et par leur ministère que s'exerçaient toutes les pratiques du culte catholique; ils confessaient, baptisaient, mariaient les personnes restées fidèles à l'ancienne religion. Tous les chouans oisifs accouraient à Paris, et s'y réunissaient aux émigrés, qui s'y trouvaient, disait-on, au nombre de plus de cinq mille. En voyant la conduite des cinq-cents et les périls du directoire, ils croyaient qu'il suffisait de quelques jours pour amener la catastrophe depuis si long-temps désirée. Ils remplissaient leur correspondance avec l'étranger de leurs espérances. Auprès du prince de Condé, dont le corps se retirait en Pologne, auprès du prétendant qui était à Blankembourg, auprès du comte d'Artois qui était en Écosse, on montrait la plus grande joie. Avec cette même ivresse qu'on avait eue à Coblentz, lorsqu'on croyait rentrer dans quinze jours à la suite du roi de Prusse, on faisait de nouveau aujourd'hui des projets de retour; on en parlait, on en plaisantait comme d'un événement très-prochain. Les villes voisines des frontières se remplissaient de gens qui attendaient avec impatience le moment de revoir la France. A tous ces indices il faut joindre enfin le langage forcené des journaux royalistes, dont la fureur augmentait avec la témérité et les espérances du parti.

Le directoire était instruit par sa police de tous ces mouvements. La conduite des émigrés, la marche des cinq-cents, s'accordaient avec la déclaration de Duverne de Presle pour démontrer l'existence d'un véritable complot. Duverne de Presle avait dénoncé, sans les nommer, cent quatre-vingts députés comme complices. Il n'avait désigné nominativement que Lemerer et Mersan, et avait dit que les autres étaient tous les sociétaires de Clichy. En cela, il s'était trompé, comme on a vu. La plupart des clichyens, sauf cinq ou six peut-être, agissaient par entraînement d'opinion, et non par complicité. Mais le directoire, trompé par les apparences et la déclaration de Duverne de Presle, les croyait sciemment engagés dans le complot, et ne voyait en eux que des conjurés. Une découverte faite par Bonaparte en Italie vint lui révéler un secret important, et ajouter encore à ses craintes. Le comte d'Entraigues, agent du prétendant, son intermédiaire avec les intrigants de France, et le confident de tous les secrets de l'émigration, s'était réfugié à Venise. Quand les Français y entrèrent, il fut saisi et livré à Bonaparte. Celui-ci pouvait l'envoyer en France pour y être fusillé comme émigré et comme conspirateur; cependant il se laissa toucher, et préféra se servir de lui et de ses indiscrétions, au lieu de le dévouer à la mort. Il lui assigna la ville de Milan pour prison, lui donna quelques secours d'argent, et se fit raconter tous les secrets du prétendant. Il connut alors l'histoire entière de la trahison de Pichegru, qui était restée cachée du gouvernement, et dont Rewbell seul avait eu quelques soupçons, mal accueillis de ses collègues. D'Entraigues raconta à Bonaparte tout ce qu'il savait, et le mit au fait de toutes les intrigues de l'émigration. Outre ces révélations verbales, on obtint des renseignements curieux, par la saisie des papiers trouvés à Venise, dans le porte-feuille de d'Entraigues. Entre autres pièces, il en était une fort importante, contenant une longue conversation de d'Entraigues avec le comte de Montgaillard, dans laquelle celui-ci racontait la première négociation entamée avec Pichegru, et restée infructueuse par l'obstination du prince de Condé. D'Entraigues avait écrit cette conversation*, qui fut trouvée dans ses

---

* M. de Montgaillard, dans son ouvrage plein de calomnies et d'erreurs, a soutenu que cette pièce contenait des faits

papiers. Sur-le-champ Berthier, Clarke et Bonaparte la signèrent pour en attester l'authenticité, et l'envoyèrent à Paris.

Le directoire la tint secrète, comme la déclaration de Duverne de Presle, attendant l'occasion de s'en servir utilement. Mais il n'eut plus de doute alors sur le rôle de Pichegru dans le conseil des cinq-cents; il s'expliqua ses défaites, sa conduite bizarre, ses mauvais procédés, son refus d'aller à Stockholm, et son influence sur les clichyens. Il supposa qu'à la tête de cent quatre-vingts députés ses complices, il préparait la contre-révolution.

Les cinq directeurs étaient divisés depuis la nouvelle direction que Carnot avait prise, et qui était suivie par Barthélemy. Il ne restait

---

vrais, mais qu'elle était fausse, et avait été fabriquée par Bonaparte, Berthier et Clarke. Le contraire est constant, et on conçoit l'intérêt que M. de Montgaillard avait à justifier son frère de la conversation qu'on lui attribue dans cette pièce. Mais il est difficile d'abord de supposer que trois personnages aussi importants osassent faire un faux. Ces actes-là sont aussi rares de nos jours que les empoisonnements. Clarke a été destitué à la suite de fructidor, et il était dans le parti Carnot. Il est peu probable qu'il se prêtât à fabriquer des pièces pour appuyer fructidor. Ensuite la pièce était fort insuffisante pour l'usage auquel on la destinait; et à faire un faux, on l'aurait fait suffisant. Tout prouve donc le mensonge de M. de Montgaillard.

de dévoués au système du gouvernement que Barras, Rewbell et Larévellière-Lépaux. Ces trois directeurs n'étaient point eux-mêmes fort unis, car Rewbell, conventionnel modéré, haïssait dans Barras un partisan de Danton, et avait en outre la plus grande aversion pour ses mœurs et son caractère. Larévellière avait quelques liaisons avec Rewbell, mais peu de rapports avec Barras. Les trois directeurs n'étaient rapprochés que par la conformité habituelle de leur vote. Tous trois étaient fort irrités et fort prononcés contre la faction de Clichy. Barras, quoiqu'il reçût chez lui les émigrés par suite de sa facilité de mœurs, ne cessait de dire qu'il monterait à cheval, qu'il mettrait le sabre à la main, et, à la tête des faubourgs, irait sabrer tous les contre-révolutionnaires des cinq-cents. Rewbell ne s'exprimait pas de la sorte; il voyait tout perdu; et, quoique résolu à faire son devoir, il croyait que ses collègues et lui n'auraient bientôt plus d'autre ressource que la fuite. Larévellière-Lépaux, doué d'autant de courage que de probité, pensait qu'il fallait faire tête à l'orage, et tout tenter pour sauver la république. Le cœur exempt de haine, il pouvait servir de lien entre Barras et Rewbell, et il avait résolu de devenir leur intermédiaire. Il s'adressa d'abord à Rewbell, dont il estimait profondément la probité et les lumières, et lui expliquant ses intentions, lui demanda s'il voulait concourir à sauver la révolution. Rewbell accueillit chaudement ses ouvertures, et lui promit le plus entier dévouement. Il s'agissait de s'assurer de Barras, dont le langage énergique ne suffisait pas pour rassurer ses collègues. Ne lui supposant ni probité, ni principes, le voyant entouré de tous les partis, ils le croyaient aussi capable de se vendre à l'émigration, que de se mettre un jour à la tête des faubourgs, et de faire un horrible coup de main. Ils craignaient l'une de ces choses autant que l'autre. Ils voulaient sauver la république par un acte d'énergie, mais ne pas la compromettre par de nouveaux meurtres. Effarouchés par les mœurs de Barras, ils se défiaient trop de lui. Larévellière se chargea de l'entretenir. Barras, charmé de se coaliser avec ses deux collègues, et de s'assurer leur appui, flatté surtout de leur alliance, adhéra entièrement à leurs projets, et parut se prêter à toutes leurs vues. Dès cet instant, ils furent assurés de former une majorité compacte, et d'annuler entièrement, par leurs trois votes réunis, l'influence de Carnot et de Barthélemy. Il s'agissait de savoir quels moyens ils emploieraient pour déjouer la conspiration, à laquelle ils supposaient de si grandes ramifications dans les deux conseils. Employer les voies judiciaires, dénoncer Pichegru et ses complices, demander leur acte d'accusation aux cinq-cents, et de les faire juger ensuite, était tout-à-fait impossible. D'abord on n'avait que le nom de Pichegru, de Lemerer et de Mersan; on croyait bien reconnaître les autres à leurs liaisons, à leurs intrigues, à leurs violentes propositions dans le club de Clichy et dans les cinq-cents, mais ils n'étaient nommés nulle part. Faire condamner Pichegru, et deux ou trois députés, ce n'était pas détruire la conspiration. D'ailleurs, on n'avait pas même les moyens de faire condamner Pichegru, Lemerer et Mersan; car les preuves existant contre eux, quoique emportant la conviction morale, ne suffisaient pas pour que des juges prononçassent une condamnation. Les déclarations de Duverne de Presle, celle de d'Entraigues, étaient insuffisantes sans le secours des dépositions orales. Mais ce n'était pas là encore la difficulté la plus grande : aurait-on possédé contre Pichegru et ses complices toutes les pièces qu'on n'avait pas, il fallait arracher l'acte d'accusation aux cinq-cents; et, les preuves eussent-elles été plus claires que le jour, la majorité actuelle n'y eût jamais adhéré;

car c'était déférer le coupable à ses propres complices. Ces raisons étaient si évidentes, que, malgré leur goût pour la légalité, Larévellière et Rewbell furent obligés de renoncer à toute idée d'un jugement régulier, et durent se résoudre à un coup d'état; triste et déplorable ressource, mais qui, dans leur situation et avec leurs alarmes, était la seule possible. Décidés à des moyens extrêmes, ils ne voulaient cependant pas de moyens sanglants, et cherchaient à contenir les goûts révolutionnaires de Barras. Sans être d'accord encore sur le mode et le moment de l'exécution, ils s'arrêtèrent à l'idée de faire arrêter Pichegru et ses cent quatre-vingts complices supposés, de les dénoncer au corps législatif épuré, et de lui demander une loi extraordinaire, qui décrétât leur bannissement, sans jugement. Dans leur extrême défiance, ils se méprenaient sur Carnot; ils oubliaient sa vie passée, ses principes rigides, son entêtement, et le croyaient presque un traître. Ils craignaient que, réuni à Barthélemy, il ne fût dans le complot de Pichegru. Ses soins pour grouper l'opposition autour de lui, et s'en faire le chef, étaient à leurs yeux prévenus comme autant de preuves d'une complicité criminelle. Cependant ils n'étaient pas convaincus encore; mais décidés à un coup hardi, ils ne voulaient pas agir à demi, et ils étaient prêts à frapper les coupables, même à leurs côtés, et dans le sein du directoire.

Ils convinrent de tout préparer pour l'exécution de leur projet, et d'épier soigneusement leurs ennemis, afin de saisir le moment où il deviendrait urgent de les atteindre. Résolus à un acte aussi hardi, ils avaient besoin d'appui. Le parti patriote, qui pouvait seul leur en fournir, se divisait comme autrefois en deux classes; les uns, toujours furieux depuis le 9 thermidor, n'avaient pas décoléré depuis trois ans, ne comprenaient aucunement la marche forcée de la révolution, considéraient le régime légal comme une concession faite aux contre-révolutionnaires, et ne voulaient que vengeance et proscriptions. Quoique le directoire les eût frappés dans la personne de Babœuf, ils étaient prêts, avec leur dévouement ordinaire, à voler à son secours. Mais ils étaient trop dangereux à employer, et on pouvait tout au plus, en un jour de péril extrême, les enrégimenter, comme on avait fait au 13 vendémiaire, et compter sur le sacrifice de leur vie. Ils avaient assez prouvé à côté de Bonaparte, et sur les degrés de l'église Saint-Roch, de quoi ils étaient capables un jour de danger. Outre ces ardents patriotes, presque tous compromis par leur zèle ou leur participation active à la révolution, il y avait les patriotes modérés, d'une classe supérieure, qui, approuvant plus ou moins la marche du directoire, voulaient néanmoins la république appuyée sur les lois, et voyaient le péril imminent auquel elle était exposée par la réaction. Ceux-là répondaient parfaitement aux intentions de Rewbell et Larévellière, et pouvaient donner un secours, sinon de force, au moins d'opinion au directoire. On les voyait alternativement dans les salons de Barras, qui représentait pour ses collègues, ou dans ceux de madame de Staël, qui n'avait point quitté Paris, et qui, par le charme de son esprit, réunissait toujours autour d'elle ce qu'il y avait de plus brillant en France. Benjamin Constant y occupait le premier rang par son esprit, et par les écrits qu'il avait publiés en faveur du directoire. On y voyait aussi M. de Talleyrand, qui, rayé de la liste des émigrés, vers les derniers temps de la convention, était à Paris avec le désir de rentrer dans la carrière des grands emplois diplomatiques. Ces hommes distingués, composant la société du gouvernement, avaient résolu de former une réunion qui contre-balançât l'influence de Clichy, et qui discutât dans un sens contraire les questions politiques. Elle fut appelée cercle constitutionnel. Elle réunit bientôt tous les hommes que nous venons de désigner, et les membres des conseils qui votaient avec le directoire, c'est-à-dire presque tout le dernier tiers conventionnel. Les membres du corps législatif, qui s'intitulaient constitutionnels, auraient dû se rendre aussi dans le nouveau cercle, car leur opinion était la même; mais brouillés d'amour-propre avec le directoire, par leurs discussions dans le corps législatif, ils persistaient à rester à part, entre le cercle constitutionnel et Clichy, à la suite des directeurs Carnot et Barthélemy, des députés Tronçon-Ducoudray, Portalis, Lacuée, Dumas, Doulcet-Pontécoulant, Siméon, Thibaudeau. Benjamin Constant parla plusieurs fois dans le cercle constitutionnel. On y entendit aussi M. de Talleyrand. Cet exemple fut imité; et des cercles du même genre, composés, il est vrai, d'hommes moins élevés et de patriotes moins mesurés, se formèrent de toutes parts. Le cercle constitutionnel s'était ouvert le 1$^{er}$ messidor an V, un mois après le 1$^{er}$ prairial. En très-peu de temps il y en eut de pareils dans toute la France; les patriotes les plus chauds s'y réunirent, et, par une réaction toute naturelle, on vit presque se recomposer le parti jacobin.

Mais c'était là un moyen usé, et peu utile. Les clubs étaient déconsidérés en France, et privés par la constitution des moyens de redevenir efficaces. Le directoire avait heureusement un autre appui; c'était celui des armées, chez lesquelles semblaient s'être réfugiés les principes républicains, depuis que les souffrances de la révolution avaient amené dans l'intérieur une réaction si violente et si générale. Toute armée est attachée au gouvernement qui l'organise, l'entretient, la récompense; mais les soldats républicains voyaient dans le directoire, non-seulement les chefs du gouvernement, mais les chefs d'une cause pour laquelle ils s'étaient levés en masse en 93, pour laquelle ils avaient combattu et vaincu pendant six années. Nulle part l'attachement à la révolution n'était plus grand qu'à l'armée d'Italie. Elle était composée de ces révolutionnaires du Midi, aussi impétueux dans leurs opinions que dans leur bravoure. Généraux, officiers et soldats, étaient comblés d'honneurs, gorgés d'argent, repus de plaisirs. Ils avaient conçu de leurs victoires un orgueil extraordinaire. Ils étaient instruits de ce qui se passait dans l'intérieur, par les journaux qu'on leur faisait lire, et ils ne parlaient que de repasser les Alpes, pour aller sabrer les aristocrates de Paris. Le repos dont ils jouissaient depuis la signature des préliminaires, contribuait à augmenter leur effervescence par l'oisiveté. Masséna, Joubert, et Augereau surtout, leur donnaient l'exemple du républicanisme le plus ardent. Les troupes venues du Rhin, sans être moins républicaines, étaient cependant plus froides, plus mesurées, et avaient contracté sous Moreau plus de sobriété et de discipline. C'était Bernadotte qui les commandait; il affectait une éducation soignée, et cherchait à se distinguer de ses collègues par des manières plus polies. Dans sa division on faisait usage de la qualification de *monsieur*, tandis que dans toute l'ancienne armée d'Italie, on ne voulait souffrir que le titre de *citoyen*. Les vieux soldats d'Italie, libertins, insolents, querelleurs comme des méridionaux, et des enfants gâtés par la victoire, étaient déjà en rivalité de bravoure avec les soldats du Rhin; et maintenant ils commençaient à être en rivalité, non pas d'opinion, mais d'habitudes et d'usages. Ils ne voulaient pas des qualifications de *monsieur*, et pour ce motif ils échangeaient souvent des coups de sabre avec leurs camarades du Rhin. La division Augereau surtout, qui se distinguait comme son général par son exaltation révolutionnaire, était la plus agitée.

Il fallut une proclamation énergique de son chef pour la contenir, et pour faire trève aux duels. La qualification de *citoyen* fut seule autorisée.

Le général Bonaparte voyait avec plaisir l'esprit de l'armée, et en favorisait l'essor. Ses premiers succès avaient tous été remportés contre la faction royaliste, soit devant Toulon, soit au 13 vendémiaire. Il était donc brouillé d'origine avec elle. Depuis, elle s'était attachée à rabaisser ses triomphes, parce que l'éclat en rejaillissait sur la révolution. Ses dernières attaques surtout remplirent le général de colère. Il ne se contenait plus en lisant la motion de Dumolard, et en apprenant que la trésorerie avait arrêté le million envoyé à Toulon. Mais outre ces raisons particulières de détester la faction royaliste, il en avait encore une plus générale et plus profonde; elle était dans sa gloire et dans la grandeur de son rôle. Que pouvait faire un roi pour sa destinée? Si haut qu'il pût l'élever, ce roi eût été toujours au-dessus de lui. Sous la république, au contraire, aucune tête ne dominait la sienne. Qu'il ne rêvât pas encore sa destinée inouïe, du moins il prévoyait dans la république une audace et une immensité d'entreprises, qui convenaient à l'audace et à l'immensité de son génie; tandis qu'avec un roi, la France eût été ramenée à une existence obscure et bornée. Quoi qu'il fît donc de cette république, qu'il la servît ou l'opprimât, Bonaparte ne pouvait être grand qu'avec elle, et par elle, et devait la chérir comme son propre avenir. Qu'un Pichegru se laissât allécher par un château, un titre et quelques millions, on le conçoit; à l'ardente imagination du conquérant de l'Italie, il fallait une autre perspective; il fallait celle d'un monde nouveau, révolutionné par ses mains.

Il écrivit donc au directoire qu'il était prêt, lui et l'armée, à voler à son secours, pour faire rentrer les contre-révolutionnaires dans le néant. Il ne craignit pas de donner des conseils, et engagea hautement le directoire à sacrifier quelques traîtres et à briser quelques presses.

Dans l'armée du Rhin, les dispositions étaient plus calmes. Il y avait quelques mauvais officiers, placés dans les rangs par Pichegru. Cependant la masse de l'armée était républicaine, mais tranquille, disciplinée, pauvre, et moins enivrée de succès que celle d'Italie. Une armée est toujours faite à l'image du général. Son esprit passe à ses officiers, et de ses officiers se communique à ses soldats. L'armée du Rhin était modelée sur Moreau. Moreau, flatté par

la faction royaliste, qui voulait mettre sa sage
retraite au-dessus des merveilleux exploits
d'Italie, avait moins de haine contre elle que
Bonaparte. Il était d'ailleurs insouciant, modéré, froid, et n'avait pour la politique qu'un
goût égal à sa capacité; aussi se tenait-il en
arrière, ne cherchant point à se prononcer.
Cependant il était républicain, et point traître
comme on l'a dit. Il avait dans ce moment la
preuve de la trahison de Pichegru, et aurait
pu rendre au gouvernement un immense
service. Nous avons déja dit qu'il venait de saisir un fourgon du général Kinglin, renfermant
beaucoup de papiers. Ces papiers contenaient
toute la correspondance chiffrée de Pichegru
avec Wickam, le prince de Condé, etc. Moreau
pouvait donc fournir la preuve de la trahison,
et rendre plus praticables les moyens judiciaires. Mais Pichegru avait été son général en chef
et son ami, il ne voulait pas le trahir, et il faisait travailler au déchiffrement de cette correspondance, sans la déclarer au gouvernement.
Du reste, elle renfermait la preuve de la fidélité
de Moreau lui-même à la république. Pichegru, après avoir donné sa démission, n'avait
qu'un moyen de se conserver de l'importance,
c'était de dire qu'il disposait de Moreau, et
que, se reposant sur lui de la direction de l'ar-

mée, il allait conduire les intrigues de l'intérieur. Eh bien! Pichegru ne cessa de dire qu'il ne fallait pas s'adresser à Moreau, parce qu'il n'accueillerait aucune ouverture*. Moreau était donc froid, mais fidèle. Son armée était une des plus belles et des plus braves que jamais la république eût possédées.

Tout était différent à l'armée de Sambre-et-Meuse : c'était, comme nous l'avons dit ailleurs, l'armée de Fleurus, de l'Ourthe et de la Roër, armée brave et républicaine, comme son ancien général. Son ardeur s'était encore augmentée lorsque le jeune Hoche, appelé à la commander, était venu y répandre tout le feu de son ame. Ce jeune homme, devenu en une campagne, de sergent aux gardes-françaises, général en chef, aimait la république comme sa bienfaitrice et sa mère. Dans les cachots du comité de salut public, ses sentiments ne s'étaient point attiédis; dans la Vendée, ils s'étaient renforcés en luttant avec les royalistes. En vendémiaire, il était tout prêt à voler au secours de la convention, et il avait déjà mis vingt mille hommes en mouvement, lors-

---

* Si M. de Montgaillard avait lu la correspondance de Kinglin, il n'aurait pas avancé, sur la foi d'une parole du roi Louis XVIII, que Moreau trahissait la France dès l'année 1797.

que la vigueur de Bonaparte, dans la journée du 13, le dispensa de marcher plus avant. Ayant dans sa capacité politique une raison de se mêler des affaires que Moreau n'avait pas, ne jalousant pas Bonaparte, mais impatient de l'atteindre dans la carrière de la gloire, il était dévoué de cœur à la république, et prêt à la servir de toutes les manières, sur le champ de bataille ou au milieu des orages politiques. Déja nous avons eu occasion de dire qu'à une prudence consommée, il joignait une ardeur et une impatience de caractère extraordinaires. Prompt à se jeter dans les événements, il offrit son bras et sa vie au directoire. Ainsi la force matérielle ne manquait pas au gouvernement; mais il fallait l'employer avec prudence et surtout avec à-propos.

De tous les généraux, Hoche était celui qu'il convenait le plus au directoire d'employer. Si la gloire et le caractère de Bonaparte pouvaient inspirer quelque ombrage, il n'en était pas de même de Hoche. Ses victoires de Wissembourg en 1793, sa belle pacification de la Vendée, sa récente victoire à Neuwied, lui donnaient une belle gloire, et une gloire variée, où l'estime pour l'homme d'état se mêlait à l'estime pour le guerrier; mais cette gloire n'avait rien qui pût effrayer la liberté. A faire intervenir un général dans les troubles de l'état, il valait mieux s'adresser à lui qu'au géant qui dominait en Italie. C'était le général chéri des républicains, celui sur lequel ils reposaient leur pensée sans aucune crainte. D'ailleurs, son armée était la plus rapprochée de Paris. Vingt mille hommes pouvaient, au besoin, se trouver, en quelques marches, dans la capitale, et y seconder de leur présence le coup de vigueur que le directoire avait résolu de frapper.

C'est à Hoche que songèrent les trois directeurs Barras, Rewbell et Larévellière. Cependant Barras, qui était fort agissant, fort habile à l'intrigue, et qui voulait, dans cette nouvelle crise, se charger de l'honneur de l'exécution, Barras écrivit, à l'insçu de ses collègues, à Hoche, avec lequel il était en relation, et lui demanda son intervention dans les événements qui se préparaient. Hoche n'hésita pas. L'occasion la plus commode s'offrait de diriger des troupes sur Paris. Il travaillait en ce moment avec la plus grande ardeur à préparer sa nouvelle expédition d'Irlande; il était allé en Hollande pour surveiller les préparatifs qui se faisaient au Texel. Il avait résolu de détacher vingt mille hommes de l'armée de Sambre-et-Meuse, et de les diriger sur Brest. Dans leur route, à travers l'intérieur, il était facile de les arrêter à la hauteur de Paris, et de les employer au service du directoire. Il offrit plus encore : il fallait de l'argent, soit pour la colonne en route, soit pour un coup de main ; il s'en assura par un moyen fort adroit. On a vu que les provinces entre Meuse et Rhin n'avaient qu'une existence incertaine jusqu'à la paix avec l'Empire. Elles n'avaient pas été, comme la Belgique, divisées en départements et réunies à la France ; elles étaient administrées militairement et avec beaucoup de prudence par Hoche, qui voulait les républicaniser, et, dans le cas où on ne pourrait pas obtenir leur réunion expresse à la France, en faire une république cis-rhénane, qui serait attachée à la république comme une fille à sa mère. Il avait établi une commission à Bonn, chargée d'administrer le pays, et de recevoir les contributions frappées tant en-deçà qu'au-delà du Rhin. Deux millions et quelques cent mille francs se trouvaient dans la caisse de cette commission. Hoche lui défendit de les verser dans la caisse du payeur de l'armée, parce qu'ils seraient tombés sous l'autorité de la trésorerie, et distraits peut-être pour des objets même étrangers à l'armée. Il fit payer la solde de la colonne qu'il allait mettre en mouvement, et garder en réserve près de deux millions, soit pour les offrir au directoire, soit pour les employer à l'expédition d'Irlande. C'était par zèle politique qu'il commettait cette infraction aux règles de la comptabilité, car ce jeune général, qui, plus qu'aucun autre, avait pu s'enrichir, était fort pauvre. En faisant tout cela, Hoche croyait exécuter les ordres, non-seulement de Barras, mais de Larévellière-Lépaux et de Rewbell.

Deux mois s'étaient écoulés depuis le 1ᵉʳ prairial, c'est-à-dire depuis l'ouverture de la nouvelle session : on était à la fin de messidor (mi-juillet). Les propositions arrêtées à Clichy, et portées aux cinq-cents, n'avaient pas cessé de se succéder. Il s'en préparait une nouvelle, à laquelle la faction royaliste attachait beaucoup de prix. L'organisation des gardes nationales n'était pas encore décrétée; le principe n'en était que posé dans la constitution. Les clichyens voulaient se ménager une force à opposer aux armées, et remettre sous les armes cette jeunesse qu'on avait soulevée en vendémiaire contre la convention. Ils venaient de faire nommer une commission dans les cinq-cents pour présenter un projet d'organisation; Pichegru en était président et rapporteur. Outre cette importante mesure, la commission des finances avait repris en sous-œuvre les propositions rejetées par les anciens, et cherchait à les présenter d'une autre manière, pour les faire adopter sous une nouvelle forme. Ces propositions des cinq-cents, toutes redoutables qu'elles étaient, effrayaient moins cependant les trois directeurs coalisés, que la conspiration à la tête de laquelle ils voyaient un général célèbre, et à laquelle ils supposaient dans les conseils des ramifications fort étendues. Décidés à agir, ils voulaient d'abord opérer dans le ministère certains changements qu'ils croyaient nécessaires, pour donner plus d'homogénéité à l'administration de l'état, et pour prononcer d'une manière ferme et décidée la marche du gouvernement.

Le ministre de la police, Cochon, quoique un peu disgracié auprès des royalistes, depuis la poursuite des trois agents du prétendant et les circulaires relatives aux élections, n'en était pas moins tout dévoué à Carnot. Le directoire, avec les projets qu'il nourrissait, ne pouvait pas laisser la police dans les mains de Cochon. Le ministre de la guerre, Pétiet, était en renom chez les royalistes; il était la créature dévouée de Carnot. Il fallait encore l'exclure, pour qu'il n'y eût pas, entre les armées et la majorité directoriale, un ennemi pour intermédiaire. Le ministre de l'intérieur, Bénézech, administrateur excellent, courtisan docile, n'était à craindre pour aucun parti; mais on le suspectait à cause de ses goûts connus et de l'indulgence des journaux royalistes à son égard. On voulait le changer aussi, ne fût-ce que pour avoir un homme plus sûr. On avait une entière confiance dans Truguet, ministre de la marine, et Charles Delacroix, ministre des relations extérieures; mais des raisons, puisées dans l'intérêt du service, portaient les directeurs à désirer leur changement. Truguet était en butte à toutes les attaques de la faction royaliste, et il en méritait une partie par son caractère hautain et violent. C'était un homme loyal et à grands moyens, mais n'ayant pas pour les personnes les ménagements nécessaires à la tête d'une grande administration. D'ailleurs on pouvait l'employer avec avantage dans la carrière diplomatique; lui-même désirait aller remplacer en Espagne le général Pérignon, pour faire concourir cette puissance à ses grands desseins sur les Indes. Quant à Delacroix, il a prouvé depuis qu'il pouvait bien administrer un département; mais il n'avait ni la dignité, ni l'instruction nécessaires pour représenter la république auprès des puissances de l'Europe. D'ailleurs les directeurs avaient un vif désir de voir arriver aux affaires étrangères un autre personnage: c'était M. de Talleyrand. L'esprit enthousiaste de madame de Staël s'était enflammé pour l'esprit froid, piquant et profond de M. de Talleyrand. Elle l'avait mis en communication avec Benjamin Constant, et Benjamin Constant avait été chargé de le mettre en rapport avec Barras. M. de Talleyrand sut gagner Barras et en aurait gagné de plus fins. Après s'être fait présenter par madame de Staël à Benjamin Constant, par Benjamin Constant à Barras, il se fit présenter par Barras à Larévellière, et il sut gagner l'honnête homme comme il avait gagné le mauvais sujet. Il leur parut à tous un homme fort à plaindre, odieux à l'émigration comme partisan de la révolution, méconnu par les patriotes à cause de sa qualité de grand seigneur, et victime à la fois de ses opinions et de sa naissance. Il fut convenu qu'on en ferait un ministre des affaires extérieures. La vanité des directeurs était flattée de se rattacher un si grand personnage; et ils étaient assurés d'ailleurs de confier les affaires étrangères à un homme instruit, habile et personnellement lié avec toute la diplomatie européenne.

Restaient Ramel, ministre des finances, et Merlin (de Douai), ministre de la justice, qui étaient odieux aux royalistes, plus que tous les autres ensemble, mais qui remplissaient, avec autant de zèle que d'aptitude, les devoirs de leur ministère. Les trois directeurs ne voulaient les remplacer à aucun prix. Ainsi les trois directeurs devaient, sur les sept ministres, changer Cochon, Pétiet et Bénézech, pour cause d'opinion; Truguet et Delacroix, pour l'intérêt du service; et garder Merlin et Ramel.

Dans tout état dont les institutions sont représentatives, monarchie ou république, c'est par le choix des ministres que le gouvernement prononce son esprit et sa marche. C'est aussi pour le choix des ministres que les partis s'agitent, et ils veulent influer sur le choix, autant dans l'intérêt de leur opinion que dans celui de leur ambition. Mais si, dans les partis, il en est un qui souhaite plus qu'une simple modification dans la marche du gouvernement et qui aspire à renverser le régime existant, celui-là, redoutant les réconciliations, veut autre chose qu'un changement de ministère, ne s'en mêle pas, ou s'en mêle pour l'empêcher. Pichegru, et les clichyens qui étaient dans la confidence du complot, mettaient peu d'intérêt au changement du ministère. Cependant ils s'étaient approchés de Carnot pour s'en entretenir avec lui; mais c'était plutôt un prétexte pour le sonder et découvrir ses intentions secrètes, que pour arriver à un résultat qui était fort insignifiant à leurs yeux. Carnot s'était prononcé avec eux franchement et par écrit, en répondant aux membres qui lui avaient fait des ouvertures. Il avait déclaré qu'*il périrait plutôt que de laisser entamer la constitution ou déshonorer les pouvoirs qu'elle avait institués* (expressions textuelles de l'une de ses lettres). Il avait ainsi réduit ceux qui venaient le sonder à ne parler que de projets constitutionnels, tels qu'un changement de ministère. Quant aux constitutionnels et à ceux des clichyens qui étaient moins engagés dans la faction, ils voulaient sincèrement obtenir une révolution ministérielle et s'en tenir là. Ceux-ci se groupèrent donc autour de Carnot. Les membres des anciens et des cinq-cents, qu'on a déjà désignés, Portalis, Tronçon-Ducoudray, Lacuée, Dumas, Thibaudeau, Doulcet-Pontécoulant, Siméon, Émery et autres, s'entretinrent avec Carnot et Barthélemy, et discutèrent les changements à faire dans le ministère. Les deux ministres, dont ils demandaient surtout le remplacement, étaient Merlin, ministre de la justice, et Ramel, ministre des finances. Ayant attaqué particulièrement le système financier, ils étaient plus animés contre le ministre des finances que contre aucun autre. Ils demandaient aussi le renvoi de Truguet et de Charles Delacroix. Naturellement ils voulaient garder Cochon, Pétiet et Bénézech. Les deux directeurs Barthélemy et Carnot n'étaient pas difficiles à persuader. Le faible Barthélemy n'avait pas d'avis personnel; Carnot voyait tous ses amis dans les ministres conservés, tous ses ennemis dans les ministres rejetés. Mais le projet, commode à former dans les coteries des constitutionnels, n'était pas facile à faire agréer aux trois autres directeurs, qui, ayant un parti pris, voulaient justement renvoyer ceux que les constitutionnels tenaient à conserver.

Carnot, qui ne connaissait pas l'union formée entre ses trois collègues, Rewbell, Larévellière et Barras, et qui ne savait pas que Larévellière était le lien des deux autres, espéra qu'il serait plus facile à détacher. Il conseilla donc aux constitutionnels de s'adresser à lui, pour tâcher de l'amener à leurs vues. Ils se rendirent chez Larévellière, et trouvèrent sous sa modération une fermeté invincible. Larévellière, peu habitué, comme tous les hommes de ce temps, à la tactique des gouvernements représentatifs, ne pensait pas qu'on pût négocier pour des choix de ministres.—Faites votre rôle, disait-il aux députés, c'est-à-dire faites des lois; laissez-nous le nôtre, celui de choisir les fonctionnaires publics. Nous devons diriger notre choix d'après notre conscience et l'opinion que nous avons du mérite des individus, non d'après l'exigence des partis. — Il ne savait pas encore, et personne ne savait alors, qu'il faut composer un ministère d'influences, et que ces influences il faut les prendre dans les partis existants; que le choix de tel ou tel ministre étant une garantie de la direction qu'on va suivre, peut devenir un objet de négociation. Larévellière avait encore d'autres raisons de repousser une transaction; il avait la conscience que lui et son ami Rewbell n'avaient jamais voulu et voté que le bien; il était assuré que la majorité directoriale, quelles que fussent les vues personnelles des directeurs, n'avait jamais voté autrement; qu'en finances, sans pouvoir empêcher toutes les malversations subalternes, elle avait du moins administré loyalement, et le moins mal possible dans les circonstances; qu'en politique elle n'avait jamais eu d'ambition personnelle, et n'avait rien fait pour étendre ses prérogatives; que, dans la direction de la guerre, elle n'avait aspiré qu'à une paix prompte, mais honorable et glorieuse. Larévellière ne pouvait donc comprendre et admettre les reproches adressés au directoire. Sa bonne conscience les lui rendait inintelligibles. Il ne voyait plus dans les clichyens que des conspirateurs perfides, et dans les constitutionnels que des amours-propres froissés. Avec tout le monde encore, il ignorait qu'il faut admettre l'humeur bien ou mal fondée des partis comme un fait, et compter avec toutes les prétentions, même celles de l'amour-propre blessé. D'ailleurs, ce qu'offraient les constitutionnels n'avait rien de très-engageant. Les trois directeurs coalisés voulaient se donner un ministère homogène, afin de frapper la faction royaliste ; les constitutionnels, au contraire, exigeaient un ministère tout opposé à celui dont les directeurs croyaient avoir besoin dans le danger actuel, et ils n'avaient à offrir en retour que leurs voix, qui étaient peu nombreuses, et que du reste ils n'engageaient sur aucune question. Leur alliance n'avait donc rien d'assez rassurant pour décider le directoire à les écouter, et à se désister de ses projets. Larévellière ne leur donna aucune satisfaction. Ils se servirent auprès de lui du géologue Faujas de Saint-Fond, avec lequel il était lié par la conformité des goûts et des études ; tout fut inutile. Il finit par répondre :—Le jour où vous nous attaquerez, vous nous trouverez prêts. Nous vous tuerons, mais politiquement. Vous voulez notre sang, mais le vôtre ne coulera pas. Vous serez réduits seulement à l'impossibilité de nuire.

Cette fermeté fit désespérer de Larévellière. Carnot conseilla alors de s'adresser à Barras, en doutant toutefois du succès, car il connaissait sa haine. L'amiral Villaret-Joyeuse, un des membres ardents de l'opposition, et que son goût pour les plaisirs avait souvent rapproché de Barras, fut chargé de lui parler. Le facile Barras, qui promettait à tout le monde, quoique ses sentiments fussent au fond assez décidés, fut en apparence moins désespérant que Larévellière. Sur les quatre ministres dont les constitutionnels demandaient le changement, Merlin, Ramel, Truguet et Delacroix, il consentit à en changer deux, Truguet et Delacroix. C'était ainsi convenu avec Rewbell et Larévellière. Il pouvait donc s'engager pour ces deux-là, et il promit leur renvoi. Cependant, soit qu'avec sa facilité ordinaire, il promît plus qu'il ne voulait tenir, soit qu'il voulût tromper Carnot et l'engager à demander lui-même le changement des ministres, soit qu'on interprétât trop favorablement son langage ordinairement ambigu, les constitutionnels vinrent annoncer à Carnot que Barras consentait à tout, et voterait avec lui sur chacun des ministres. Les constitutionnels demandaient que le changement se fît sur-le-champ. Carnot et Barthélemy, doutant de Barras, hésitaient à prendre l'initiative. On pressait Barras de la prendre, et il répondait que les journaux étant fort déchaînés dans ce moment, le directoire paraîtrait céder à leur violence. On essaya de faire taire les journaux; mais pendant ce temps, Rewbell et Larévellière, étrangers à ces intrigues, prirent eux-mêmes l'initiative. Le 28 messidor, Rewbell déclara, dans la séance du directoire, qu'il était temps d'en finir, qu'il fallait faire cesser les fluctuations du gouvernement, et s'occuper du changement des ministres. Il demanda qu'on procédât sur-le-champ au scrutin. Le scrutin fut secret. Truguet et Delacroix, que tout le monde était d'accord de remplacer, furent exclus à l'unanimité. Quant à Ramel et à Merlin, que les constitutionnels seuls voulaient remplacer, ils n'eurent contre eux que les deux voix de Carnot et de Barthélemy, et ils furent maintenus par celles de Rewbell, Larévellière et Barras. Cochon, Pétiet et Bénézech furent destitués par les trois voix qui avaient soutenu Merlin et Ramel. Ainsi le plan de réforme, adopté par la majorité directoriale, était accompli. Carnot se voyant joué, voulait différer au moins la nomination des successeurs, en disant qu'il n'était pas prêt à faire un choix. On lui répondit durement qu'un directeur devait toujours être préparé, et qu'il ne devait pas destituer un fonctionnaire sans avoir déjà fixé ses idées sur le remplaçant. On l'obligea à voter sur-le-champ. Les cinq successeurs furent nommés par la grande majorité. On avait conservé Ramel aux finances, Merlin à la justice; on nomma aux affaires étrangères M. de Talleyrand; à la marine un vieux et brave marin, administrateur excellent, Pléville Le Peley; à l'intérieur un homme de lettres assez distingué, mais plus disert que capable, François (de Neufchâteau); à la police Lenoir-Laroche, homme sage et éclairé, qui écrivait dans le *Moniteur* de bons articles politiques; enfin à la guerre le jeune et brillant général sur lequel on avait résolu de s'appuyer, Hoche. Celui-ci n'avait pas l'âge requis par la constitution, c'est-à-dire trente ans. On le savait, mais Larévellière avait proposé à ses deux collègues, Rewbell et Barras, de le nommer, sauf à le remplacer dans deux jours, afin de se l'attacher, et de donner un témoignage flatteur aux armées. Ainsi tout le monde concourut à ce changement, qui devint décisif, comme on va le voir. Il est assez ordinaire de voir les partis contribuer à un même événement, qu'ils croient devoir leur profiter. Ils concourent tous à le produire; mais le plus fort décide le résultat en sa faveur.

N'aurait-il pas eu l'orgueil le plus irritable, Carnot devait être indigné, et se croire joué par Barras. Les membres du corps législatif qui s'étaient entremis dans la négociation coururent chez lui, recueillirent tous les détails de la séance qui avait eu lieu au directoire, se déchaînèrent contre Barras, l'appelèrent un fourbe, et firent éclater la plus grande indignation. Mais un événement vint augmenter l'effervescence, et la porter au comble. Hoche, sur l'avis de Barras, avait mis ses troupes en mouvement, dans l'intention de les diriger effectivement sur Brest, mais de les arrêter quelques jours dans les environs de la capitale. Il avait choisi la légion des Francs, commandée par Hubert; la division d'infanterie Lemoine; la division des chasseurs à cheval, commandée par Richepanse; un régiment d'artillerie; en tout quatorze à quinze mille hommes. La division des chasseurs de Richepanse était déjà arrivée à La Ferté-Alais, à onze lieues de Paris. C'était une imprudence, car le rayon constitutionnel était de douze lieues, et, en attendant le moment d'agir, il ne fallait pas franchir la limite légale. Cette imprudence était due à l'erreur d'un commissaire des guerres, qui avait transgressé la loi, sans la connaître. A cette circonstance fâcheuse s'en joignaient d'autres. Les troupes, en voyant la direction qu'on leur faisait prendre, et sachant ce qui se passait dans l'intérieur, ne doutaient pas qu'on ne les fît marcher sur les conseils. Les officiers et les soldats disaient en route qu'ils allaient mettre à la raison les aristocrates de Paris. Hoche s'était contenté d'avertir le ministre de la guerre d'un mouvement général de troupes sur Brest, pour l'expédition d'Irlande.

Toutes ces circonstances indiquaient aux divers partis qu'on touchait à quelque événement décisif. L'opposition et les ennemis du gouvernement redoublèrent d'activité pour parer le coup qui les menaçait; et le directoire, de son côté, ne négligea plus rien pour hâter l'exécution de ses projets et s'assurer la victoire; et on verra ci-apres qu'il y réussit pleinement.

# CHAPITRE IV.

Concentration de troupes autour de Paris. Changements dans le ministère. — Préparatifs de l'opposition et des clichyens contre le directoire. — Lutte des conseils avec le directoire. Projet de loi sur la garde nationale. Loi contre les sociétés politiques. — Fête à l'armée d'Italie. Manifestations politiques. — Augereau est mis à la tête des forces de Paris. — Négociations pour la paix avec l'empereur. Conférences de Lille avec l'Angleterre. — Plaintes des conseils sur la marche des troupes. Message énergique du directoire à ce sujet. — Divisions dans le parti de l'opposition. — Influence de M$^{me}$ de Staël, tentative infructueuse de réconciliation. — Réponse des conseils au message du directoire. — Plan définitif du directoire contre la majorité des conseils. — Coup d'état du 18 fructidor. Envahissement des deux conseils par la force armée. Déportation de 53 députés et de deux directeurs, et autres citoyens. — Diverses lois révolutionnaires sont remises en vigueur. Conséquences de cette révolution.

La nouvelle de l'arrivée des chasseurs de

Richepanse, les détails de leur marche et de leurs propos, parvinrent au ministre Pétiet le 28 messidor, jour même où le changement de ministère avait lieu. Pétiet en instruisit Carnot; et, à l'instant où les députés étaient accourus en foule pour exhaler leurs ressentiments contre la majorité directoriale, et exprimer leurs regrets aux ministres disgraciés, ils apprirent en même temps la marche des troupes. Carnot dit que le directoire n'avait, à sa connaissance, donné aucun ordre; que peut-être les trois autres directeurs avaient pris une délibération particulière, mais qu'alors elle devait être sur le registre secret, qu'il allait s'en assurer, et qu'il ne fallait pas dévoiler l'événement, avant qu'il eût vérifié s'il existait des ordres. Mais on était trop irrité pour garder aucune mesure.

Le renvoi des ministres, la marche des troupes, la nomination de Hoche à la place de Pétiet, ne laissèrent plus de doute sur les intentions du directoire. On déclara qu'évidemment le directoire voulait attenter à l'inviolabilité des conseils, faire un nouveau 31 mai, et proscrire les députés fidèles à la constitution. On se réunit chez Tronçon-Ducoudray, qui était, dans les anciens, l'un des personnages les plus influents. Les clichyens, suivant la coutume ordinaire des partis extrêmes, avaient vu avec plaisir les modérés, c'est-à-dire les constitutionnels, déçus dans leurs espérances, et trompés dans leur projet de composer un ministère à leur gré. Ils les considéraient comme dupés par Barras, et se réjouissaient de la duperie. Mais le danger cependant leur parut grave, quand ils virent s'avancer des troupes. Leurs deux généraux, Pichegru et Willot, sachant que l'on courait chez Tronçon-Ducoudray, pour conférer sur les événements, s'y rendirent, quoique la réunion fût composée d'hommes qui ne suivaient pas la même direction. Pichegru n'avait encore sous la main aucun moyen réel; sa seule ressource était dans les passions des partis, et il fallait courir là où elles éclataient, soit pour observer, soit pour agir. Il y avait dans cette réunion Portalis, Tronçon-Ducoudray, Lacuée, Dumas, Siméon, Doulcet-Pontécoulant, Thibaudeau, Villaret-Joyeuse, Willot et Pichegru. On s'anima beaucoup, comme il était naturel; on parla des projets du directoire; on cita des propos de Rewbell, de Larévellière, de Barras, qui annonçaient un parti pris, et on conclut du changement de ministère et de la marche des troupes, que ce parti était un coup d'état contre le corps législatif. On proposa les résolutions les plus violentes, comme de suspendre le directoire et de le mettre en accusation, ou même de le mettre hors la loi. Mais pour exécuter toutes ces résolutions, il fallait une force, et Thibaudeau, ne partageant pas l'entraînement général, demandait où on la prendrait. On répondait à cela qu'on avait les douze cents grenadiers du corps législatif, une partie du 21<sup>e</sup> régiment de dragons, commandé par Malo, et la garde nationale de Paris; qu'en attendant la réorganisation de cette garde, on pourrait envoyer dans chaque arrondissement de la capitale des pelotons de grenadiers, pour rallier autour d'eux les citoyens qui s'étaient armés en vendémiaire. On parla beaucoup sans parvenir à s'entendre, comme il arrive toujours quand les moyens ne sont pas réels. Pichegru, froid et concentré comme à son ordinaire, fit sur l'insuffisance et le danger des moyens proposés, quelques observations, dont le calme contrastait avec l'emportement général. On se sépara, on retourna chez Carnot, chez les ministres disgraciés. Carnot désapprouva tous les projets proposés contre le directoire. On se réunit une seconde fois chez Tronçon-Ducoudray; mais Pichegru et Willot n'y étaient plus. On divagua encore, et, n'osant recourir aux moyens violents, on finit par se retrancher dans les moyens constitutionnels. On se promit de demander la loi sur la responsabilité des ministres, et la prompte organisation de la garde nationale.

A Clichy, on déclamait comme ailleurs, et on ne faisait pas mieux; car si les passions étaient plus violentes, les moyens n'étaient pas plus grands. On regrettait surtout la police, qui venait d'être enlevée à Cochon, et on revenait à l'un des projets favoris de la faction, celui d'ôter la police de Paris au directoire, et de la donner au corps législatif, en forçant le sens d'un article de la constitution. On se proposait en même temps de confier la direction de cette police à Cochon; mais la proposition était si hardie, qu'on n'osa pas la mettre en projet. On s'arrêta à l'idée de chicaner sur l'âge de Barras, qui, disait-on, n'avait pas quarante ans, lors de sa nomination au directoire, et de demander l'organisation instantanée de la garde nationale.

Le 30 messidor (18 juillet) en effet, il y eut grand tumulte aux cinq-cents. Le député Delahaye dénonça la marche des troupes, et demanda que le rapport sur la garde nationale fût fait sur-le-champ. On s'emporta contre la conduite du directoire; on peignait avec effroi l'état de Paris, l'arrivée d'une multitude de révolutionnaires connus, la nouvelle formation des clubs, et on demanda qu'une discussion s'ouvrît sur les sociétés politiques. On décida que le rapport sur la garde nationale serait fait le surlendemain, et qu'immédiatement après s'ouvrirait la discussion sur les clubs. Le surlendemain, 2 thermidor (20 juillet), on avait de nouveaux détails sur la marche des troupes, sur leur nombre, et on savait qu'à la Ferté-Alais, il se trouvait déjà quatre régiments de cavalerie.

Pichegru fit le rapport sur l'organisation de la garde nationale. Son projet était conçu de la manière la plus perfide. Tous les Français jouissant de la qualité de citoyen devaient être inscrits sur les rôles de la garde nationale; mais tous ne devaient pas composer l'effectif de cette garde. Les gardes nationaux faisant le service devaient être choisis par les autres, c'est-à-dire élus par la masse. De cette manière la garde nationale était formée, comme les conseils, par les assemblées électorales, et le résultat des élections indiquait assez quelle espèce de garde on obtiendrait par ce moyen. Elle devait se composer d'un bataillon par canton; dans chaque bataillon il devait y avoir une compagnie de grenadiers et de chasseurs, ce qui rétablissait ces compagnies d'élite, où se groupaient toujours les hommes les plus prononcés, et dont les partis se servaient ordinairement pour l'exécution de leurs vues. On voulait voter le projet sur-le-champ. Le fougueux Henri Larivière prétendit que tout annonçait un 31 mai. — Allons donc! allons donc! lui crièrent en l'interrompant, quelques voix de la gauche. — Oui, reprit-il, mais je me rassure en songeant que nous sommes au 2 thermidor, et que nous approchons du 9, jour fatal aux tyrans. — Il voulait qu'on votât le projet à l'instant, et qu'on envoyât un message aux anciens, pour les engager à rester en séance, afin qu'ils pussent aussi voter sans désemparer. On combattit cette proposition. Thibaudeau, chef du parti constitutionnel, fit remarquer avec raison que, quelque diligence qu'on déployât, la garde nationale ne serait pas organisée avant un mois; que la précipitation à voter un projet important serait donc inutile pour garantir le corps législatif des dangers dont on le menaçait; que la représentation nationale devait se renfermer dans ses droits et sa dignité, et ne pas chercher sa force dans des moyens actuellement impuissants. Il proposa une discussion réfléchie. On adopta l'ajournement à vingt-quatre heures, pour l'examen du projet, en décrétant cependant tout de suite le principe de la réorganisation. Dans le moment, arriva un message du directoire, qui donnait des explications sur la marche des troupes. Ce message disait que, dirigées vers une destination éloignée, les troupes avaient dû passer près de Paris, que par l'inadvertance d'un commissaire des guerres elles avaient franchi la limite constitutionnelle, que l'erreur de ce commissaire était la seule cause de cette infraction aux lois, que du reste les troupes avaient reçu l'ordre de rétrograder sur-le-champ. On ne se contenta pas de cette explication; on déclama de nouveau avec une extrême véhémence, et on nomma une commission pour examiner ce message, et faire un rapport sur l'état de Paris et la marche des troupes. Le lendemain on commença à discuter le projet de Pichegru, et on en vota quatre articles. On s'occupa ensuite des clubs, qui se renouvelaient de toutes parts, et semblaient annoncer un ralliement du parti jacobin. On voulait les interdire absolument, parce que les lois qui les limitaient étaient toujours éludées. On décréta qu'aucune assemblée politique ne serait permise à l'avenir. Ainsi la société de Clichy commit sur elle-même une espèce de suicide, et consentit à ne plus exister, à condition de détruire le cercle constitutionnel, et les autres clubs subalternes qui se formaient de toutes parts. Les chefs de Clichy n'avaient pas besoin, en effet, de cette tumultueuse réunion pour s'entendre, et ils pouvaient la sacrifier, sans se priver d'une grande ressource. Willot dénonça ensuite Barras, comme n'ayant pas l'âge requis par la constitution, à l'époque où il avait été nommé directeur. Mais les registres de la guerre compulsés, prouvèrent que c'était une vaine chicane. Pendant ce temps, d'autres troupes étaient arrivées à Reims; on s'alarma de nouveau. Le directoire ayant répété les mêmes explications, on les déclara encore insuffisantes, et la commission déjà nommée resta chargée d'une enquête et d'un rapport.

Hoche était arrivé à Paris, car il devait y passer, soit qu'il dût aller à Brest, soit qu'il eût à exécuter un coup d'état. Il se présenta sans crainte au directoire, certain qu'en faisant marcher ses divisions, il avait obéi à la majorité directoriale. Mais Carnot, qui était dans ce moment président du directoire, chercha à l'intimider; il lui demanda en vertu de quel ordre il avait agi, et le menaça d'une accusation, pour avoir franchi les limites constitutionnelles. Malheureusement Rewbell et Larévellière, qui n'avaient pas été informés de l'ordre donné à Hoche, ne pouvaient pas venir à son secours. Barras, qui avait donné cet ordre, n'avait pas osé prendre la parole, et Hoche restait exposé aux pressantes questions de Carnot. Il répondait qu'il ne pouvait aller à Brest sans troupes; à quoi Carnot répliquait qu'il y avait encore quarante-trois mille hommes en Bretagne, nombre suffisant pour l'expédition. Cependant Larévellière voyant l'embarras de Hoche, vint enfin à son secours, lui exprima au nom de la majorité du directoire l'estime et la confiance qu'avaient méritées ses services, l'assura qu'il n'était pas question d'accusation contre lui, et fit lever la séance. Hoche courut chez Larévellière pour le remercier; il apprit là que Barras n'avait informé ni Rewbell ni Larévellière du mouvement des troupes, qu'il avait donné les ordres à leur insçu; et il fut indigné contre Barras, qui, après l'avoir compromis, n'avait pas le courage de le défendre. Il était évident que Barras, en agissant à part, sans en prévenir ses deux collègues, avait voulu avoir seul dans sa main les moyens d'exécution. Hoche indigné traita Barras avec sa hauteur ordinaire, et voua à Rewbell et à Larévellière toute son estime. Rien n'était encore prêt pour l'exécution du projet que méditaient les trois directeurs, et Barras, en appelant Hoche, l'avait inutilement compromis. Hoche retourna sur-le-champ à son quartier-général, qui était à Wetzlar, et fit cantonner les troupes qu'il avait amenées dans les environs de Reims et de Sedan, où elles étaient à portée encore de marcher sur Paris. Il était fort dégoûté par la conduite de Barras à son égard, mais il était prêt à se dévouer encore, si Larévellière et Rewbell lui en donnaient le signal. Il était très-compromis; on parlait de l'accuser; mais il attendait avec fermeté au milieu de son quartier-général ce que la majorité des cinq-cents déchaînée contre lui pourrait entreprendre. Son âge ne lui ayant pas permis d'accepter le ministère de la guerre, Schérer y fut appelé à sa place.

L'éclat qui venait d'avoir lieu, ne permettait plus d'employer Hoche à l'exécution des projets du directoire. D'ailleurs l'importance qu'une telle participation allait lui donner, pouvait exciter la jalousie des autres généraux. Il n'était pas impossible que Bonaparte trouvât mauvais qu'on s'adressât à d'autres qu'à lui. On pensa qu'il vaudrait mieux ne pas se servir de l'un des généraux en chef, et prendre l'un des divisionnaires les plus distingués. On imagina de demander à Bonaparte un de ces généraux devenus si célèbres sous ses ordres; ce qui aurait l'avantage de le satisfaire personnellement, et de ne blesser en même temps

aucun des généraux en chef. Mais tandis qu'on songeait à s'adresser à lui, il intervenait dans la querelle, d'une manière foudroyante pour les contre-révolutionnaires, et au moins embarrassante pour le directoire. Il choisit l'anniversaire du 14 juillet, répondant au 26 messidor, pour donner une fête aux armées, et faire rédiger des adresses sur les événements qui se préparaient. Il fit élever à Milan une pyramide portant des trophées, et le nom de tous les soldats et officiers morts pendant la campagne d'Italie. C'est autour de cette pyramide que fut célébrée la fête; elle fut magnifique. Bonaparte y assista de sa personne, et adressa à ses soldats une proclamation menaçante. « Soldats, dit-il, c'est aujourd'hui l'an-
« niversaire du 14 juillet. Vous voyez devant
« vous les noms de nos compagnons d'armes
« morts au champ d'honneur, pour la liberté
« de la patrie. Ils vous ont donné l'exemple.
« Vous vous devez tout entiers à la républi-
« que; vous vous devez tout entiers au bon-
« heur de trente millions de Français; vous
« vous devez tout entiers à la gloire de ce nom
« qui a reçu un nouvel éclat par vos victoires.

« Soldats ! je sais que vous êtes profondé-
« ment affectés des malheurs qui menacent la
« patrie. Mais la patrie ne peut courir de dan-

« gers réels. Les mêmes hommes qui l'ont fait
« triompher de l'Europe coalisée, sont là. Des
« montagnes nous séparent de la France; vous
« les franchiriez avec la rapidité de l'aigle, s'il
« le fallait, pour maintenir la constitution, dé-
« fendre la liberté, et protéger les républicains.

« Soldats! le gouvernement veille sur le dé-
« pôt des lois qui lui est confié. Les royalistes,
« dès l'instant qu'ils se montreront, auront vécu.
« Soyez sans inquiétude, et jurons par les mânes
« des héros qui sont morts à côté de nous pour
« la liberté, jurons sur nos drapeaux, guerre
« implacable aux ennemis de la république et
« de la constitution de l'an III ! »

Il y eut ensuite un banquet où les toasts les plus énergiques furent portés par les généraux et les officiers. Le général en chef porta un premier toast aux braves Stengel, Laharpe, Dubois, morts au champ d'honneur. « Puissent leurs mânes, dit-il, veiller autour de nous, et nous garantir des embûches de nos ennemis! » Des toasts furent ensuite portés à la constitution de l'an III, au directoire, au conseil des anciens, aux Français assassinés dans Vérone, à la *réémigration des émigrés*, à l'union des républicains français, à la destruction du club de Clichy. On sonna le pas de charge à ce dernier toast. Des fêtes semblables eurent lieu dans toutes les villes où se trouvaient les divisions de l'armée, et elles furent célébrées avec le même appareil. Ensuite on rédigea dans chaque division, des adresses, encore plus significatives que ne l'était la proclamation du général en chef. Il avait observé dans son langage une certaine dignité; mais tout le style jacobin de 93 fut étalé dans les adresses des différentes divisions de l'armée. Les divisions Masséna, Joubert, Augereau se signalèrent. Celle d'Augereau surtout dépassa toutes les bornes : *O conspirateurs*, disait-elle, *tremblez! de l'Adige et du Rhin à la Seine, il n'y a qu'un pas. Tremblez! vos iniquités sont comptées, et le prix en est au bout de nos baïonnettes!*

Ces adresses furent couvertes de milliers de signatures, et envoyées au général en chef. Il les réunit, et les envoya au directoire, avec sa proclamation, pour qu'elles fussent imprimées et publiées dans les journaux. Une pareille démarche signifiait assez clairement qu'il était prêt à marcher pour combattre la faction formée dans les conseils, et prêter son secours à l'exécution d'un coup d'état. En même temps, comme il savait le directoire divisé, qu'il voyait la scène se compliquer, et qu'il voulait être instruit de tout, il choisit un de ses aides-de-camp, M. de Lavalette, qui jouissait de toute sa confiance, et qui avait la pénétration nécessaire pour bien juger les événements; il le fit partir pour Paris avec ordre de tout observer, et de tout recueillir; il fit en même temps offrir des fonds au directoire, en cas qu'il en eût besoin, s'il avait quelque acte de vigueur à tenter.

Quand le directoire reçut ces adresses, il fut extrêmement embarrassé. Elles étaient en quelque sorte illégales, car les armées ne pouvaient pas délibérer. Les accueillir, les publier, c'était autoriser les armées à intervenir dans le gouvernement de l'état, et livrer la république à la puissance militaire. Mais pouvait-on se sauver de ce péril? En s'adressant à Hoche, en lui demandant des troupes, en demandant un général à Bonaparte, le gouvernement n'avait-il pas lui-même provoqué cette intervention? Obligé de recourir à la force, de violer la légalité, pouvait-il s'adresser à d'autres soutiens que les armées? Recevoir ces adresses, n'était que la conséquence de ce qu'on avait fait, de ce qu'on avait été obligé de faire. Telle était la destinée de notre malheureuse république, que pour se soustraire à ses ennemis, elle était obligée de se livrer aux armées. C'est la crainte de la contre-révolution qui, en 1793, avait jeté la république dans les excès et les fureurs dont on a vu la triste histoire; c'est la crainte de la contre-révolution qui, aujourd'hui, l'obligeait de se jeter dans les bras des militaires; en un mot, c'était toujours pour fuir le même danger, que tantôt elle avait recours aux passions, tantôt aux baïonnettes.

Le directoire eût bien voulu cacher ces adresses, et ne pas les publier à cause du mauvais exemple; mais il aurait horriblement blessé le général, et l'eût peut-être rejeté vers les ennemis de la république. Il fut donc contraint de les imprimer et de les répandre. Elles jetèrent l'effroi dans le parti clichyen, et lui firent sentir combien avait été grande son imprudence, quand il avait attaqué, par la motion de Dumolard, la conduite du général Bonaparte à Venise. Elles donnèrent lieu à de nouvelles plaintes dans les conseils: on s'éleva contre cette intervention des armées, on dit qu'elles ne devaient pas délibérer, et on vit là une nouvelle preuve des projets imputés au directoire.

Bonaparte causa un nouvel embarras au gouvernement, par le général divisionnaire qu'il lui envoya. Augereau excitait dans l'armée une espèce de trouble, par la violence de ses opinions, tout-à-fait dignes du faubourg Saint-Antoine. Il était toujours prêt à entrer en querelle avec quiconque n'était pas aussi violent que lui; et Bonaparte craignait une rixe entre les généraux. Pour s'en débarrasser, il l'envoya au directoire, pensant qu'il serait très-bon pour l'usage auquel on le destinait, et qu'il serait mieux à Paris qu'au quartier-général, où l'oisiveté le rendait dangereux. Augereau ne demandait pas mieux; car il aimait autant les agitations des clubs que les champs de bataille, et il n'était pas insensible à l'attrait du pouvoir. Il partit sur-le-champ, et arriva à Paris dans le milieu de thermidor. Bonaparte écrivit à son aide-de-camp, Lavalette, qu'il envoyait Augereau parce qu'il ne pouvait plus le garder en Italie; il lui recommanda de s'en défier, et de continuer ses observations, en se tenant toujours à part. Il lui recommanda aussi d'avoir les meilleurs procédés envers Carnot; car en se prononçant hautement pour le directoire, contre la faction contre-révolutionnaire, il ne voulait entrer pour rien dans la querelle personnelle des directeurs.

Le directoire fut très-peu satisfait de voir arriver Augereau. Ce général convenait bien à Barras, qui s'entourait volontiers des jacobins et des patriotes des faubourgs, et qui parlait toujours de monter à cheval; mais il convenait peu à Rewbell, à Larévellière, qui auraient voulu un général sage, mesuré, et qui pût, au besoin, faire cause commune avec eux contre les projets de Barras. Augereau était on ne peut pas plus satisfait de se voir à Paris, pour une mission pareille. C'était un brave homme, excellent soldat, et cœur généreux, mais très-vantard, et très-mauvaise tête. Il allait dans Paris recevant des fêtes, jouissant de la célébrité que lui valaient ses beaux faits d'armes, mais s'attribuant une partie des opérations de l'armée d'Italie, laissant croire volontiers qu'il avait inspiré au général en chef ses plus belles résolutions, et répétant à tout propos qu'il venait mettre les aristocrates à la raison. Larévellière et Rewbell, très-fâchés de cette conduite, résolurent de l'entourer, et, en s'adressant à sa vanité, de le ramener à un peu plus de mesure. Larévellière le caressa beaucoup, et réussit à le subjuguer, moitié par des flatteries adroites, moitié par le respect qu'il sut lui inspirer. Il lui fit sentir qu'il ne fallait pas se déshonorer par une journée sanglante, mais acquérir le titre de sauveur de la république, par un acte énergique et sage, qui désarmât les factieux sans répandre de sang. Il calma Augereau, et parvint à le rendre plus raisonnable. On lui donna sur-le-champ le commandement de la dix-septième division militaire, qui comprenait Paris. Ce nouveau fait indiquait assez les intentions du directoire. Elles étaient arrêtées. Les troupes de Hoche se trouvaient à quelques marches; on n'avait qu'un signal à donner pour les faire arriver. On attendait les fonds que Bonaparte avait promis, et qu'on ne voulait pas prendre dans les caisses, pour ne pas compromettre le ministre Ramel, si exactement surveillé par la commission des finances. Ces fonds étaient en partie destinés à gagner les grenadiers du corps législatif, alors au nombre de douze cents, et qui, sans être redoutables, pouvaient, s'ils résistaient, amener un combat; ce que l'on tenait par-dessus tout à éviter. Barras, toujours fécond en intrigues, s'était chargé de ce soin, et c'était le motif qui faisait différer le coup d'état.

Les événements de l'intérieur avaient la plus funeste influence sur les négociations si importantes, entamées entre la république et les puissances de l'Europe. L'implacable faction, conjurée contre la liberté et le repos de la France, allait ajouter à tous ses torts, celui de compromettre la paix, depuis si long-temps attendue. Lord Malmesbury était arrivé à Lille, et les ministres autrichiens s'étaient abouchés à Montebello avec Bonaparte et Clarke, qui étaient les deux plénipotentiaires chargés de représenter la France. Les préliminaires de Léoben, signés le 29 germinal (18 avril), portaient que deux congrès seraient ouverts, l'un général à Berne, pour la paix avec l'empereur et ses alliés, l'autre particulier à Rastadt, pour la paix avec l'Empire ; que la paix avec l'empereur serait conclue avant trois mois, sous peine de nullité des préliminaires; que rien ne serait fait dans les états vénitiens que de concert avec l'Autriche, mais que les provinces vénitiennes ne seraient occupées par l'empereur qu'après la conclusion de la paix. Les événements de Venise semblaient déroger un peu à ces conditions, et l'Autriche s'était hâtée d'y déroger plus formellement de son côté, en faisant occuper les provinces vénitiennes de l'Istrie et de la Dalmatie. Bonaparte ferma les yeux sur cette infraction aux préliminaires, pour s'épargner les récriminations à l'égard de ce qu'il avait fait à Venise, et de ce qu'il allait faire dans les îles du Levant. L'échange des ratifications eut lieu à Montebello, près de Milan, le 5 prairial (24 mai). Le marquis de Gallo, ministre de Naples à Vienne, était l'envoyé de l'empereur. Après l'échange des ratifications, Bonaparte conféra avec M. de Gallo, dans l'intention de le faire renoncer à l'idée d'un congrès à Berne, et de l'engager à traiter isolément en Italie, sans appeler les autres puissances. Les raisons qu'il avait à donner, dans l'intérêt même de l'Autriche, étaient excellentes. Comment la Russie et l'Angleterre, si elles étaient appelées à ce congrès, pourraient-elles consentir à ce que l'Autriche s'indemnisât aux dépens de Venise, dont elles-mêmes convoitaient les possessions? C'était impossible, et l'intérêt même de l'Autriche, autant que celui d'une prompte conclusion, exigeait que l'on conférât sur-le-champ, et en Italie. M. de Gallo, homme spirituel et sage, sentait la force de ces raisons. Pour le décider, et entraîner le cabinet autrichien, Bonaparte fit une concession d'étiquette à laquelle le cabinet de Vienne attachait une grande importance. L'empereur craignait toujours que la république ne voulût rejeter l'ancien cérémonial des rois de France, et n'exigeât l'alternative dans le protocole des traités. L'empereur voulait toujours être nommé le premier, et conserver à ses ambassadeurs le pas sur les ambassadeurs de la France. Bonaparte, qui s'était fait autoriser par le directoire à céder sur ces misères, accorda ce que demandait M. de Gallo. La joie fut si grande, que sur-le-champ M. de Gallo adopta le principe d'une négociation séparée à Montebello, et écrivit à Vienne pour obtenir des pouvoirs en conséquence. Mais le vieux Thugut, fatigué, humoriste, tout attaché au système anglais, et offrant à chaque instant sa démission, depuis que la cour, influencée par l'archiduc Charles, semblait abonder dans un système contraire, Thugut, avait d'autres vues. Il voyait la paix avec peine ; les troubles intérieurs de la France lui donnaient des espérances auxquelles il aimait encore à se livrer, quoiqu'elles eussent été si souvent trompeuses. Bien qu'il en eût coûté à l'Autriche beaucoup d'argent, beaucoup de fausses démarches, et une guerre désastreuse, pour avoir cru les émigrés, la nouvelle conspiration de Pichegru fit concevoir à Thugut l'idée de différer la conclusion de la paix. Il résolut d'opposer des lenteurs calculées aux instances des plénipotentiaires français. Il fit désavouer le marquis de Gallo, et fit partir un nouveau négociateur, le général-major comte de Meeweldt, pour Montebello. Ce négociateur arriva le 1$^{er}$ messidor (19 juin), et demanda l'exécution des préliminaires, c'est-à-dire la réunion du congrès de Berne. Bonaparte, indigné de ce changement de système, fit une réplique des plus vives. Il répéta tout ce qu'il avait déjà dit sur l'impossibilité d'obtenir de la Russie et de l'Angleterre l'adhésion aux arrangements dont on avait posé les bases à Léoben ; il ajouta qu'un congrès entraînerait de nouvelles lenteurs ; que deux mois s'étaient déjà écoulés depuis les préliminaires de Léoben, que d'après ces préliminaires, la paix devait être conclue en trois mois, et qu'il serait impossible de la conclure dans ce délai, si on appelait toutes les puissances. Ces raisons laissèrent encore les plénipotentiaires autrichiens sans réponse. La cour de Vienne parut céder, et fixa les conférences à Udine, dans les provinces vénitiennes, afin que le lieu de la négociation fût plus rapproché de Vienne. Elles durent recommencer le 13 messidor (1$^{er}$ juillet). Bonaparte, que des soins d'une haute importance retenaient à Milan, au milieu des nouvelles républiques qu'on allait fonder, et qui d'ailleurs tenait à veiller de plus près aux événements de Paris, ne voulait pas se laisser attirer inutilement à Udine, pour y être joué par Thugut. Il y envoya Clarke, et déclara qu'il ne s'y rendrait de sa personne que lorsqu'il serait convaincu par la nature des pouvoirs donnés aux deux négociateurs, et par leur conduite dans la négociation, de la bonne foi de la cour de Vienne. En effet, il ne se trompait pas. Le cabinet de Vienne, plus abusé que jamais par les misérables agents de la faction royaliste, se flattait qu'il allait être dispensé par une révolution de traiter avec le directoire, et il fit remettre des notes étranges dans l'état de la négociation. Ces notes, à la date du 30 messidor (18 juillet), portaient que la cour de Vienne voulait s'en tenir rigoureusement aux préliminaires, et par conséquent traiter de la paix générale à Berne; que le délai de trois mois, fixé par les préliminaires, pour la conclusion de la paix, ne pouvait s'entendre qu'à partir de la réunion du congrès, car autrement il aurait été trop insuffisant pour être stipulé; qu'en conséquence, la cour de Vienne, persistant à se renfermer dans la teneur des préliminaires, demandait un congrès général de toutes les puissances. Ces notes renfermaient en outre des plaintes amères sur les événements de Venise et de Gênes; elles soutenaient que ces événements étaient une infraction grave aux préliminaires de Léoben, et que la France devait en donner satisfaction.

En recevant ces notes si étranges, Bonaparte fut rempli de colère. Sa première idée fut de réunir sur-le-champ toutes les divisions de l'armée, de reprendre l'offensive, et de s'avancer encore sur Vienne, pour exiger cette fois des conditions moins modérées qu'à Léoben. Mais l'état intérieur de la France, les conférences à Lille, l'arrêtèrent, et il pensa qu'il fallait, dans ces graves conjonctures, laisser au directoire, qui était placé au centre de toutes les opérations, le soin de décider la conduite à tenir. Il se contenta de faire rédiger par Clarke une note vigoureuse. Cette note portait en substance qu'il n'était plus temps de demander un congrès, dont les plénipotentiaires autrichiens avaient reconnu l'impossibilité, et auquel la cour de Vienne avait même renoncé, en fixant les conférences à Udine; que ce congrès était aujourd'hui sans motif, puisque les alliés de l'Autriche se séparaient d'elle, et montraient l'intention de traiter isolément, ce qui était prouvé par les conférences de Lille; que le délai de trois mois ne pouvait s'entendre qu'à partir du jour de la signature de Léoben, car autrement, en différant l'ouverture du congrès, les lenteurs pourraient devenir éternelles, ce que la France avait voulu empêcher en fixant un terme positif; qu'enfin les préliminaires n'avaient point été violés dans la conduite tenue à l'égard de Venise et de Gênes; que ces deux pays avaient pu changer leur gouvernement sans que personne eût à le trouver mauvais, et que, du reste, en envahissant l'Istrie et la Dalmatie contre toutes les conventions écrites, l'Autriche avait bien autrement violé les préliminaires. Après avoir ainsi répondu d'une manière ferme et digne, Bonaparte référa du tout au directoire, et attendit ses ordres, lui recommandant de se décider au plus tôt, parce qu'il importait de ne pas attendre la mauvaise saison pour reprendre les hostilités, si cette détermination devenait nécessaire.

A Lille, la négociation ouverte se conduisait avec plus de bonne foi ; ce qui doit paraître singulier, puisque c'était avec Pitt que les négociateurs français avaient à s'entendre. Mais Pitt était véritablement effrayé de la situation de l'Angleterre, ne comptait plus du tout sur l'Autriche, n'avait aucune confiance dans les menteries des agents royalistes, et voulait traiter avec la France, avant que la paix avec l'empereur la rendît plus forte et plus exigeante. Si donc, l'année dernière, il n'avait voulu qu'éluder, pour satisfaire l'opinion et pour prévenir un arrangement à l'égard des Pays-Bas, cette année il voulait sincèrement traiter, sauf à ne faire de cette paix qu'un repos de deux ou trois ans. Ce pur Anglais ne pouvait, en effet, consentir à laisser définitivement les Pays-Bas à la France.

Tout prouvait sa sincérité, comme nous l'avons dit, et le choix de lord Malmesbury, et la nature des instructions secrètes données à ce négociateur. Suivant l'usage de la diplomatie anglaise, tout était arrangé pour qu'il y eût à la fois deux négociations, l'une officielle et apparente, l'autre secrète et réelle. M. Ellis avait été donné à lord Malmesbury, pour conduire avec son assentiment la négociation secrète, et correspondre directement avec Pitt. Cet usage de la diplomatie anglaise est forcé dans un gouvernement représentatif. Dans la négociation officielle, on dit ce qui peut être répété dans les chambres, et on réserve pour la négociation secrète ce qui ne peut être publié. Dans le cas surtout où le ministère est divisé sur la question de la paix, on communique les conférences secrètes à la partie du ministère qui autorise et dirige la négociation. La légation anglaise arriva avec une nombreuse suite et un grand appareil à Lille le 16 messidor (4 juillet).

Les négociateurs chargés de représenter la France étaient Letourneur, sorti récemment du directoire, Pléville Le Peley, qui ne resta à Lille que peu de jours à cause de sa nomination au ministère de la marine, et Hugues Maret, depuis duc de Bassano. De ces trois ministres, le dernier était le seul capable de remplir un rôle utile dans la négociation. Jeune, versé de bonne heure dans le monde diplomatique, il réunissait à beaucoup d'esprit des formes qui étaient devenues rares en France depuis la révolution. Il devait son entrée dans les affaires à M. de Talleyrand; et maintenant encore il s'était concerté avec lui, pour que l'un des deux eût le ministère des affaires étrangères, et l'autre la mission à Lille. M. Maret avait été envoyé deux fois à Londres dans les premiers temps de la révolution; il avait été bien reçu par Pitt, et avait acquis une grande connaissance du cabinet anglais. Il était donc très-propre à représenter la France à Lille. Il s'y rendit avec ses deux collègues, et ils y arrivèrent en même temps que la légation anglaise. Ce n'est pas ordinairement dans les conférences publiques que se font réellement les affaires diplomatiques. Les négociateurs anglais, pleins de dextérité et de tact, auraient voulu voir familièrement les négociateurs français, et avaient trop d'esprit pour éprouver aucun éloignement. Au contraire, Letourneur et Pléville Le Peley, honnêtes gens, mais peu habitués à la diplomatie, avaient la sauvagerie révolutionnaire: ils considéraient les deux Anglais comme des hommes dangereux, toujours prêts à intriguer et à tromper, et contre lesquels il fallait être en défiance. Ils ne voulaient les voir qu'officiellement, et craignaient de se compromettre par toute autre espèce de communication. Ce n'était pas ainsi qu'on pouvait s'entendre.

Lord Malmesbury signifia ses pouvoirs, où les conditions du traité étaient laissées en blanc, et demanda quelles étaient les conditions de la France. Les trois négociateurs français exhibèrent les conditions, qui étaient, comme on pense bien, un *maximum* fort élevé. Ils demandaient que le roi d'Angleterre renonçât au titre de roi de France, qu'il continuait de prendre par un de ces ridicules usages conservés en Angleterre; qu'il rendît tous les vaisseaux pris à Toulon; qu'il restituât à la France, à l'Espagne et à la Hollande, toutes les colonies qui leur avaient été enlevées. En échange de tout cela, la France, l'Espagne et la Hollande, n'offraient que la paix, car elles n'avaient rien pris à l'Angleterre. Il est vrai que la France était assez imposante pour exiger beaucoup; mais tout demander pour elle et ses alliés, et ne rien donner, c'était renoncer à s'entendre. Lord Malmesbury, qui voulait arriver à des résultats réels, vit bien que la négociation officielle n'aboutirait à rien, et chercha à amener des rapprochements plus intimes. M. Maret, plus habitué que ses collègues aux usages diplomatiques, s'y prêta volontiers; mais il fallut négocier auprès de Letourneur et de Pléville Le Peley, pour amener des rencontres au spectacle. Les jeunes gens des deux ambassades se rapprochèrent les premiers, et bientôt les communications furent plus amicales. La France avait tellement rompu avec le passé depuis la révolution, qu'il fallait beaucoup de peine pour la replacer dans ses anciens rapports avec les autres puissances. On n'avait rien eu de pareil à faire l'année précédente, parce qu'alors la négociation n'était pas sincère, on n'avait guère qu'à éluder; mais cette année il fallait en venir à des communications efficaces et bienveillantes. Lord Malmesbury fit sonder M. Maret pour l'engager à une négociation particulière. Avant d'y consentir, M. Maret écrivit à Paris pour être autorisé par le ministère français. Il le fut sans difficulté, et sur-le-champ il entra en pourparlers avec les négociateurs anglais.

Il n'était plus question de contester les Pays-Bas, ni de discuter sur la nouvelle position dans laquelle la Hollande se trouvait par rapport à la France; mais l'Angleterre voulait garder quelques-unes des principales colonies qu'elle avait conquises, pour s'indemniser, soit des frais de la guerre, soit des concessions qu'elle nous faisait. Elle consentait à nous rendre toutes nos colonies, elle consentait même à renoncer à toute prétention sur Saint-Domingue, et à nous aider à y établir notre domination, mais elle prétendait s'indemniser aux dépens de la Hollande et de l'Espagne. Ainsi elle ne voulait pas rendre à l'Espagne l'île de la Trinité, dont elle s'était emparée, et qui était une colonie fort importante par sa position à l'entrée de la mer des Antilles; elle voulait, parmi les possessions enlevées aux Hollandais, garder le cap de Bonne-Espérance, qui commande la navigation des deux Océans, et Trinquemale, principal port de l'île de Ceylan; elle voulait échanger la ville de Negapatnam sur la côte de Coromandel, contre la ville et le fort de Cochin sur la côte de Malabar, établissement précieux pour elle. Quant à la renonciation au titre de roi de France, les négociateurs anglais résistaient à cause de la famille royale, qui était peu disposée à la paix, et dont il fallait ménager la vanité. Relativement aux vaisseaux enlevés à Toulon, et qui déjà avaient été équipés et armés à l'anglaise, ils trouvaient trop ignominieux de les rendre, et offraient une indemnité en argent de 12 millions. Malmesbury donnait pour raison à M. Maret, qu'il ne pouvait rentrer à Londres après avoir tout rendu, et n'avoir conservé au peuple anglais aucune des conquêtes payées de son sang et de ses trésors. Pour prouver d'ailleurs sa sincérité, il montra toutes les instructions secrètes remises à M. Ellis, et qui contenaient la preuve du désir que Pitt avait d'obtenir la paix. Ces conditions méritaient d'être débattues.

Une circonstance survenue tout-à-coup donna beaucoup d'avantage aux négociateurs français. Outre la réunion des flottes espagnole, hollandaise et française à Brest, réunion qui dépendait du premier coup de vent qui éloignerait l'amiral Jervis de Cadix, l'Angleterre avait à redouter un autre danger. Le Portugal, effrayé par l'Espagne et la France, venait d'abandonner son antique allié, et de traiter avec la France. La condition principale du traité lui interdisait de recevoir à la fois plus de six vaisseaux armés, appartenant aux puissances belligérantes. L'Angleterre perdait donc ainsi sa précieuse station dans le Tage. Ce traité inattendu livra un peu les négociateurs anglais à M. Maret. On se mit à débattre les conditions définitives. On ne put pas arracher la Trinité; quant au cap de Bonne-Espérance, qui était l'objet le plus important, il fut enfin convenu qu'il serait restitué à la Hollande, mais à une condition expresse, c'est que jamais la France ne profiterait de son ascendant sur la Hollande pour s'en emparer. C'est là ce que l'Angleterre redoutait le plus.

Elle voulait moins l'avoir que nous l'enlever, et la restitution en fut décidée, à la condition que nous ne l'aurions jamais nous-mêmes. Quant à Trinquemale, qui entraînait la possession du Ceylan, il devait être gardé par les Anglais, toutefois avec l'apparence de l'alternative. Une garnison hollandaise devait alterner avec une garnison anglaise; mais il était convenu que ce serait là une formalité purement illusoire, et que ce port resterait effectivement aux Anglais. Quant à l'échange de Cochin contre Negapatnam, les Anglais y tenaient encore, sans en faire pourtant une condition *sine quâ non*. Les 12 millions étaient acceptés pour les vaisseaux pris à Toulon. Quant au titre de roi de France, il était convenu que sans l'abdiquer formellement, le roi d'Angleterre cesserait de le prendre.

Tel était le point où s'étaient arrêtées les prétentions réciproques des négociateurs. Letourneur, qui était resté seul avec M. Maret depuis le départ de Pléville Le Peley, appelé au ministère de la marine, était dans une complète ignorance de la négociation secrète. M. Maret le dédommageait de sa nullité, en lui cédant tous les honneurs extérieurs, toutes les choses de représentation, auxquels cet homme honnête et facile tenait beaucoup

M. Maret avait fait part de tous les détails de la négociation au directoire, et attendait ses décisions. Jamais la France et l'Angleterre n'avaient été plus près de se concilier. Il était évident que la négociation de Lille était entièrement détachée de celle d'Udine, et que l'Angleterre agissait de son côté sans chercher à s'entendre avec l'Autriche.

La décision à prendre sur ces négociations devait agiter le directoire plus que toute autre question. La faction royaliste demandait la paix avec fureur sans la désirer; les constitutionnels la voulaient sincèrement, même au prix de quelques sacrifices; les républicains la voulaient sans sacrifices, et souhaitaient par dessus tout la gloire de la république. Ils auraient voulu l'affranchissement entier de l'Italie, et la restitution des colonies de nos alliés, même au prix d'une nouvelle campagne. Les opinions des cinq directeurs étaient dictées par leur position. Carnot et Barthélemy votaient pour qu'on acceptât les conditions de l'Autriche et de l'Angleterre; les trois autres directeurs soutenaient l'opinion contraire. Ces questions achevèrent de brouiller les deux parties du directoire. Barras reprocha amèrement à Carnot les préliminaires de Léoben, dont celui-ci avait fortement appuyé la ratification, et employa à son égard les expressions les moins mesurées. Carnot, de son côté, dit, à propos de ces expressions, *qu'il ne fallait pas opprimer l'Autriche;* ce qui signifiait que, pour que la paix fût durable, les conditions devaient en être modérées. Mais ses collègues prirent fort mal ces expressions, et Rewbell lui demanda s'il était ministre de l'Autriche ou magistrat de la république française. Les trois directeurs, en recevant les dépêches de Bonaparte, voulaient qu'on rompît sur-le-champ, et qu'on reprît les hostilités. Cependant, l'état de la république, la crainte de donner de nouvelles armes aux ennemis du gouvernement, et de leur fournir le prétexte de dire que jamais le directoire ne ferait la paix, décidèrent les directeurs à temporiser encore. Ils écrivirent à Bonaparte qu'il fallait combler la mesure de la patience, et attendre encore jusqu'à ce que la mauvaise foi de l'Autriche fût prouvée d'une manière évidente, et que la reprise des hostilités pût être imputée à elle seule.

Relativement aux conférences de Lille, la question n'était pas moins embarrassante. Pour la France, la décision était facile, puisqu'on lui rendait tout, mais pour l'Espagne, qui restait privée de la Trinité, pour la Hollande, qui perdait Trinquemale, la question était difficile à résoudre. Carnot, que sa nouvelle position obligeait à opiner toujours pour la paix, votait pour l'adoption de ces conditions, quoique peu généreuses à l'égard de nos alliés. Comme on était très-mécontent de la Hollande et des partis qui la divisaient, il conseillait de l'abandonner à elle-même, et de ne plus se mêler de son sort; conseil tout aussi peu généreux que celui de sacrifier ses colonies. Rewbell s'emporta fort sur cette question. Passionné pour les intérêts de la France, même jusqu'à l'injustice, il voulait que, loin d'abandonner la Hollande, on se rendît tout-puissant chez elle, qu'on en fît une province de la république; et surtout il s'opposait de toutes ses forces à l'adoption de l'article par lequel la France renonçait à posséder jamais le cap de Bonne-Espérance. Il soutenait, au contraire, que cette colonie et plusieurs autres devaient nous revenir un jour, pour prix de nos services. Il défendait, comme on voit, les intérêts des alliés, pour nous, beaucoup plus encore que pour eux. Larévellière, qui par équité prenait leurs intérêts en grande considération, repoussait les conditions proposées par des raisons toutes différentes. Il regardait comme honteux de sacrifier l'Espagne, qu'on avait engagée dans une lutte qui lui était pour ainsi dire étrangère, et qu'on obligeait, pour prix de son alliance, à sacrifier une importante colonie. Il regardait comme tout aussi honteux de sacrifier la Hollande, qu'on avait entraînée dans la carrière des révolutions, du sort de laquelle on s'était chargé, et qu'on allait à la fois priver de ses plus riches possessions, et livrer à une affreuse anarchie. Si la France, en effet, lui retirait sa main, elle allait tomber dans les plus funestes désordres. Larévellière disait qu'on serait responsable de tout le sang qui coulerait. Cette politique était généreuse; peut-être n'était-elle pas assez calculée. Nos alliés faisaient des pertes; la question était de savoir s'ils n'en feraient pas de plus grandes en continuant la guerre. L'avenir l'a prouvé. Mais les triomphes de la France sur le continent faisaient espérer alors que, délivrée de l'Autriche, elle en obtiendrait d'aussi grands sur les mers. L'abandon de nos alliés parut honteux; on prit un autre parti. On résolut de s'adresser à l'Espagne et à la Hollande, pour s'enquérir de leurs intentions. Elles devaient déclarer si elles voulaient la paix, au prix des sacrifices exigés par l'Angleterre; et dans le cas où elles préféreraient la continuation de la guerre, elles devaient déclarer en outre quelles forces elles se proposaient de réunir pour la défense des intérêts communs. On écrivit à Lille que la réponse aux propositions de l'Angleterre ne pouvait pas être donnée avant d'avoir consulté les alliés.

Ces discussions achevèrent de brouiller complétement les directeurs. Le moment de la catastrophe approchait; les deux partis poursuivaient leur marche, et s'irritaient tous les jours davantage. La commission des finances dans les cinq-cents avait retouché ses mesures, pour les faire agréer aux anciens avec quelques modifications. Les dispositions relatives à la trésorerie avaient été légèrement changées. Le directoire devait toujours rester étranger aux négociations des valeurs; et sans confirmer ni abroger la distinction de l'ordinaire et de l'extraordinaire, il était décidé que les dépenses relatives à la solde des armées auraient toujours la préférence. Les anticipations étaient défendues pour l'avenir, mais les anticipations déja faites n'étaient pas révoquées. Enfin, les nouvelles dispositions sur la vente des biens nationaux étaient reproduites, mais avec une modification importante; c'est que les ordonnances des ministres et les bons des fournisseurs devaient être pris en paiement des biens, comme *les bons des trois quarts*. Ces mesures, ainsi modifiées, avaient été adoptées; elles étaient moins subversives des moyens du trésor, mais très-dangereuses encore. Toutes les lois pénales contre les prêtres étaient abolies; le serment était changé en une simple déclaration, par laquelle les prêtres déclaraient se soumettre aux lois de la république. Il n'avait pas encore été question des formes du culte, ni des cloches. Les successions des émigrés n'étaient plus ouvertes en faveur de l'état, mais en faveur des parents. Les familles qui déjà avaient été obligées de compter à la république la part patrimoniale d'un fils ou d'un parent émigré, allaient recevoir une indemnité en biens nationaux. La vente des presbytères était suspendue. Enfin la plus importante de toutes les mesures, l'institution de la garde nationale, avait été votée en quelques jours, sur les bases exposées plus haut. La composition de cette garde devait se faire par voie d'élection. C'était sur cette mesure que Pichegru et les siens comptaient le plus pour l'exécution de leurs projets. Aussi avaient-ils fait ajouter un article, par lequel le travail de cette organisation devait commencer dix jours après la publication de la loi. Ils étaient ainsi assurés d'avoir bientôt réuni la garde parisienne, et avec elle tous les insurgés de vendémiaire.

Le directoire, de son côté, convaincu de

l'imminence du péril, et supposant toujours une conspiration prête à éclater, avait pris l'attitude la plus menaçante. Augereau n'était pas seul à Paris. Les armées étant dans l'inaction, une foule de généraux étaient accourus. On y voyait le chef d'état-major de Hoche, Cherin, les généraux Lemoine, Humbert, qui commandaient les divisions qui avaient marché sur Paris; Kléber et Lefebvre, qui étaient en congé; enfin Bernadotte, que Bonaparte avait envoyé pour porter les drapeaux qui restaient à présenter au directoire. Outre ces officiers supérieurs, des officiers de tout grade, réformés depuis la réduction des cadres, et aspirant à être placés, se répandaient en foule dans Paris, tenant les propos les plus menaçants contre les conseils. Quantité de révolutionnaires étaient accourus des provinces, comme ils faisaient toujours dès qu'ils espéraient un mouvement. Outre tous ces symptômes, la direction et la destination des troupes ne pouvaient plus guère laisser de doute. Elles étaient toujours cantonnées aux environs de Reims. On se disait que si elles avaient été destinées uniquement pour l'expédition d'Irlande, elles auraient continué leur marche sur Brest, et n'auraient pas séjourné dans les départements voisins de Paris; que Hoche ne serait pas retourné à son quartier-général; qu'enfin on n'aurait point réuni autant de cavalerie pour une expédition maritime. Une commission était restée chargée, comme on a vu, d'une enquête et d'un rapport sur tous ces faits. Le directoire n'avait donné à cette commission que des explications très-vagues. Les troupes avaient été acheminées, disait-il, vers une destination éloignée, par un ordre du général Hoche, qui tenait cet ordre du directoire, et elles n'avaient franchi le rayon constitutionnel que par l'erreur d'un commissaire des guerres. Mais les conseils avaient répondu, par l'organe de Pichegru, que les troupes ne pouvaient pas être transportées d'une armée à une autre, sur un simple ordre d'un général en chef; que le général devait tenir ses ordres de plus haut; qu'il ne pouvait les recevoir du directoire que par l'intermédiaire du ministre de la guerre; que le ministre de la guerre Pétiet n'avait point contre-signé cet ordre; que, par conséquent, le général Hoche avait agi sans une autorisation en forme; qu'enfin, si les troupes avaient reçu une destination éloignée, elles devaient poursuivre leur marche, et ne pas s'agglomérer autour de Paris. Ces observations étaient fondées, et le directoire avait de bonnes raisons pour n'y pas répondre. Les conseils décrétèrent, à la suite de ces observations, qu'un cercle serait tracé autour de Paris, en prenant un rayon de douze lieues, que des colonnes indiqueraient sur toutes les routes la circonférence de ce cercle, et que les officiers des troupes qui le franchiraient seraient considérés comme coupables de haute trahison.

Mais bientôt de nouveaux faits vinrent augmenter les alarmes. Hoche avait réuni ses troupes dans les départements du Nord, autour de Sedan et de Reims, à quelques marches de Paris, et il en avait acheminé de nouvelles dans la même direction. Ces mouvements, les propos que tenaient les soldats, l'agitation qui régnait dans Paris, les rixes des officiers réformés avec les jeunes gens qui portaient les costumes de la jeunesse dorée, fournirent à Willot le sujet d'une seconde dénonciation. Il monta à la tribune, parla d'une marche de troupes, de l'esprit qui éclatait dans leurs rangs, de la fureur dont on les animait contre les conseils, et, à ce sujet, il s'éleva contre les adresses des armées d'Italie, et contre la publicité que leur avait donnée le directoire. En conséquence, il demandait qu'on chargeât les inspecteurs de la salle de prendre de nouvelles informations, et de faire un nouveau rapport. Les députés, dits inspecteurs de la salle, étaient chargés de la police des conseils, et par conséquent tenus de veiller à leur sûreté. La proposition de Willot fut adoptée, et sur la proposition de la commission des inspecteurs, on adressa le 17 thermidor (4 août) au directoire plusieurs questions embarrassantes. On revenait sur la nature des ordres en vertu desquels avait agi le général Hoche. Pouvait-on enfin expliquer la nature de ces ordres? Avait-on pris des moyens de faire exécuter l'article constitutionnel qui défendait aux troupes de délibérer?

Le directoire résolut de répliquer par un message énergique aux nouvelles questions qui lui étaient adressées, sans accorder cependant les explications qu'il ne lui convenait pas de donner. Larévellière en fut le rédacteur; Carnot et Barthélemy refusèrent de le signer. Ce message fut présenté le 23 thermidor (10 août). Il ne contenait rien de nouveau sur le mouvement des troupes. Les divisionnaires qui avaient marché sur Paris, disait le directoire, avaient reçu les ordres du général Hoche, et le général Hoche ceux du directoire. L'intermédiaire qui les avait transmis n'était pas désigné. Quant aux adresses, le directoire disait — que le sens du mot *délibérer* était trop vague pour qu'on pût déterminer si les armées s'étaient mises en faute en les présentant; qu'il reconnaissait le danger de faire exprimer un avis aux armées, et qu'il allait arrêter les nouvelles publications de cette nature; mais que, du reste, avant d'incriminer la démarche que s'étaient permise les soldats de la république, il fallait remonter aux causes qui l'avaient provoquée; que cette cause était dans l'inquiétude générale, qui depuis quelques mois s'était emparée de tous les esprits; dans l'insuffisance des revenus publics, qui laissait toutes les parties de l'administration dans la situation la plus déplorable, et privait souvent de leur solde des hommes qui depuis des années avaient versé leur sang et ruiné leurs forces pour servir la république; dans les persécutions et les assassinats exercés sur les acquéreurs de biens nationaux, sur les fonctionnaires publics, sur les défenseurs de la patrie; dans l'impunité du crime et la partialité de certains tribunaux; dans l'insolence des émigrés et des prêtres réfractaires, qui, rappelés et favorisés ouvertement, débordaient de toutes parts, soufflaient le feu de la discorde, inspiraient le mépris des lois; dans cette foule de journaux qui inondaient les armées et l'intérieur, et n'y prêchaient que la royauté et le renversement de la république; dans l'intérêt toujours mal dis-

simulé et souvent manifesté hautement pour
la gloire de l'Autriche et de l'Angleterre; dans
les efforts qu'on faisait pour atténuer la juste
renommée de nos guerriers; dans les calomnies répandues contre deux illustres généraux,
qui avaient, l'un dans l'Ouest, l'autre en Italie,
joint à leurs exploits l'immortel honneur de
la plus belle conduite politique; enfin, dans les
sinistres projets qu'annonçaient des hommes
plus ou moins influents sur le sort de l'état.
Le directoire ajoutait que, du reste, il avait
la résolution ferme, et l'espérance fondée,
de sauver la France des nouveaux bouleverse-
ments dont on la menaçait. — Ainsi, loin d'expliquer sa conduite et de l'excuser, le directoire récriminait au contraire, et manifestait
hautement le projet de poursuivre la lutte, et
l'espérance d'en sortir victorieux. Ce message
fut pris pour un vrai manifeste, et causa une
extrême sensation. Sur-le-champ les cinq-cents
nommèrent une commission pour examiner le
message et y répondre.

Les constitutionnels commençaient à être
épouvantés de la situation des choses. Ils
voyaient, d'une part, le directoire prêt à s'appuyer sur les armées; de l'autre, les clichyens
prêts à réunir la milice de vendémiaire, sous
prétexte d'organiser la garde nationale. Ceux

qui étaient sincèrement républicains, aimaient mieux la victoire du directoire, mais ils auraient tous préféré qu'il n'y eût pas de combat; et ils pouvaient s'apercevoir maintenant combien leur opposition, en effrayant le directoire, et en encourageant les réacteurs, avait été funeste. Ils ne s'avouaient pas leurs torts, mais ils déploraient la situation, en l'imputant comme d'usage à leurs adversaires. Ceux des clichyens qui n'étaient pas dans le secret de la contre-révolution, qui ne la souhaitaient même pas, qui n'étaient mûs que par une imprudente haine contre les excès de la révolution, commençaient à être effrayés, et craignaient, par leur contradiction, d'avoir réveillé tous les penchants révolutionnaires du directoire. Leur ardeur était ralentie. Les clichyens tout-à-fait royalistes étaient fort pressés d'agir, et craignaient d'être prévenus. Ils entouraient Pichegru, et le poussaient vivement. Celui-ci, avec son flegme accoutumé, promettait aux agents du prétendant, et temporisait toujours. Il n'avait du reste encore aucun moyen réel; car quelques émigrés, quelques chouans dans Paris, ne constituaient pas une force suffisante; et jusqu'à ce qu'il eût dans sa main la garde nationale, il ne pouvait faire aucune tentative sérieuse. Froid et prudent, il voyait cette situation avec assez de justesse, et répondait à toutes les instances qu'il fallait attendre. On lui disait que le directoire allait frapper; il répondait que le directoire ne l'oserait pas. Du reste, ne croyant pas à l'audace du directoire, trouvant ses moyens encore insuffisants, jouissant d'un grand rôle, et disposant de beaucoup d'argent, il était naturel qu'il ne fût pas pressé d'agir.

Dans cette situation, les esprits sages désiraient sincèrement qu'on évitât une lutte. Ils auraient souhaité un rapprochement, qui, en ramenant les constitutionnels et les clichyens modérés au directoire, lui pût rendre une majorité qu'il avait perdue, et le dispenser de recourir à de violents moyens de salut. Madame de Staël était en position de désirer et d'essayer un pareil rapprochement. Elle était le centre de cette société éclairée et brillante, qui, tout en trouvant le gouvernement et ses chefs un peu vulgaires, aimait la république et y tenait. Madame de Staël aimait cette forme de gouvernement, comme la plus belle lice pour l'esprit humain; elle avait déja placé dans un poste élevé l'un de ses amis, elle espérait les placer tous, et devenir leur Égérie. Elle voyait les périls auxquels était exposé cet ordre de choses, qui lui était devenu cher; elle recevait les hommes de tous les partis, elle les entendait, et pouvait prévoir un choc prochain. Elle était généreuse, active; elle ne pouvait rester étrangère aux événements, et il était naturel qu'elle cherchât à user de son influence pour réunir des hommes qu'aucun dissentiment profond n'éloignait. Elle réunissait dans son salon les républicains, les constitutionnels, les clichyens; elle tâchait d'adoucir la violence des discussions, en s'interposant entre les amours-propres, avec le tact d'une femme bonne et supérieure. Mais elle n'était pas plus heureuse qu'on ne l'est ordinairement à opérer des réconciliations de partis, et les hommes les plus opposés commençaient à s'éloigner de sa maison. Elle chercha à voir les membres des deux commissions nommées pour répondre au dernier message du directoire. Quelques-uns étaient constitutionnels, tels que Thibaudeau, Émery, Siméon, Tronçon-Ducoudray, Portalis; on pouvait par eux influer sur la rédaction des deux rapports, et ces rapports avaient une grande importance, car ils étaient la réponse au cartel du directoire. Madame de Staël se donna beaucoup de mouvement par elle et ses amis. Les constitutionnels désiraient un rapprochement, car ils sentaient le danger; mais ce rapprochement exigeait de leur part des sacrifices qu'il était difficile de leur arracher. Si le directoire avait eu des torts réels, avait pris des mesures coupables, on aurait pu négocier la révocation de certaines mesures, et faire un traité avec des sacrifices réciproques; mais sauf la mauvaise conduite privée de Barras, le directoire s'était conduit en majorité, avec autant de zèle, d'attachement à la constitution, qu'il était possible de le désirer. On ne pouvait lui imputer aucun acte arbitraire, aucune usurpation de pouvoir. L'administration des finances, tant incriminée, était le résultat forcé des circonstances. Le changement des ministres, le mouvement des troupes, les adresses des armées, la nomination d'Augereau, étaient les seuls faits qu'on pût citer, comme annonçant des intentions redoutables. Mais c'étaient des précautions devenues indispensables par le danger; et il fallait faire disparaître entièrement le danger, en rendant la majorité au directoire, pour avoir droit d'exiger qu'il renonçât à ces précautions. Les constitutionnels, au contraire, avaient appuyé les nouveaux élus, dans toutes leurs attaques ou injustes, ou indiscrètes, et avaient seuls à revenir. On ne pouvait donc rien exiger du directoire, et beaucoup des constitutionnels; ce qui rendait l'échange des sacrifices impossible, et les amours-propres inconciliables.

Madame de Staël chercha, par elle et ses amis, à faire entendre que le directoire était prêt à tout oser, que les constitutionnels seraient victimes de leur obstination, et que la république serait perdue avec eux. Mais ceux-ci ne voulaient pas revenir, refusaient toute espèce de concessions, et demandaient que le directoire allât à eux. On parla à Rewbell et à Larévellière. Celui-ci, ne repoussant pas la discussion, fit une longue énumération des actes du directoire, demandant toujours, à chacun de ces actes, lequel était reprochable. Les interlocuteurs étaient sans réponse. Quant au renvoi d'Augereau, et à la révocation de toutes les mesures qui annonçaient une résolution prochaine, Larévellière et Rewbell furent inébranlables, ne voulurent rien accorder, et prouvèrent par leur fermeté froide, qu'il y avait une grande détermination prise.

Madame de Staël et ceux qui la secondaient dans sa louable mais inutile entreprise, insistèrent beaucoup auprès des membres des deux commissions, pour obtenir qu'ils ne proposassent pas de mesures législatives trop violentes, mais surtout qu'en répondant aux griefs énoncés dans le message du directoire, ils ne se livrassent pas à des récriminations dangereuses et irritantes. Tous ces soins étaient inutiles, car il n'y a pas d'exemple qu'un parti ait jamais suivi des conseils. Dans les deux commissions, il y avait des clichyens qui souhaitaient, comme de raison, les mesures les plus violentes. Ils voulaient d'abord attribuer spécialement au jury criminel de Paris la connaissance des attentats commis contre la sûreté du corps législatif, et exiger la sortie de toutes les troupes du cercle constitutionnel; ils demandaient surtout que le cercle constitutionnel ne fît partie d'aucune division militaire. Cette dernière mesure avait pour but d'enlever le commandement de Paris à Augereau, et de faire par décret ce qu'on n'avait pu obtenir par voie de négociation. Ces mesures furent adoptées par les deux commissions. Mais Thibaudeau et Tronçon-Ducoudray, chargés de faire le rapport, l'un aux cinq-cents, l'autre aux anciens, refusèrent, avec autant de sagesse que de fermeté, de présenter la dernière proposition. On y renonça alors, et on se contenta des deux premières. Tronçon-Ducoudray fit son rapport le 3 fructidor (20 août), Thibaudeau le 4. Ils répondirent indirectement aux reproches du directoire, et Tronçon-Ducoudray, s'adressant aux anciens, les invita à interposer leur sagesse et leur dignité entre la vivacité des jeunes législateurs des cinq-cents et la susceptibilité des chefs du pouvoir exécutif. Thibaubeau s'attacha à justifier les conseils, à prouver qu'ils n'avaient voulu ni attaquer le gouvernement, ni calomnier les armées. Il revint sur la motion de Dumolard à l'égard de Venise. Il assura qu'on n'avait point voulu attaquer les héros d'Italie, mais il soutint que leurs créations ne seraient durables qu'autant qu'elles auraient la sanction des deux conseils. Les deux mesures insignifiantes qui étaient proposées, furent adoptées, et ces deux rapports, tant attendus, ne firent aucun effet. Ils exprimaient bien l'impuissance à laquelle s'étaient réduits les constitutionnels, par leur situation ambiguë entre la faction royaliste et le directoire, ne voulant pas conspirer avec l'une, ni faire des concessions à l'autre.

Les clichyens se plaignaient beaucoup de l'insignifiance de ces rapports, et déclamèrent contre la faiblesse des constitutionnels. Les plus ardents voulaient le combat, et surtout les moyens de le livrer, et demandaient ce que faisait le directoire pour organiser la garde nationale. C'était justement ce que le directoire ne voulait pas faire, et il était bien résolu à ne pas s'en occuper.

Carnot était dans une position encore plus

singulière que le parti constitutionnel. Il s'était franchement brouillé avec les clichyens en voyant leur marche; il était inutile aux constitutionnels, et n'avait pris aucune part à leurs tentatives de rapprochement, car il était trop irritable pour se réconcilier avec ses collègues. Il était seul, sans appui, au milieu du vide, n'ayant plus aucun but, car le but d'amour-propre qu'il avait d'abord eu, était manqué, et la nouvelle majorité qu'il avait rêvée, était impossible. Cependant, par une ridicule persévérance à soutenir les vœux de l'opposition dans le directoire, il demanda formellement l'organisation de la garde nationale. Sa présidence au directoire allait finir, et il profita du temps qui lui restait pour mettre cette matière en discussion. Larévellière se leva alors avec fermeté, et n'ayant jamais eu aucune querelle personnelle avec lui, voulut l'interpeller une dernière fois, pour le ramener, s'il était possible, à ses collègues; lui parlant avec assurance et douceur, il lui adressa quelques questions; — Carnot, lui dit-il, nous as-tu jamais entendus faire une proposition qui tendît à diminuer les attributions des conseils, à augmenter les nôtres, à compromettre la constitution de la république? — Non, répondit Carnot avec embarras. — Nous as-tu, reprit Larévellière, jamais entendus, en matière de finances, de guerre, de diplomatie, proposer une mesure qui ne fût conforme à l'intérêt public? Quant à ce qui t'est personnel, nous as-tu jamais entendus, ou diminuer ton mérite, ou nier tes services? Depuis que tu t'es séparé de nous, as-tu pu nous accuser de manquer d'égards pour ta personne? Ton avis en a-t-il été moins écouté, quand il nous a paru utile, et sincèrement proposé? Pour moi, ajouta Larévellière, quoique tu aies appartenu à une faction qui m'a persécuté, moi et ma famille, t'ai-je jamais montré la moindre haine? — Non, non, répondit Carnot à toutes ces questions. — Eh bien! ajouta Larévellière, comment peux-tu te détacher de nous, pour te rattacher à une faction qui t'abuse, qui veut se servir de toi pour perdre la république, qui veut te perdre après s'être servie de toi, et qui te déshonorera en te perdant? — Larévellière employa les expressions les plus amicales et les plus pressantes, pour démontrer à Carnot l'erreur et le danger de sa conduite. Rewbell et Barras même firent violence à leur haine. Rewbell, par devoir, Barras, par facilité, lui parlèrent presque en amis. Mais les démonstrations amicales ne font qu'irriter certains orgueils : Carnot resta froid, et, après tous les discours de ses collègues, renouvela sèchement sa proposition de mettre en délibération l'organisation de la garde nationale. Les directeurs levèrent alors la séance, et se retirèrent convaincus, comme on l'est si facilement dans ces occasions, que leur collègue les trahissait, et était d'accord avec les ennemis du gouvernement.

Il fut arrêté que le coup d'état porterait sur lui et sur Barthélemy, comme sur les principaux membres des conseils. Voici le plan auquel on s'arrêta définitivement. Les trois directeurs croyaient toujours que les députés de Clichy avaient le secret de la conspiration. Ils n'avaient acquis ni contre eux, ni contre Pichegru, aucune preuve nouvelle qui permît les voies judiciaires. Il fallait donc employer la voie d'un coup d'état. Ils avaient dans les deux conseils une minorité décidée, à laquelle se rattacheraient tous les hommes incertains, que la demi-énergie irrite et éloigne, que la grande énergie soumet et ramène. Ils se proposaient de faire fermer les salles dans lesquelles se réunissaient les anciens et les cinq-cents, de fixer ailleurs le lieu des séances, d'y appeler tous les députés sur lesquels on pouvait compter, de composer une liste portant les deux directeurs et cent quatre-vingts députés choisis parmi les plus suspects, et de proposer leur déportation sans discussion judiciaire, et par voie législative extraordinaire. Ils ne voulaient la mort de personne, mais l'éloignement forcé de tous les hommes dangereux. Beaucoup de gens ont pensé que ce coup d'état était devenu inutile, parce que les conseils intimidés par la résolution évidente du directoire, paraissaient se ralentir. Mais cette impression était passagère. Pour qui connaît la marche des partis, et leur vive imagination, il est évident que les clichyens, en voyant le directoire ne pas agir, se seraient ranimés. S'ils étaient contenus jusqu'à une nouvelle élection, ils auraient redoublé d'ardeur à l'arrivée du troisième tiers, et auraient alors déployé une fougue irrésistible. Le directoire n'aurait pas même trouvé alors la minorité conventionnelle qui restait dans les conseils, pour l'appuyer, et pour donner une espèce de légalité aux mesures extraordinaires qu'il voulait employer. Enfin, sans même prendre en considération ce résultat inévitable d'une nouvelle élection, le directoire, en n'agissant pas, était obligé d'exécuter les lois, et de réorganiser la garde nationale, c'est-à-dire de donner à la contre-révolution l'armée de vendémiaire, ce qui aurait amené une guerre civile épouvantable entre les gardes nationales et les troupes de ligne. En effet, tant que Pichegru et quelques intrigants n'avaient pour moyens que des motions aux cinq-cents, et quelques émigrés ou chouans dans Paris, leurs projets étaient peu à redouter; mais, appuyés de la garde nationale, ils pouvaient livrer combat, et commencer la guerre civile.

En conséquence Rewbell et Larévellière arrêtèrent qu'il fallait agir sans délai, et ne pas prolonger plus long-temps l'incertitude. Barras seul différait encore, et donnait de l'inquiétude à ses deux collègues. Ils craignaient toujours qu'il ne s'entendît soit avec la faction royaliste, soit avec le parti jacobin, pour faire une journée. Ils le surveillaient attentivement, et s'efforçaient toujours de capter Augereau, s'adressant à sa vanité, et en tâchant de le rendre sensible à l'estime des honnêtes gens. Cependant il fallait encore quelques préparatifs, soit pour gagner les grenadiers du corps législatif, soit pour disposer les troupes, soit pour se procurer des fonds. On différa donc de quelques jours. On ne voulait pas demander de l'argent au ministre Ramel, pour ne pas le compromettre; et on attendait celui que Bonaparte avait offert, et qui n'arrivait pas.

Bonaparte, comme on l'a vu, avait envoyé son aide-de-camp Lavalette à Paris, pour être tenu au courant de toutes les intrigues. Le spectacle de Paris avait assez mal disposé M. de

Lavalette, et il avait communiqué ses impressions à Bonaparte. Tant de ressentiments personnels se mêlent aux haines politiques, qu'à voir de près le spectacle des partis, il en devient repoussant. Souvent même, si on se laisse préoccuper par ce qu'il y a de personnel dans les discordes politiques, on peut être tenté de croire qu'il n'y a rien de généreux, de sincère, de patriotique, dans les motifs qui divisent les hommes. C'était assez l'effet que pouvaient produire les luttes des trois directeurs Barras, Larévellière, Rewbell, contre Barthélemy et Carnot, des conventionnels contre les clichyens; c'était une mêlée épouvantable où l'amour-propre et l'intérêt blessé pouvaient paraître, au premier aspect, jouer le plus grand rôle. Les militaires présents à Paris ajoutaient leurs prétentions à toutes celles qui étaient déjà en lutte. Quoique irrités contre la faction de Clichy, ils n'étaient pas très-portés pour le directoire. Il est d'usage de devenir exigeant et susceptible, quand on se croit nécessaire. Groupés autour du ministre Schérer, les militaires étaient disposés à se plaindre, comme si le gouvernement n'avait pas assez fait pour eux. Kléber, le plus noble, mais le plus intraitable des caractères, et qu'on a peint très-bien en disant qu'il ne voulait être ni le premier ni le second, Kléber avait dit au directoire dans son langage original : *Je tirerai sur vos ennemis s'ils vous attaquent; mais en leur faisant face à eux, je vous tournerai le dos à vous.* Lefebvre, Bernadotte et tous les autres s'exprimaient de même. Frappé de ce chaos, M. de Lavalette écrivit à Bonaparte de manière à l'engager à rester indépendant. Dès lors celui-ci, satisfait d'avoir donné l'impulsion, ne voulut pas s'engager davantage, et résolut d'attendre le résultat. Il n'écrivit plus. Le directoire s'adressa au brave Hoche, qui, ayant seul le droit d'être mécontent, envoya 50,000 fr., formant la plus grande partie de la dot de sa femme.

On était dans les premiers jours de fructidor ; Larévellière venait de remplacer Carnot à la présidence du directoire; il était chargé de recevoir l'envoyé de la république cisalpine, Visconti, et le général Bernadotte, porteur de quelques drapeaux que l'armée d'Italie n'avait pas encore envoyés au directoire. Il résolut de se prononcer de la manière la plus hardie, et de forcer ainsi Barras à se décider. Il fit deux discours véhéments, dans lesquels il répondait, sans les désigner, aux deux rapports de Thibaudeau et de Tronçon-Ducoudray. En parlant de Venise et des peuples italiens récemment affranchis, Thibaudeau avait dit que leur sort ne serait pas fixé, tant que le corps législatif de la France n'aurait pas été consulté. Faisant allusion à ces paroles, Larévellière dit à Visconti, que les peuples italiens avaient voulu la liberté, avaient eu le droit de se la donner, et n'avaient eu besoin pour cela d'aucun consentement au monde. — « Cette liberté, disait-il, qu'on voudrait vous ôter, à vous et à nous, nous la défendrons tous ensemble, et nous saurons la conserver. » Le ton menaçant des deux discours ne laissait aucun doute sur les dispositions du directoire : des hommes qui parlaient de la sorte devaient avoir leurs forces toutes préparées. C'était le 10 fructidor; les clichyens furent dans les plus grandes alarmes. Dans leurs fureurs, ils revinrent à leur projet de mettre en accusation le directoire. Les constitutionnels craignaient un tel projet, parce qu'ils sentaient que ce serait pour le directoire un motif d'éclater, et ils déclarèrent qu'à leur tour ils allaient se procurer la preuve de la trahison de certains députés, et demander leur accusation. Cette menace arrêta les clichyens, et empêcha la rédaction d'un acte d'accusation contre les cinq directeurs.

Depuis long-temps les clichyens avaient voulu faire adjoindre à la commission des inspecteurs, Pichegru et Willot, qui étaient regardés comme les deux généraux du parti. Mais cette adjonction de deux nouveaux membres, portant le nombre à sept, était contraire au réglement. On attendit le renouvellement de la commission, qui avait lieu au commencement de chaque mois, et on y porta Pichegru, Vaublanc, Delarue, Thibaudeau et Émery. La commission des inspecteurs était chargée de la police de la salle; elle donnait des ordres aux grenadiers du corps législatif, et elle était en quelque sorte le pouvoir exécutif des conseils. Les anciens avaient une semblable commission; elle s'était réunie à celle des cinq-cents, et toutes deux veillaient ensemble à la sûreté commune. Une foule de députés s'y rendaient, sans avoir le droit d'y siéger; ce qui en avait fait un nouveau club de Clichy, où l'on faisait les motions les plus violentes et les plus inutiles. D'abord on proposa d'y organiser une police, pour se tenir au courant des projets du directoire. On la confia à un nommé Dossonville. Comme on n'avait point de fonds, chacun contribua pour sa part; mais on ne réunit qu'une médiocre somme. Pourvu comme il l'avait été, Pichegru aurait pu contribuer pour une forte part; mais il ne paraît pas qu'il employât dans cette circonstance les fonds reçus de Wickam. Ces agents de police allaient recueillir partout de faux bruits, et venaient alarmer ensuite les commissions.

Chaque jour ils disaient : — C'est aujourd'hui, c'est cette nuit même, que le directoire doit faire arrêter deux cents députés, et les faire égorger par les faubourgs. — Ces bruits jetaient l'alarme dans les commissions, et cette alarme faisait naître les propositions les plus indiscrètes. Le directoire recevait par ses espions le rapport exagéré de toutes ces propositions, et concevait à son tour les plus grandes craintes. On disait alors dans les salons du directoire, qu'il était temps de frapper, si l'on ne voulait pas être prévenu ; on faisait des menaces qui, répétées à leur tour, allaient rendre effroi pour effroi.

Isolés au milieu des deux partis, les constitutionnels sentaient chaque jour davantage leurs fautes et leurs périls. Ils étaient livrés aux plus grandes terreurs. Carnot, encore plus isolé qu'eux, brouillé avec les clichyens, odieux aux patriotes, suspect même aux républicains modérés, calomnié, méconnu, recevait chaque jour les plus sinistres avis. On lui disait qu'il allait être égorgé par ordre de ses collègues. Barthélemy, menacé et averti comme lui, était dans l'épouvante.

Du reste, les mêmes avis étaient donnés à tout le monde. Larévellière avait été informé, de manière à ne pas lui laisser de doute, que des chouans étaient payés pour l'assassiner. Le trouvant le plus ferme des trois membres de la majorité, c'était lui qu'on voulait frapper pour la dissoudre. Il est certain que sa mort aurait tout changé, car le nouveau directeur nommé par les conseils eût voté certainement avec Carnot et Barthélemy. L'utilité du crime, et les détails donnés à Larévellière, devaient l'engager à se tenir en garde. Cependant il ne s'émut pas, et continua ses promenades du soir au Jardin des Plantes. On le fit insulter par Malo, le chef d'escadron du 21$^e$ de dragons, qui avait sabré les jacobins au camp de Grenelle, et qui avait ensuite dénoncé Brottier et ses complices. Ce Malo était la créature de Carnot et de Cochon, et il avait, sans le vouloir, inspiré aux clichyens des espérances qui le rendirent suspect. Destitué par le directoire, il attribua sa destitution à Larévellière, et vint le menacer au Luxembourg. L'intrépide magistrat fut peu effrayé de la présence d'un officier de cavalerie, et le poussa par les épaules hors de chez lui.

Rewbell, quoique très-attaché à la cause commune, était plus violent, mais moins ferme. On vint lui dire que Barras traitait avec un envoyé du prétendant, et était prêt à trahir la république. Les liaisons de Barras avec tous les partis pouvaient inspirer tous les genres de craintes. — Nous sommes perdus, dit Rewbell; Barras nous livre, nous allons être égorgés; il ne nous reste qu'à fuir, car nous ne pouvons plus sauver la république. — Larévellière, plus calme, répondit à Rewbell que, loin de céder, il fallait aller chez Barras, lui parler avec vigueur, l'obliger à s'expliquer, et lui imposer par une grande fermeté. Ils allèrent tous deux chez Barras, l'interrogèrent avec autorité, et lui demandèrent pourquoi il différait encore. Barras, occupé à tout préparer avec Augereau, demanda encore trois ou quatre jours, et promit de ne plus différer. C'était le 13 ou le 14 fructidor. Rewbell fut rassuré, et consentit à attendre.

Barras et Augereau, en effet, avaient tout préparé pour l'exécution du coup d'état médité depuis si long-temps. Les troupes de Hoche étaient disposées autour de la limite constitutionnelle, prêtes à la franchir, et à se rendre dans quelques heures à Paris. On avait gagné une grande partie des grenadiers du corps législatif, en se servant du commandant en second, Blanchard, et de plusieurs autres officiers, qui étaient dévoués au directoire. On s'était ainsi assuré d'un assez grand nombre de défections dans les rangs des grenadiers, pour prévenir un combat. Le commandant en chef Ramel était resté fidèle aux conseils, à cause de ses liaisons avec Cochon et Carnot; mais son influence était peu redoutable. On avait, par précaution, ordonné de grands exercices à feu aux troupes de la garnison de Paris, et même aux grenadiers du corps législatif. Ces mouvements de troupes, ce fracas d'armes, étaient un moyen de tromper sur le véritable jour de l'exécution.

Chaque jour on s'attendait à voir l'événement éclater; on croyait que ce serait pour le 15 fructidor, puis pour le 16; mais le 16 répondait au 2 septembre, et le directoire n'aurait pas choisi ce jour de terrible mémoire. Cependant l'épouvante des clichyens fut extrême. La police des inspecteurs, trompée par de faux indices, leur avait persuadé que l'événement était fixé pour la nuit même du 15 au 16. Ils se réunirent le soir en tumulte, dans la salle des deux commissions. Rovère, le fougueux réacteur, l'un des membres de la commission des anciens, lut un rapport de police, d'après lequel deux cents députés allaient être arrêtés dans la nuit. D'autres, courant à perte d'haleine, vinrent annoncer que les barrières étaient fermées, que quatre colonnes de troupes entraient dans Paris, et que le comité dirigeant était réuni au directoire. Ils disaient aussi que l'hôtel du ministre de la police était tout éclairé. Le tumulte fut au comble. Les membres des deux commissions, qui auraient dû n'être que dix, et qui étaient une cinquantaine, se plaignaient de ne pouvoir pas délibérer. Enfin on envoya vérifier, soit aux barrières, soit à l'hôtel de la police, les rapports des agents, et il fut reconnu que le plus grand calme régnait partout. On déclara que les agents de la police ne pourraient pas être payés le lendemain, faute de fonds; chacun vida ses poches pour fournir la somme nécessaire. On se retira. Les clichyens entourèrent Pichegru pour le décider à agir; ils voulaient d'abord mettre les conseils en permanence, puis réunir les émigrés et les chouans qu'ils avaient dans Paris, y adjoindre quelques jeunes gens, marcher avec eux sur le directoire, et enlever les trois directeurs. Pichegru déclara tous ces projets ridicules et inexécutables, et répéta encore qu'il n'y avait rien à faire. Les têtes folles du parti n'en résolurent pas moins de commencer le lendemain par faire déclarer la permanence.

Le directoire fut averti par sa police du trouble des clichyens, et de leurs projets désespérés. Barras, qui avait dans sa main tous les moyens d'exécution, résolut d'en faire usage dans la nuit même. Tout était disposé pour que les troupes pussent franchir en quelques heures le cercle constitutionnel. La garnison de Paris devait suffire en attendant. Un grand exercice à feu fut commandé pour le lendemain, afin de se ménager un prétexte. Personne ne fut averti du moment, ni les ministres, ni les deux directeurs Rewbell et Larévellière, de manière que tout le monde ignorait que l'événement allait avoir lieu. Cette journée du 17 (3 septembre) se passa avec assez de calme; aucune proposition ne fut faite aux conseils. Beaucoup de députés s'absentaient, afin de se soustraire à la catastrophe qu'ils avaient si imprudemment provoquée. La séance du directoire eut lieu comme à l'ordinaire. Les cinq directeurs étaient présents. A quatre heures de l'après-midi, au moment où la séance était finie, Barras prit Rewbell et Larévellière à part, et leur dit qu'il fallait frapper la nuit même, pour prévenir l'ennemi. Il leur avait demandé quatre jours encore, mais il devançait ce terme pour n'être pas surpris. Les trois directeurs se rendirent alors chez Rewbell, où ils s'établirent. Il fut convenu d'appeler tous les ministres chez Rewbell, de s'enfermer là, jusqu'à ce que l'événement fût consommé, et de ne permettre à personne d'en sortir. On ne devait communiquer avec le dehors que par Augereau et ses aides-de-camp. Ce projet arrêté, les ministres furent convoqués pour la soirée. Réunis tous ensemble avec les trois directeurs, ils se mirent à rédiger les ordres et les proclamations nécessaires. Le projet était d'entourer le palais du corps législatif, d'enlever aux grenadiers les postes qu'ils occupaient, de dissoudre les commissions des inspecteurs, de fermer les salles des deux conseils, de fixer un autre lieu de réunion, d'y appeler les députés sur lesquels on pouvait compter, et de leur faire rendre une loi contre les députés dont on voulait se défaire. On comptait bien que ceux qui étaient ennemis du directoire n'oseraient pas se rendre au nouveau lieu de réunion. En conséquence, on rédigea des proclamations annonçant qu'un grand complot avait été formé contre la république, que les principaux auteurs étaient membres des deux commissions des inspecteurs, que c'était de ces deux commissions que devaient partir les conjurés; que, pour prévenir leur attentat, le directoire faisait fermer les salles du corps législatif, et indiquait un autre local, pour y réunir les députés fidèles à la république. Les cinq-cents devaient se réunir au théâtre de l'Odéon, et les anciens à l'amphithéâtre de l'École de Médecine. Un récit de la conspiration, appuyé de la déclaration de Duverne de Presle, et de la pièce trouvée dans le porte-feuille de d'Entraigues, était ajouté à ces proclamations. Le tout fut imprimé sur-le-champ, et dut être affiché dans la nuit sur les murs de Paris. Les ministres et les trois directeurs restèrent renfermés chez Rewbell, et Augereau partit avec ses aides-de-camp pour faire exécuter le projet convenu.

Carnot et Barthélemy, retirés dans leur logement du Luxembourg, ignoraient ce qui se préparait. Les clichyens, toujours fort agités, encombraient la salle des commissions. Mais Barthélemy trompé fit dire que ce ne serait pas pour cette nuit. Pichegru, de son côté, venait de quitter Schérer, et il assura que rien n'était encore préparé. Quelques mouvements de troupes avaient été aperçus, mais c'était, disait-on, à cause d'un exercice à feu, et on n'en conçut aucune alarme. Chacun rassuré se retira chez soi. Rovère seul resta dans la salle des inspecteurs, et se coucha dans un lit qui était destiné pour celui des membres qui devait veiller.

Vers minuit, Augereau disposa toutes les troupes de la garnison autour du palais, et fit approcher une nombreuse artillerie. Le plus grand calme régnait dans Paris, où l'on n'entendait que le pas des soldats et le roulement des canons. Il fallait, sans coup férir, enlever aux grenadiers du corps législatif les postes qu'ils occupaient. Ordre fut signifié au commandant Ramel, vers une heure du matin, de se rendre chez le ministre de la guerre. Il refusa, devinant de quoi il s'agissait, courut réveiller l'inspecteur Rovère, qui ne voulut pas croire encore au danger, et se hâta ensuite d'aller dans la caserne de ses grenadiers pour faire prendre les armes à la réserve. Quatre cents hommes à peu près occupaient les différents postes des Tuileries, la réserve était de huit cents. Elle fut sur-le-champ mise sous les armes, et rangée en bataille dans le jardin des Tuileries. Le plus grand ordre et le plus grand silence régnaient dans les rangs.

Dix mille hommes à peu près de troupes de ligne occupaient les environs du château, et se disposaient à l'envahir. Un coup de canon à poudre, tiré vers trois heures du matin, servit de signal. Les commandants des colonnes se présentèrent aux différents postes. Un officier vint de la part d'Augereau ordonner à Ramel de livrer le poste du Pont-Tournant, qui communiquait entre le jardin et la place Louis XV; mais Ramel refusa. Quinze cents hommes s'étant présentés à ce poste, les grenadiers, dont la plupart étaient gagnés, le livrèrent. La même chose se passa aux autres postes. Toutes les issues du jardin et du Carrousel furent livrées, et de toutes parts le palais se trouva envahi par des troupes nombreuses d'infanterie et de cavalerie. Douze pièces de canon tout attelées furent braquées sur le château. Il ne restait plus que la réserve des grenadiers, forte de huit cents hommes, rangée en bataille, et ayant son commandant Ramel en tête. Une partie des grenadiers était disposée à faire son devoir; les autres, travaillés par les agents de Barras, étaient disposés au contraire à se réunir aux troupes du directoire. Des murmures s'élevèrent dans les rangs. — Nous ne sommes pas des Suisses, s'écrièrent quelques voix. — J'ai été blessé au 13 vendémiaire par les royalistes, dit un officier, je ne veux pas me battre pour eux le 18 fructidor. — La défection s'introduisit alors dans cette troupe. Le commandant en second, Blanchard, l'excitait de ses paroles et de sa présence. Cependant le commandant Ramel voulait encore faire son devoir, lorsqu'il reçut un ordre, parti de la salle des inspecteurs, défendant de faire feu. Au même instant, Augereau arriva à la tête d'un nombreux état-major. — Commandant Ramel, dit-il, me reconnaissez-vous pour chef de la 17ᵐᵉ division militaire? — Oui, répondit Ramel. — Eh bien! en qualité de votre supérieur, je vous ordonne de vous rendre aux arrêts. — Ramel obéit; mais il reçut de mauvais traitements de quelques jacobins furieux, mêlés dans l'état-major d'Augereau. Celui-ci le dégagea, et le fit conduire au Temple. Le bruit du canon et l'investissement du château avaient donné l'éveil à tout le monde. Il était cinq heures du matin. Les membres des commissions étaient accourus à leur poste, et s'étaient rendus dans leur salle. Ils étaient entourés, et ne pouvaient plus douter du péril. Une compagnie de soldats placée à leur porte avait ordre de laisser entrer tous ceux qui se présenteraient avec la médaille de députés, et de n'en laisser sortir aucun. Ils virent arriver leur collègue Dumas, qui se rendait à son poste; mais ils lui jetèrent un billet par la fenêtre, pour l'avertir du péril et l'engager à se sauver. Augereau se fit remettre l'épée de Pichegru et de Willot, et les envoya tous deux au Temple, ainsi que plusieurs autres députés, saisis dans la salle des inspecteurs.

Tandis que cette opération s'exécutait contre les conseils, le directoire avait chargé un officier de se mettre à la tête d'un détachement, et d'aller s'emparer de Carnot et de Barthélemy. Carnot, averti à temps, s'était sauvé de son appartement, et il était parvenu à s'évader par une petite porte du jardin du Luxembourg dont il avait la clef. Quant à Barthélemy, on l'avait trouvé chez lui, et on l'avait arrêté. Cette arrestation était embarrassante pour le directoire. Barras excepté, les directeurs étaient charmés de la fuite de Carnot; ils désiraient vivement que Barthélemy en fît autant. Ils lui firent proposer de s'enfuir. Barthélemy répondit qu'il y consentait, si on le faisait transporter ostensiblement, et sous son nom, à Hambourg. Les directeurs ne pouvaient s'engager à une pareille démarche. Se proposant de déporter plusieurs membres du corps législatif, ils ne pouvaient pas traiter avec tant de faveur l'un de leurs collègues. Barthélemy fut conduit au Temple; il y arriva en même temps que Pichegru, Willot, et les autres députés, pris dans la commission des inspecteurs.

Il était huit heures du matin : beaucoup de députés, avertis, voulurent courageusement se rendre à leur poste. Le président des cinq-cents, Siméon, et celui des anciens, Lafond-

Ladebat, parvinrent jusqu'à leurs salles respectives, qui n'étaient pas encore fermées, et purent occuper le fauteuil en présence de quelques députés. Mais des officiers vinrent leur intimer l'ordre de se retirer. Ils n'eurent que le temps de déclarer que la représentation nationale était dissoute. Ils se retirèrent chez l'un d'eux, où les plus courageux méditèrent une nouvelle tentative. Ils résolurent de se réunir une seconde fois, de traverser Paris à pied, et de se présenter, ayant leurs présidents en tête, aux portes du Palais-Législatif. Il était près de onze heures du matin. Tout Paris était averti de l'événement; le calme de cette grande cité n'en était pas troublé. Ce n'étaient plus les passions qui produisaient un soulèvement; c'était un acte méthodique de l'autorité contre quelques représentants. Une foule de curieux encombraient les rues et les places publiques, sans mot dire. Seulement des groupes détachés des faubourgs, et composés de jacobins, parcouraient les rues en criant : *Vive la république! à bas les aristocrates!* Ils ne trouvaient ni écho, ni résistance dans la masse de la population. C'était surtout autour du Luxembourg que leurs groupes s'étaient amassés. Là, ils criaient : *Vive le directoire!* et quelques-uns, *vive Barras!*

Le groupe des députés traversa en silence la foule amassée sur le Carrousel, et se présenta aux portes des Tuileries. On leur en refusa l'entrée; ils insistèrent; alors un détachement les repoussa, et les poursuivit jusqu'à ce qu'ils fussent dispersés : triste et déplorable spectacle, qui présageait la prochaine et inévitable domination des prétoriens! Pourquoi fallait-il qu'une faction perfide eût obligé la révolution à invoquer l'appui des baïonnettes? Les députés ainsi poursuivis se retirèrent, les uns chez le président Lafond-Ladebat, les autres dans une maison voisine. Ils y délibéraient en tumulte, et s'occupaient à faire une protestation, lorsqu'un officier vint leur signifier l'ordre de se séparer. Un certain nombre d'entre eux furent arrêtés ; c'étaient Lafond-Ladebat, Barbé-Marbois, Tronçon-Ducoudray, Bourdon (de l'Oise), Goupil de Préfeln, et quelques autres. Ils furent conduits au Temple, où déjà les avaient précédés les membres des deux commissions.

Pendant ce temps, les députés directoriaux s'étaient rendus au nouveau lieu assigné pour la réunion du corps législatif. Les cinq-cents allaient à l'Odéon, les anciens à l'École de Médecine. Il était midi à peu près, et ils étaient encore peu nombreux; mais le nombre s'en augmentait à chaque instant, soit parce que l'avis de cette convocation extraordinaire se communiquait de proche en proche, soit parce que tous les incertains, craignant de se déclarer en dissidence, s'empressaient de se rendre au nouveau corps législatif. De moments en moments, on comptait les membres présents ; et enfin, lorsque les anciens furent au nombre de cent vingt-six, et les cinq-cents au nombre de deux cent cinquante-un, moitié plus un pour les deux conseils, ils commencèrent à délibérer. Il y avait quelque embarras dans les deux assemblées, car l'acte qu'il s'agissait de légaliser était un coup d'état manifeste. Le premier soin des deux conseils fut de se déclarer en permanence, et de s'avertir réciproquement qu'ils étaient constitués. Le député Poulain-Grandpré, membre des cinq-cents, prit le premier la parole. — « Les mesures « qui ont été prises, dit-il, le local que nous « occupons, tout annonce que la patrie a couru « de grands dangers, et qu'elle en court en- « core. Rendons grace au directoire : c'est à « lui que nous devons le salut de la patrie. « Mais ce n'est pas assez que le directoire veille ; « il est aussi de notre devoir de prendre des « mesures capables d'assurer le salut public, « et la constitution de l'an III. A cet effet, je

« demande la formation d'une commission de
« cinq membres. »

Cette proposition fut adoptée, et la commission composée de députés dévoués au système du directoire. C'étaient Sieyes, Poulain-Granpré, Villers, Chazal et Boulay (de la Meurthe). On annonça pour six heures du soir un message du directoire aux deux conseils. Ce message contenait le récit de la conspiration, telle qu'elle était connue du directoire, les deux pièces fameuses dont nous avons déja parlé, et des fragments de lettres trouvées dans les papiers des agents royalistes. Ces pièces ne contenaient que les preuves acquises; elles prouvaient que Pichegru était en négociation avec le prétendant, qu'Imbert-Colomès correspondait avec Blanckembourg, que Mersan et Lemerer étaient les aboutissants de la conspiration auprès des députés de Clichy, et qu'une vaste association de royalistes s'étendait sur toute la France. Il n'y avait pas d'autres noms que ceux qui ont déja été cités. Ces pièces firent néanmoins un grand effet. En apportant la conviction morale, elles prouvaient l'impossibilité d'employer les voies judiciaires, par l'insuffisance des témoignages directs et positifs. La commission des cinq eut aussitôt la parole sur ce message. Le directoire n'ayant pas l'initiative des propositions, c'était à la commission des cinq à la prendre; mais cette commission avait le secret du directoire, et allait proposer la législation du coup d'état convenu d'avance. Boulay (de la Meurthe), chargé de prendre la parole au nom de la commission, donna les raisons dont on accompagne habituellement les mesures extraordinaires, raisons qui, dans la circonstance, étaient malheureusement trop fondées. Après avoir dit qu'on se trouvait placé sur un champ de bataille, qu'il fallait prendre une mesure prompte et décisive, et sans verser une goutte de sang, réduire les conspirateurs à l'impossibilité de nuire, il fit les propositions projetées. Les principales consistaient à annuler les opérations électorales de quarante-huit départements, à délivrer ainsi le corps législatif de députés voués à une faction, et à choisir dans le nombre les plus dangereux pour les déporter. Le conseil n'avait presque pas le choix à l'égard des mesures à prendre; la circonstance n'en admettait pas d'autres que celles qu'on lui proposait, et le directoire d'ailleurs avait pris une telle attitude, qu'on n'aurait pas osé les lui refuser. La partie flottante et incertaine d'une assemblée, que l'énergie soumet toujours, était rangée du côté des directoriaux, et prête à voter tout ce qu'ils voudraient. Le député Chollet demandait cependant un délai de douze heures pour examiner ces propositions; le cri *aux voix!* lui imposa silence. On se borna à retrancher quelques individus de la liste de déportation, tels que Thibaudeau, Doulcet de Pontécoulant, Tarbé, Crécy, Detorcy, Normand, Dupont (de Nemours), Remusat, Bailly, les uns comme bons patriotes, malgré leur opposition, les autres comme trop insignifiants pour être dangereux. Après ces retranchements, on vota sur-le-champ les résolutions proposées. Les opérations électorales de quarante-huit départements furent cassées. Ces départements étaient les suivants: Ain, Ardèche, Ariége, Aube, Aveyron, Bouches-du-Rhône, Calvados, Charente, Cher, Côte-d'Or, Côtes-du-Nord, Dordogne, Eure, Eure-et-Loir, Gironde, Hérault, Ille-et-Vilaine, Indre-et-Loire, Loiret, Manche, Marne, Mayenne, Mont-Blanc, Morbihan, Moselle, Deux-Nèthes, Nord, Oise, Orne, Pas-de-Calais, Puy-de-Dôme, Bas-Rhin, Haut-Rhin, Rhône, Haute-Saône, Saône-et-Loire, Sarthe, Seine, Seine-Inférieure, Seine-et-Marne, Seine-et-Oise, Somme, Tarn, Var, Vaucluse, Yonne. Les députés nommés par ces départements étaient exclus du corps législatif. Tous les fonctionnaires, tels que juges ou administrateurs municipaux, élus par ces départements, étaient exclus aussi de leurs fonctions. Étaient condamnés à la déportation, dans un lieu choisi par le directoire, les individus suivants : dans le conseil des cinq-cents, Aubry, Job Aimé, Bayard, Blain, Boissy-d'Anglas, Borne, Bourdon (de l'Oise), Cadroi, Couchery, Delahaye, Delarue, Doumère, Dumolard, Duplantier, Duprat, Gilbert-Desmolières, Henri Larivière, Imbert-Colomès, Camille Jordan, Jourdan (des Bouches-du-Rhône), Gau, Lacarrière, Lemarchant-Gomicourt, Lemerer, Mersan, Madier, Maillard, Noailles, André, Mac-Curtain, Pavée, Pastoret, Pichegru, Polissart, Praire-Montaud, Quatremère-Quincy, Saladin, Siméon, Vauvilliers, Vaublanc, Villaret-Joyeuse, Willot : dans le conseil des anciens, Barbé-Marbois, Dumas, Ferraut-Vaillant, Lafond-Ladebat, Laumont, Muraire, Murinais, Paradis, Portalis, Rovère, Tronçon-Ducoudray.

Les deux directeurs Carnot et Barthélemy, l'ex-ministre de la police Cochon, son employé Dossonville, le commandant de la garde du corps législatif Ramel, les trois agents royalistes Brottier, Laville-Heurnois, Duverne de Presle, étaient condamnés aussi à la déportation. On ne s'en tint pas là : les journalistes n'avaient pas été moins dangereux que les députés, et on n'avait pas plus de moyens de les frapper judiciairement. On résolut d'agir révolutionnairement à leur égard, comme à l'égard des membres du corps législatif. On condamna à la déportation les propriétaires, éditeurs et rédacteurs de quarante-deux journaux; car aucunes conditions n'étant alors imposées aux journaux politiques, le nombre en était immense. Dans les quarante-deux figurait *la Quotidienne*. A ces dispositions contre les individus, on en ajouta d'autres, pour renforcer l'autorité du directoire, et rétablir les lois révolutionnaires que les cinq-cents avaient abolies ou modifiées. Ainsi le directoire avait la nomination de tous les juges et magistrats municipaux, dont l'élection était annulée dans quarante-huit départements. Quant aux places de députés, elles restaient vacantes. Les articles de la fameuse loi du 3 brumaire, qui avaient été rapportés, étaient remis en vigueur, et même étendus. Les parents d'émigrés, exclus par cette loi des fonctions publiques jusqu'à la paix, en étaient exclus par la loi nouvelle, jusqu'au terme de quatre ans après la paix; ils étaient privés en outre des fonctions électorales. Les émigrés, rentrés sous prétexte de demander leur radiation, devaient sortir sous vingt-quatre heures des communes dans lesquelles ils se trouvaient, et sous quinze jours du territoire. Ceux d'entre eux qui seraient saisis en contravention devaient subir l'application des lois sous vingt-quatre heures. Les lois qui rappelaient les prêtres déportés, qui les dispensaient du serment et les obligeaient à une simple déclaration, étaient rapportées. Toutes les lois sur la police des cultes étaient rétablies. Le directoire avait la faculté de déporter, sur un simple arrêté, les prêtres qu'il saurait se mal conduire. Quant aux journaux, il avait à l'avenir la faculté de supprimer ceux qui lui paraîtraient dangereux. Les sociétés politiques, c'est-à-dire les clubs étaient rétablis; mais le directoire était armé contre eux de la même puissance qu'on lui donnait contre les journaux; il pouvait les fermer à volonté. Enfin, ce qui n'était pas moins important que tout le reste, l'organisation de la garde nationale était suspendue, et renvoyée à d'autres temps.

Aucune de ces dispositions n'était sanguinaire, car le temps de l'effusion du sang était passé; mais elles rendaient au directoire une puissance toute révolutionnaire. Elles furent votées le 18 fructidor an V (4 septembre) au soir, dans les cinq-cents. Aucune voix ne s'éleva contre leur adoption; quelques députés applaudirent, la majorité fut silencieuse et soumise. La résolution qui les contenait fut portée de suite aux anciens, qui étaient en permanence comme les cinq-cents, et qui attendaient qu'on leur fournît un sujet de délibération. La simple lecture de la résolution et du rapport les occupa jusqu'au matin du 19. Fatigués d'une séance trop longue, ils s'ajournèrent pour quelques heures. Le directoire, qui était impatient d'obtenir la sanction des anciens, et de pouvoir appuyer d'une loi le coup d'état qu'il avait frappé, envoya un message au corps législatif. — « Le directoire, disait ce message, s'est dévoué pour sauver la liberté, mais il compte sur vous pour l'appuyer. C'est aujourd'hui le 19, et vous n'avez encore rien fait pour le seconder. » — La résolution fut aussitôt approuvée en loi, et envoyée au directoire.

A peine fut-il muni de cette loi, qu'il se hâta d'en user, voulant exécuter son plan avec promptitude, et aussitôt après faire rentrer toutes choses dans l'ordre. Un grand nombre de condamnés à la déportation s'étaient enfuis. Carnot s'était secrètement dirigé vers la Suisse. Le directoire aurait voulu faire évader Barthélemy, qui s'obstina par les raisons qui ont été rapportées plus haut. Il choisit sur la liste des déportés quinze individus, jugés ou plus dangereux ou plus coupables, et les destina à une déportation, qui pour quelques-uns fut aussi funeste que la mort. On les fit partir le jour même, dans des chariots grillés, pour Rochefort, d'où ils durent être transportés sur une frégate à la Guyane. C'étaient Barthélemy, Pichegru, Willot, ainsi traités à cause ou de leur importance ou de leur culpabilité; Rovère, à cause de ses intelligences connues avec la faction royaliste; Aubry, à cause de son rôle dans la réaction; Bourdon (de l'Oise), Murinais, Delarue, à cause de leur conduite dans les cinq-cents; Ramel, à cause de sa conduite à la tête des grenadiers; Dossonville, à cause des fonctions qu'il avait remplies auprès de la commission des inspecteurs; Tronçon-Ducoudray, Barbé-Marbois, Lafond-Ladebat, à cause, non de leur culpabilité, car ils étaient sincèrement attachés à la république, mais de leur influence dans le conseil des anciens; enfin Brottier et Laville-Heurnois, à cause de leur conspiration. Leur complice Duverne de Presle fut ménagé en considération de ses révélations. La haine eut sans doute sa part ordinaire dans le choix des victimes, car il n'y avait que Pichegru de réellement dangereux parmi ces quinze individus. Le nombre en fut porté à seize, par le dévouement du nommé Letellier, domestique de Barthélemy, qui demanda à suivre son maître. On les fit partir sans délai, et ils furent exposés, comme il arrive toujours, à la brutalité des subalternes. Cependant le directoire ayant appris que le général Dutertre, chef de l'escorte, se conduisait mal envers les prisonniers, le remplaça sur-le-champ. Ces déportés pour cause de royalisme allaient se retrouver à Sinamari, à côté de Billaud-Varennes et de Collot-d'Herbois. Les autres déportés furent destinés à l'île d'Oleron.

Pendant ces deux jours, Paris demeura parfaitement calme. Les patriotes des faubourgs trouvaient la peine de la déportation trop douce; ils étaient habitués à des mesures révolutionnaires d'une autre espèce. Se confiant dans Barras et Augereau, ils s'attendaient à mieux. Ils formèrent des groupes, et vinrent sous les fenêtres du directoire crier: *Vive la République! vive le Directoire! vive Barras!* Ils attribuaient la mesure à Barras, et désiraient qu'on s'en remît à lui, pendant quelques jours, de la répression des aristocrates. Cependant ces groupes peu nombreux ne troublèrent aucunement le repos de Paris. Les sectionnaires de vendémiaire, qu'on aurait vus bientôt, sans la loi du 19, réorganisés en garde nationale, n'avaient plus assez d'énergie pour prendre spontanément les armes. Ils laissèrent exécuter le coup d'état sans opposition. Du reste, l'opinion restait incertaine. Les républicains sincères voyaient bien que la faction royaliste avait rendu inévitable une mesure énergique, mais ils déploraient la violation des lois, et l'intervention du pouvoir militaire. Ils doutaient presque de la culpabilité des conspirateurs, en voyant un homme comme Carnot, confondu dans leurs rangs. Ils craignaient que la haine n'eût trop influé sur la détermination du directoire. Enfin, même en jugeant ses déterminations comme nécessaires, ils étaient tristes, et ils avaient raison; car il devenait évident que cette constitution, dans laquelle ils avaient mis tout leur espoir, n'était pas le terme de nos troubles et de nos discordes. La masse de la population se soumit, et se détacha beaucoup en ce jour des événements politiques. On l'avait vue, le 9 thermidor, passer de la haine contre l'ancien régime à la haine contre la terreur. Depuis, elle n'avait voulu intervenir dans les affaires que pour réagir contre le directoire, qu'elle confondait avec la convention et le comité de salut public. Effrayée aujourd'hui de l'énergie de ce directoire, elle vit dans le 18 fructidor l'avis de demeurer étrangère aux événements. Aussi vit-on, depuis ce jour, s'attiédir le zèle politique.

Telles devaient être les conséquences du coup d'état du 18 fructidor. On a dit qu'il était devenu inutile à l'instant où il fut exécuté; que le directoire en effrayant la faction royaliste avait déja réussi à lui imposer, qu'en s'obstinant à faire le coup d'état, il avait préparé l'usurpation militaire, par l'exemple de la violation des lois. Mais, comme nous l'avons déja dit, la faction royaliste n'était intimidée que pour un moment; à l'arrivée du prochain tiers elle aurait infailliblement tout renversé, et emporté le directoire. La guerre civile eût alors été établie entre elle et les armées. Le directoire, en prévenant ce moment et en le réprimant à propos, empêcha la guerre civile; et, s'il se mit par là sous l'égide de la puissance militaire, il subit une triste mais inévitable nécessité. La légalité était une illusion à la suite d'une révolution comme la nôtre. Ce n'est pas à l'abri de la puissance légale que tous les partis pouvaient venir se soumettre et se reposer; il fallait une puissance plus forte, pour les réprimer, les rapprocher, les fondre, et pour les protéger tous contre l'Europe en armes : et cette puissance, c'était la puissance militaire. Le directoire, par le 18 fructidor, prévint donc la guerre civile, et lui substitua un coup d'état, exécuté avec force, mais avec tout le calme et la modération possibles dans les temps de révolution.

# CHAPITRE V

Conséquences du 18 fructidor. — Nomination de Merlin (de Douai) et de François (de Neufchâteau) en remplacement des deux directeurs déportés. — Révélations tardives et disgrace de Moreau. — Mort de Hoche. — Remboursement des deux tiers de la dette. — Loi contre les ci-devant nobles. — Rupture des conférences de Lille avec l'Angleterre. — Conférences d'Udine. — Travaux de Bonaparte en Italie; fondation de la république cisalpine; arbitrage entre la Valteline et les Grisons; constitution ligurienne; établissements dans la Méditerranée. — Traité de Campo-Formio. — Retour de Bonaparte à Paris; fête triomphale.

Le 18 fructidor jeta la terreur dans les rangs des royalistes. Les prêtres et les émigrés, déjà rentrés en grand nombre, quittèrent Paris et les grandes villes, pour regagner les frontières.

Ceux qui étaient prêts à rentrer, s'enfoncèrent de nouveau en Allemagne et en Suisse. Le directoire venait d'être réarmé de toute la puissance révolutionnaire par la loi du 19, et personne ne voulait plus le braver. Il commença par réformer les administrations, ainsi qu'il arrive toujours à chaque changement de système, et appela des patriotes prononcés à la plupart des places. Il avait à nommer à toutes les fonctions électives, dans quarante-huit départements, et il pouvait ainsi étendre beaucoup son influence, et multiplier ses partisans. Son premier soin devait être de remplacer les deux directeurs Carnot et Barthélemy. Rewbell et Larévellière, dont le dernier événement avait singulièrement augmenté l'influence, ne voulaient pas qu'on pût les accuser d'avoir exclu deux de leurs collègues, pour rester maîtres du gouvernement. Ils exigèrent donc que l'on demandât sur-le-champ au corps législatif la nomination de deux nouveaux directeurs. Ce n'était point l'avis de Barras, et encore moins d'Augereau. Ce général était enchanté de la journée du 18 fructidor, et tout fier de l'avoir si bien conduite. En se mêlant aux événements, il avait pris goût à la politique et au pouvoir, et avait conçu l'ambition de siéger au directoire. Il voulait que les trois directeurs, sans demander des collègues au corps législatif, l'appelassent à siéger auprès d'eux. On ne satisfit point à cette prétention, et il ne lui resta d'autre moyen pour devenir directeur que d'obtenir la majorité dans les conseils. Mais il fut encore déçu dans cet espoir. Merlin (de Douai), ministre de la justice, et François (de Neufchâteau), ministre de l'intérieur, l'emportèrent d'un assez grand nombre de voix sur leurs concurrents. Masséna et Augereau furent, après eux, les deux candidats qui réunirent le plus de suffrages. Masséna en eut quelques-uns de plus qu'Augereau. Les deux nouveaux directeurs furent installés avec l'appareil accoutumé. Ils étaient républicains, plutôt à la manière de Rewbell et de Larévellière, qu'à la manière de Barras; ils avaient d'ailleurs d'autres habitudes et d'autres mœurs. Merlin était un jurisconsulte; François (de Neufchâteau) un homme de lettres. Tous deux avaient une manière de vivre analogue à leur profession, et étaient faits pour s'entendre avec Rewbell et Larévellière. Peut-être eût-il été à désirer, pour l'influence et la considération du directoire auprès de nos armées, que l'un de nos généraux célèbres y fût appelé.

Le directoire remplaça les deux ministres appelés au directoire, par deux administrateurs excellents pris dans la province. Il espérait ainsi composer le gouvernement d'hommes plus étrangers aux intrigues de Paris, et moins accessibles à la faveur. Il appela à la justice Lambrechts, qui était commissaire près l'administration centrale du département de la Dyle, c'est-à-dire préfet; c'était un magistrat intègre. Il plaça à l'intérieur Letourneur, commissaire près l'administration centrale de la Loire-Inférieure, administrateur capable, actif et probe, mais trop étranger à la capitale et à ses usages, pour n'être pas quelquefois ridicule à la tête d'une grande administration.

Le directoire avait lieu de s'applaudir de la manière dont les événements s'étaient passés. Il était seulement inquiet du silence du général Bonaparte, qui n'avait plus écrit depuis longtemps, et qui n'avait point envoyé les fonds promis. L'aide-de-camp Lavalette n'avait point paru au Luxembourg pendant l'événement, et on soupçonna qu'il avait indisposé son général contre le directoire, et lui avait donné de faux renseignements sur l'état des choses. M. de Lavalette, en effet, n'avait cessé de conseiller à Bonaparte de se tenir à part, de rester étranger au coup d'état, et de se borner au secours qu'il avait donné au directoire par ses proclamations. Barras et Augereau mandèrent

M. de Lavalette, lui firent des menaces, en lui disant qu'il avait sans doute trompé Bonaparte, et ils lui déclarèrent qu'ils l'auraient fait arrêter, sans les égards dus à son général. M. de Lavalette partit sur-le-champ pour l'Italie. Augereau se hâta d'écrire au général Bonaparte et à ses amis de l'armée, pour peindre l'événement sous les couleurs les plus favorables.

Le directoire, mécontent de Moreau, avait résolu de le rappeler, mais il reçut de lui une lettre qui fit la plus grande sensation. Moreau avait saisi lors du passage du Rhin les papiers du général Kinglin, et y avait trouvé toute la correspondance de Pichegru avec le prince de Condé. Il avait tenu cette correspondance secrète; mais il se décida à la faire connaître au gouvernement au moment du 18 fructidor. Il prétendit s'être décidé avant la connaissance des événements du 18, et afin de fournir au directoire la preuve dont il avait besoin pour confondre des ennemis redoutables. Mais on assure que Moreau avait reçu par le télégraphe la nouvelle des événements dans la journée même du 18, qu'alors il s'était hâté d'écrire, pour faire une dénonciation qui ne compromettait pas Pichegru plus qu'il ne l'était, et qui le déchargeait lui-même d'une grande responsabilité. Quoi qu'il en soit de ces différentes suppositions, il est clair que Moreau avait gardé long-temps un secret important, et ne s'était décidé à le révéler qu'au moment même de la catastrophe. Tout le monde dit que, n'étant pas assez républicain pour dénoncer son ami, il n'avait pas été cependant ami assez fidèle pour garder le secret jusqu'au bout. Son caractère politique parut là ce qu'il était, c'est-à-dire faible, vacillant et incertain. Le directoire l'appela à Paris pour rendre compte de sa conduite. En examinant cette correspondance, il y trouva la confirmation de tout ce qu'il avait appris sur Pichegru, et dut regretter de n'en avoir pas eu connaissance plus tôt. Il trouva aussi dans ces papiers la preuve de la fidélité de Moreau à la république; mais il le punit de sa tiédeur et de son silence en lui ôtant son commandement, et en le laissant sans emploi à Paris.

Hoche, toujours à la tête de son armée de Sambre-et-Meuse, venait de passer un mois entier dans les plus cruelles angoisses. Il était à son quartier-général de Wetzlar, ayant une voiture toute prête pour s'enfuir en Allemagne avec sa jeune femme, si le parti des cinq-cents l'emportait. C'est cette circonstance seule qui, pour la première fois, le fit songer à ses intérêts, et à réunir une somme d'argent pour suffire à ses besoins pendant son éloignement ; on a vu déjà qu'il avait prêté au directoire la plus grande partie de la dot de sa femme. La nouvelle du 18 fructidor le combla de joie, et le délivra de toute crainte pour lui-même. Le directoire, pour récompenser son dévouement, réunit les deux grandes armées de Sambre-et-Meuse et du Rhin en une seule, sous le nom d'armée d'Allemagne, et lui en donna le commandement. C'était le plus vaste commandement de la république. Malheureusement la santé du jeune général ne lui permit guère de jouir du triomphe des patriotes, et du témoignage de confiance du gouvernement. Depuis quelque temps une toux sèche et fréquente, des convulsions nerveuses, alarmaient ses amis et ses médecins. Un mal inconnu consumait ce jeune homme, naguère plein de santé, et qui joignait à ses talents l'avantage de la beauté et de la vigueur la plus mâle. Malgré son état, il s'occupait d'organiser en une seule les deux armées, dont il venait de recevoir le commandement, et il songeait toujours à son expédition d'Irlande, dont le directoire voulait faire un moyen d'épouvante contre l'Angleterre. Mais sa toux devint plus violente vers les derniers jours de fructidor, et il commença à souffrir des douleurs insupportables. On souhaitait qu'il suspendît ses travaux, mais il ne le voulut pas. Il appela son médecin et lui dit : *Donnez-moi un remède pour la fatigue, mais que ce remède ne soit pas le repos.* Vaincu par le mal, il se mit au lit le premier jour complémentaire de l'an V (17 septembre), et expira le lendemain, au milieu des douleurs les plus vives. L'armée fut dans la consternation, car elle adorait son jeune général. Cette nouvelle se répandit avec rapidité, et vint affliger tous les républicains, qui comptaient sur les talents et sur le patriotisme de Hoche. Le bruit d'empoisonnement se répandit sur-le-champ ; on ne pouvait pas croire que tant de jeunesse, de force, de santé, succombassent par un accident naturel. L'autopsie fut faite ; l'estomac et les intestins furent examinés par la Faculté, qui les trouva remplis de taches noires, et qui, sans déclarer les traces du poison, parut du moins y croire. On attribua l'empoisonnement au directoire, ce qui était absurde, car personne au directoire n'était capable de ce crime, étranger à nos mœurs, et personne surtout n'avait intérêt à le commettre. Hoche, en effet, était l'appui le plus solide du directoire, soit contre les royalistes, soit contre l'ambitieux vainqueur de l'Italie. On supposa avec plus de vraisemblance

qu'il avait été empoisonné dans l'Ouest. Son médecin crut se souvenir que l'altération de sa santé datait de son dernier séjour en Bretagne, lorsqu'il alla s'y embarquer pour l'Irlande. On imagina, du reste sans preuve, que le jeune général avait été empoisonné dans un repas qu'il avait donné à des personnes de tous les partis, pour les rapprocher.

Le directoire fit préparer des obsèques magnifiques; elles eurent lieu au Champ-de-Mars, en présence de tous les corps de l'état, et au milieu d'un concours immense de peuple. Une armée considérable suivait le convoi; le vieux père du général conduisait le deuil. Cette pompe fit une impression profonde, et fut une des plus belles de nos temps héroïques.

Ainsi finit l'une des plus belles et des plus intéressantes vies de la révolution. Cette fois du moins ce ne fut pas par l'échafaud. Hoche avait vingt-neuf ans. Soldat aux gardes-françaises, il avait fait son éducation en quelques mois. Au courage physique du soldat il joignait un caractère énergique, une intelligence supérieure, une grande connaissance des hommes, l'entente des événements politiques, et enfin le mobile tout-puissant des passions. Les siennes étaient ardentes, et furent peut-être la seule cause de sa mort. Une circonstance particulière ajoutait à l'intérêt qu'inspiraient toutes ses qualités : toujours il avait vu sa fortune interrompue par des accidents imprévus ; vainqueur à Wissembourg, et prêt à entrer dans la plus belle carrière, il fut tout-à-coup jeté dans les cachots : sorti des cachots pour aller se consumer en Vendée, il y remplit le plus beau rôle politique, et, à l'instant où il allait exécuter un grand projet sur l'Irlande, une tempête et des mésintelligences l'arrêtèrent encore : transporté à l'armée de Sambre-et-Meuse, il y remporta une belle victoire, et vit sa marche suspendue par les préliminaires de Léoben : enfin, tandis qu'à la tête de l'armée d'Allemagne et avec les dispositions de l'Europe, il avait encore un avenir immense, il fut frappé tout-à-coup au milieu de sa carrière, et enlevé par une maladie de quarante-huit heures. Du reste, si un beau souvenir dédommage de la perte de la vie, il ne pouvait être mieux dédommagé de perdre si tôt la sienne. Des victoires, une grande pacification, l'universalité des talents, une probité sans tache, l'idée répandue chez tous les républicains qu'il aurait lutté seul contre le vainqueur de Rivoli et des Pyramides, que son ambition serait restée républicaine et eût été un obstacle invincible pour la grande ambition qui prétendait au trône, en un mot, des hauts faits, de nobles conjectures, et vingt-neuf ans, voilà de quoi se compose sa mémoire. Certes, elle est assez belle ! ne le plaignons pas d'être mort jeune : il vaudra toujours mieux pour la gloire de Hoche, Kléber, Desaix, de n'être pas devenus des maréchaux. Ils ont eu l'honneur de mourir citoyens et libres, sans être réduits comme Moreau à chercher un asile dans les armées étrangères.

Le gouvernement donna l'armée d'Allemagne à Augereau, et se débarrassa ainsi de sa turbulence, qui commençait à devenir incommode à Paris.

Le directoire avait fait en quelques jours tous les arrangements qu'exigeaient les circonstances; mais il lui restait à s'occuper des finances. La loi du 19 fructidor, en le délivrant de ses adversaires les plus redoutables, en rétablissant la loi du 3 brumaire, en lui donnant de nouveaux moyens de sévérité contre les émigrés et les prêtres, en l'armant de la faculté de supprimer les journaux, et de fermer les sociétés politiques dont l'esprit ne lui conviendrait pas, en lui permettant de remplir toutes les places vacantes après l'annulation des élections, en ajournant indéfiniment la réorganisation des gardes nationales, la loi du 19 fructidor lui avait rendu tout ce qu'avaient voulu lui ravir les deux conseils, et y avait même ajouté une espèce de toute-puissance révolutionnaire. Mais le directoire avait des avantages tout aussi importants à recouvrer en matière de finances; car on n'avait pas moins voulu le réduire sous ce rapport que sous tous les autres. Un vaste projet fut présenté pour les dépenses et les recettes de l'an VI. Le premier soin devait être de rendre au directoire les attributions qu'on avait voulu lui ôter, relativement aux négociations de la trésorerie, à l'ordre des paiements, en un mot, à la manipulation des fonds. Tous les articles adoptés à cet égard par les conseils, avant le 18 fructidor, furent rapportés. Il fallait songer ensuite à la création de nouveaux impôts, pour soulager la propriété foncière trop chargée, et porter la recette au niveau de la dépense. L'établissement d'une loterie fut autorisé; il fut établi un droit sur les chemins et un autre sur les hypothèques. Les droits de l'enregistrement furent régularisés de manière à en accroître considérablement le produit; les droits sur les tabacs étrangers furent augmentés. Grace à ces nouveaux moyens de recette, on put réduire la contribution foncière à 228 millions, et la contribution personnelle à 5o, et porter cependant la somme totale des revenus pour l'an VI à 616 millions. Dans cette somme, les ventes supposées de biens nationaux n'étaient évaluées que pour 20 millions.

La recette se trouvant élevée à 616 millions par ces différents moyens, il fallait réduire la dépense à la même somme. La guerre n'était supposée devoir coûter cette année, même dans le cas d'une nouvelle campagne, que 283 millions. Les autres services généraux étaient évalués à 247 millions, ce qui faisait en tout 530 millions. Le service de la dette s'élevait à lui seul à 258 millions; et si on l'eût fait intégralement, la dépense se fût élevée à un taux fort supérieur aux moyens de la république. On proposa de n'en payer que le tiers, c'est-à-dire 86 millions. De cette manière, la guerre, les services généraux et la dette ne portaient la dépense qu'à 616 millions, montant de la recette. Mais pour se renfermer dans ces bornes, il fallait prendre un parti décisif à l'égard de la dette. Depuis l'abolition du papier-monnaie et le retour du numéraire, le service des intérêts n'avait pu se faire exactement. On avait payé un quart en numéraire, et trois quarts en bons sur les biens nationaux, appelés *bons des trois quarts*. C'était, en quelque sorte, comme si on eût payé un quart en argent et trois quarts en assignats. La dette n'avait donc guère été servie jusqu'ici qu'avec les ressources provenant des biens nationaux, et il devenait urgent de prendre un parti à cet égard, dans l'intérêt de l'état et des créanciers. Une dette dont la charge annuelle montait à 258 millions, était véritablement énorme pour cette époque. On ne connaissait point encore les ressources du crédit et la puissance de l'amortissement. Les revenus étaient bien moins considérables qu'ils ne le sont devenus, car on n'avait pas eu le temps de recueillir encore les bienfaits de la révolution; et la France, qui a pu produire depuis un milliard de contributions générales, pouvait à peine alors donner 616 millions. Ainsi la dette était accablante, et l'état se trouvait dans la situation d'un particulier en faillite. On résolut donc de continuer à servir une partie de la dette en numéraire, et, au lieu de servir le reste en bons sur les biens nationaux, d'en rembourser le capital même avec ces biens. On voulait en conserver un tiers seulement; le tiers conservé devait s'appeler *tiers consolidé*, et demeurer sur le grand-livre avec qualité de rente perpétuelle. Les deux autres tiers devaient être remboursés au capital de vingt fois la rente, et en bons recevables en paiement des biens nationaux. Il est vrai que ces bons tombaient dans le commerce à moins du sixième de leur valeur, et que pour ceux qui ne voulaient pas acheter des terres, c'était une véritable banqueroute.

Malgré le calme et la docilité des conseils depuis le 18 fructidor, cette mesure excita une vive opposition. Les adversaires du remboursement soutenaient que c'était une vraie banqueroute; que la dette, à l'origine de la révolution, avait été mise sous la sauvegarde de l'honneur national, et que c'était déshonorer la république, que de rembourser les deux tiers; que les créanciers qui n'achèteraient pas des biens perdraient les neuf dixièmes en négociant leurs bons, car l'émission d'une aussi grande quantité de papier en avilirait considérablement la valeur; que même, sans avoir des préjugés contre l'origine des biens, les créanciers de l'état étaient pour la plupart trop pauvres pour acheter des terres; que les associations pour acquérir en commun étaient impossibles; que, par conséquent, la perte des neuf dixièmes du capital était réelle pour la plupart; que le tiers prétendu consolidé, et à l'abri de réduction pour l'avenir, n'était que promis; qu'un tiers promis valait moins que trois tiers promis; qu'enfin si la république ne pouvait pas, dans le moment, suffire à tout le service de la dette, il valait mieux pour les créanciers attendre comme ils avaient fait jusqu'ici, mais attendre avec l'espoir de voir leur sort amélioré, qu'être dépouillés sur-le-champ de leur créance. Il y avait même beaucoup de gens qui auraient voulu qu'on distinguât entre les différentes espèces de rentes inscrites au grand-livre, et qu'on ne soumit au remboursement que celles qui avaient été acquises à vil prix. Il s'en était vendu en effet à 10 et 15 francs, et ceux qui les avaient achetées gagnaient encore beaucoup malgré la réduction au tiers.

Les partisans du projet du directoire répondaient, qu'un état avait le droit, comme tout particulier, d'abandonner son avoir à ses créanciers, quand il ne pouvait plus les payer; que la dette surpassait de beaucoup les moyens de la république, et que dans cet état, elle avait le droit de leur abandonner le gage même de cette dette, c'est-à-dire les biens; qu'en achetant des terres ils perdraient fort peu; que ces terres s'élèveraient rapidement dans leurs mains, pour remonter à leur ancienne valeur, et qu'ils retrouveraient ainsi ce qu'ils avaient perdu; qu'il restait 1,300 millions de biens (le milliard promis aux armées étant transporté aux créanciers de l'état), que la paix était prochaine, qu'à la paix les bons de remboursement devaient seuls être reçus en paiement des biens nationaux; que, par conséquent, la partie du capital remboursée, s'élevant à environ 3 milliards, trouverait à acquérir 1,300 millions de biens, et perdrait tout au plus les deux tiers au lieu des neuf dixièmes; que du reste les créanciers n'avaient pas été traités autrement jusqu'ici; que toujours on les avait payés en biens, soit qu'on leur donnât des assignats, ou des *bons de trois quarts*; que la république était obligée de leur donner ce qu'elle avait; qu'ils ne gagneraient rien à attendre, car jamais elle ne pourrait servir toute la dette; qu'en les liquidant, leur sort était fixé; que le paiement du tiers consolidé commençait sur-le-champ, car les moyens de faire le service existaient, et que la république de son côté était délivrée d'un fardeau énorme; qu'elle entrait par là dans des voies régulières, qu'elle se présentait à l'Europe avec une dette devenue légère, et qu'elle allait en devenir plus imposante et plus forte pour obtenir la paix; qu'enfin on ne pouvait pas distinguer entre les différentes rentes suivant le prix d'acquisition, et qu'il fallait les traiter toutes également.

Cette mesure était inévitable. La république faisait ici comme elle avait toujours fait : tous les engagements au-dessus de ses forces, elle les avait remplis avec des terres, au prix où elles étaient tombées. C'est en assignats qu'elle avait acquitté les anciennes charges, ainsi que toutes les dépenses de la révolution, et c'est avec des terres qu'elle avait acquitté les assignats. C'est en assignats, c'est-à-dire encore avec des terres, qu'elle avait servi les intérêts de la dette, et c'est avec des terres qu'elle finissait par en acquitter le capital lui-même. En un mot, elle donnait ce qu'elle possédait. On n'avait pas autrement liquidé la dette aux États-Unis. Les créanciers avaient reçu pour tout paiement les rives du Mississipi. Les mesures de cette nature causent, comme les révolutions, beaucoup de froissements particuliers; mais il faut savoir les subir, quand elles sont devenues inévitables.

La mesure fut adoptée. Ainsi, au moyen des nouveaux impôts, qui portaient la recette à 616 millions, et grace à la réduction de la dette, qui permettait de restreindre la dépense à cette somme, la balance se trouva rétablie dans nos finances, et on put espérer un peu moins d'embarras pour l'an VI (de septembre 1797 à septembre 1798).

A toutes ces mesures, résultats de la victoire, le parti républicain en voulait ajouter une dernière. Il disait que la république serait toujours en péril, tant qu'une caste ennemie, celle des ci-devant nobles, serait soufferte dans son sein; il voulait qu'on exilât de France toutes les familles qui autrefois avaient été nobles, ou s'étaient fait passer pour nobles; qu'on leur donnât la valeur de leurs biens en marchandises françaises, et qu'on les obligeât à porter ailleurs leurs préjugés, leurs passions et leur existence. Ce projet était fort appuyé par Sièyes, Boulay (de la Meurthe), Chazal, tous républicains prononcés, mais très-combattu par Tallien et les amis de Barras. Barras était noble; le général de l'armée d'Italie était né gentilhomme; beaucoup des amis qui partageaient les plaisirs de Barras, et qui remplissaient ses salons, étaient d'anciens nobles aussi; et quoiqu'une exception fût faite en faveur de ceux qui avaient servi utilement la république, les salons du directeur étaient fort irrités contre la loi proposée. Même, sans toutes ces raisons personnelles, il était aisé de démontrer le danger et la rigueur de cette loi. Elle fut présentée cependant aux deux conseils, et excita une espèce de soulèvement, qui obligea à la retirer, pour lui faire subir de grandes modifications. On la reproduisit sous une autre forme. Les ci-devant nobles n'étaient plus condamnés à l'exil; mais ils étaient considérés comme étrangers, et obligés, pour recouvrer la qualité de citoyen, de remplir les formalités, et de subir les épreuves de la naturalisation. Une exception fut faite en faveur des hommes qui avaient servi utilement la république, ou dans les armées ou dans les assemblées. Barras, ses amis, et le vainqueur d'Italie, dont on affectait de rappeler toujours la naissance, furent ainsi affranchis des conséquences de cette mesure.

Le gouvernement avait repris une énergie toute révolutionnaire. L'opposition qui, dans le directoire et les conseils, affectait de demander la paix, étant écartée, le gouvernement se montra plus ferme et plus exigeant dans les négociations de Lille et d'Udine. Il ordonna sur-le-champ à tous les soldats qui avaient obtenu des congés, de rentrer dans les rangs; il remit tout sur le pied de guerre, et il envoya de nouvelles instructions à ses négociateurs. Maret à Lille était parvenu à concilier, comme on l'a vu, les prétentions des puissances maritimes. La paix était convenue, pourvu que l'Espagne sacrifiât la Trinité, et la Hollande Trinquemale, et que la France promît de ne jamais prendre le cap de Bonne-Espérance pour elle-même. Il ne s'agissait donc plus que d'avoir le consentement de l'Espagne et de la Hollande. Le directoire trouva Maret trop facile, et résolut de le rappeler : il envoya Bonnier et Treilhard à Lille, avec de nouvelles instructions. D'après ces instructions, la France exigeait la restitution pure et simple, non-seulement de ses colonies, mais encore de celles de ses alliés. Quant aux négociations d'Udine, le directoire ne se montra pas moins tranchant et moins positif. Il ne consentait plus à s'en tenir aux préliminaires de Léoben, qui donnaient à l'Autriche la limite de l'Oglio en Italie; il voulait maintenant que l'Italie fût affranchie tout entière jusqu'à l'Izonzo, et que l'Autriche se contentât pour indemnité de la sécularisation de divers états ecclésiastiques en Allemagne. Il rappela Clarke, qui avait été choisi et envoyé par Carnot, et qui avait, dans sa correspondance, fort peu ménagé les généraux de l'armée d'Italie réputés les plus républicains. Bonaparte demeura chargé des pouvoirs de la république pour traiter avec l'Autriche.

L'ultimatum que le directoire faisait signifier à Lille par les nouveaux négociateurs, Bonnier et Treilhard, vint rompre une négociation presque achevée. Lord Malmesbury en fut singulièrement déconcerté, car il désirait la paix, soit pour finir glorieusement sa carrière, soit pour procurer à son gouvernement un moment de répit. Il témoigna les plus vifs regrets; mais il était impossible que l'Angleterre renonçât à toutes ses conquêtes maritimes, et ne reçût rien en échange. Lord Malmesbury était si sincère dans son désir de traiter, qu'il engagea M. Maret à chercher à Paris, si on ne pourrait pas influer sur la détermination du directoire, et offrit même plusieurs millions pour acheter la voix de l'un des directeurs. M. Maret refusa de se charger d'aucune négociation de cette espèce, et quitta Lille. Lord Malmesbury et M. Ellis partirent sur-le-champ, et ne revinrent pas. Quoiqu'on pût reprocher dans cette circonstance au directoire d'avoir repoussé une paix certaine et avantageuse pour la France, son motif était cependant honorable. Il eût été peu loyal à nous d'abandonner nos alliés, et de leur imposer des sacrifices pour prix de leur dévouement à notre cause. Le directoire, se flattant d'avoir sous peu la paix avec l'Autriche, ou du moins de la lui imposer par un mouvement de nos armées, avait l'espoir d'être bientôt délivré de ses ennemis du continent, et de pouvoir tourner toutes ses forces contre l'Angleterre.

L'ultimatum signifié à Bonaparte lui déplut

singulièrement, car il n'espérait pas pouvoir le faire accepter. Il était difficile, en effet, de forcer l'Autriche à renoncer tout-à-fait à l'Italie, et à se contenter de la sécularisation de quelques états ecclésiastiques en Allemagne, à moins de marcher sur Vienne. Or, Bonaparte ne pouvait plus prétendre à cet honneur, car il avait toutes les forces de la monarchie autrichienne sur les bras, et c'était l'armée d'Allemagne qui devait avoir l'avantage de percer la première, et de pénétrer dans les états héréditaires. A ce sujet de mécontentement s'en joignit un autre, lorsqu'il apprit les défiances qu'on avait conçues contre lui à Paris. Augereau avait envoyé un de ses aides-de-camp avec des lettres pour beaucoup d'officiers et de généraux de l'armée d'Italie. Cet aide-de-camp paraissait remplir une espèce de mission, et être chargé de redresser l'opinion de l'armée sur le 18 fructidor. Bonaparte vit bien qu'on se défiait de lui. Il se hâta de jouer l'offensé, de se plaindre avec la vivacité et l'amertume d'un homme qui se sent indispensable; il dit que le gouvernement le traitait avec une horrible ingratitude, qu'il se conduisait envers lui comme envers Pichegru après vendémiaire, et il demanda sa démission. Cet homme, d'un esprit si grand et si ferme, qui savait se donner une si noble attitude, se livra ici à l'humeur d'un enfant impétueux et mutin. Le directoire ne répondit pas à la demande de sa démission, et se contenta d'assurer qu'il n'était pour rien dans ces lettres et dans l'envoi d'un aide-de-camp. Bonaparte se calma, mais demanda encore à être remplacé dans les fonctions de négociateur, et dans celles d'organisateur des républiques italiennes. Il répétait sans cesse qu'il était malade, qu'il ne pouvait plus supporter la fatigue du cheval, et qu'il lui était impossible de faire une nouvelle campagne. Cependant, quoique à la vérité il fût malade, et accablé des travaux énormes auxquels il s'était livré depuis deux ans, il ne voulait être remplacé dans aucun de ses emplois, et au besoin il était assuré de trouver dans son ame les forces qui semblaient manquer à son corps.

Il résolut, en effet, de poursuivre la négociation, et d'ajouter à la gloire de premier capitaine du siècle, celle de pacificateur. L'ultimatum du directoire le gênait; mais il n'était pas plus décidé dans cette circonstance que dans une foule d'autres, à obéir aveuglément à son gouvernement. Ses travaux, dans ce moment, étaient immenses. Il organisait les républiques italiennes, il se créait une marine dans l'Adriatique, il formait de grands projets sur la Méditerranée, et il traitait avec les plénipotentiaires de l'Autriche.

Il avait commencé à organiser en deux états séparés les provinces qu'il avait affranchies dans la Haute-Italie. Il avait érigé depuis longtemps en république cispadane le duché de Modène, les légations de Bologne et de Ferrare. Son projet était de réunir ce petit état à Venise révolutionnée, et de la dédommager ainsi de la perte de ses provinces de terreferme. Il voulait organiser à part la Lombardie, sous le titre de république transpadane. Mais bientôt ses idées avaient changé, et il préférait former un seul état des provinces affranchies. L'esprit de localité, qui s'opposait d'abord à la réunion de la Lombardie avec les autres provinces, conseillait maintenant au contraire de les réunir. La Romagne, par exemple, ne voulait pas se réunir aux légations et au duché de Modène, mais consentait à dépendre d'un gouvernement central établi à Milan. Bonaparte vit bientôt que chacun détestant son voisin, il serait plus facile de soumettre tout le monde à une autorité unique. Enfin, la difficulté de décider la suprématie entre Venise et Milan, et de préférer l'une des deux pour en faire le siége du gouvernement, cette difficulté n'en était plus une pour lui. Il avait résolu de sacrifier Venise. Il n'aimait pas les Vénitiens; il voyait que le changement de gouvernement n'avait pas amené chez eux un changement dans les esprits. La grande noblesse, la petite, le peuple étaient ennemis des Français et de la révolution, et faisaient toujours des vœux pour les Autrichiens. A peine un petit nombre de bourgeois aisés approuvaient-ils le nouvel état de choses. La municipalité démocratique montrait la plus mauvaise volonté à l'égard des Français. Presque tout le monde à Venise semblait désirer qu'un retour de fortune permît à l'Autriche de rétablir l'ancien gouvernement. De plus, les Vénitiens n'inspiraient aucune estime à Bonaparte sous un rapport important à ses yeux, la puissance. Leurs canaux et leurs ports étaient presque comblés, leur marine était dans le plus triste état; ils étaient eux-mêmes abâtardis par les plaisirs, et incapables d'énergie. « *C'est un peuple mou, efféminé et lâche*, écrivait-il, *sans terre ni eau, et nous n'en avons que faire.* » Il songeait donc à livrer Venise à l'Autriche, à condition que l'Autriche, renonçant à la limite de l'Oglio, stipulée par les préliminaires de Léoben, rétrograderait jusqu'à l'Adige. Ce fleuve, qui est une excellente limite, séparait alors l'Autriche de la république nouvelle. L'importante place de Mantoue, qui, d'après les préliminaires, devait être rendue à l'Autriche, resterait à la république italienne, et Milan deviendrait capitale sans aucune contestation. Bonaparte aimait donc beaucoup mieux former un seul état, dont Milan serait la capitale, et donner à cet état la frontière de l'Adige et Mantoue, que de garder Venise; et en cela il avait raison, dans l'intérêt même de la liberté italienne. A ne pas affranchir toute l'Italie jusqu'à l'Izonzo, mieux valait sacrifier Venise que la frontière de l'Adige et Mantoue. Bonaparte avait vu, en s'entretenant avec les négociateurs autrichiens, que le nouvel arrangement pourrait être accepté. En conséquence, il forma de la Lombardie, des duchés de Modène et de Reggio, des légations de Bologne et de Ferrare, de la Romagne, du Bergamasque, du Brescian et du Mantouan, un état qui s'étendait jusqu'à l'Adige, qui avait d'excellentes places, telles que Pizzighitone et Mantoue, une population de trois millions six cent mille habitants, un sol admirable, des fleuves, des canaux et des ports.

Sur-le-champ il se mit à l'organiser en république. Il aurait voulu une autre constitution que celle donnée à la France. Il trouvait dans cette constitution le pouvoir exécutif trop faible, et, même sans avoir encore aucun penchant décidé pour telle ou telle forme de gouvernement, mû par le seul besoin de composer un état fort et capable de lutter avec les aristocraties voisines, il aurait souhaité une organisation plus concentrée et plus énergique. Il demandait qu'on lui envoyât Sièyes, pour s'entendre avec lui à cet égard; mais le directoire n'adopta point ses idées, et insista pour qu'on donnât à la nouvelle république la constitution française. Il fut obéi, et sur-le-champ notre constitution fut adaptée à l'Italie. La nouvelle république fut appelée Cisalpine. On voulait à Paris l'appeler Transalpine; mais c'était placer en quelque sorte le centre à Paris, et les Italiens le voulaient à Rome, parce que tous leurs vœux tendaient à l'affranchissement de leur patrie, à son unité, et au rétablissement de l'antique métropole. Le mot Cisalpine était donc celui qui lui convenait le mieux. On crut prudent de ne pas abandonner au choix des Italiens la première composition du gouvernement. Pour cette première fois, Bonaparte nomma lui-même les cinq directeurs et les membres des deux conseils. Il s'attacha à faire les meilleurs choix, autant du moins que sa position le permettait. Il nomma directeur Serbelloni, l'un des plus grands seigneurs de l'Italie; il fit partout organiser des gardes nationales, et en réunit trente mille à Milan pour la fédération du 14 juillet. La présence de l'armée française en Italie, ses hauts faits, sa gloire, avaient commencé à répandre l'enthousiasme militaire dans ce pays, trop peu habitué aux armes. Bonaparte tâcha de l'y exciter de toutes les manières. Il ne se dissimulait pas combien la nouvelle république était faible sous le rapport militaire; il n'estimait en Italie que l'armée piémontaise, parce que la cour de Piémont avait seule fait la guerre pendant le cours du siècle. Il écrivait à Paris qu'un seul régiment du roi de Sardaigne renverserait la république cisalpine, qu'il fallait donner par conséquent à cette république des mœurs guerrières; qu'elle serait alors une puissance importante en Italie, mais que pour cela il fallait du temps, et que de pareilles révolutions ne se faisaient pas en quelques jours. Cependant il commençait à y réussir, car il avait au plus haut degré l'art de communiquer aux autres le plus vif de ses goûts, celui des armes. Personne ne savait mieux se servir de sa gloire, pour faire des succès militaires une mode, pour y diriger toutes les vanités et toutes les ambitions. Dès ce jour, les mœurs commencèrent à changer en Italie.

« La soutane, qui était l'habit à la mode pour les
« jeunes gens, fut remplacée par l'uniforme. Au
« lieu de passer leur vie aux pieds des femmes,
« les jeunes Italiens fréquentaient les manéges,
« les salles d'armes, les champs d'exercice. Les
« enfants ne jouaient plus à la chapelle; ils
« avaient des régiments de fer-blanc, et imitaient
« dans leurs jeux les événements de la guerre.
« Dans les comédies, dans les farces des rues,
« on avait toujours représenté un Italien bien
« lâche, quoique spirituel, et une espèce de gros
« capitan, quelquefois français, et plus souvent
« allemand, bien fort, bien brave, bien brutal,
« finissant par administrer quelques coups de
« bâton à l'Italien, aux grands applaudissements
« des spectateurs. Le peuple ne souffrit plus de
« pareilles allusions; les auteurs mirent sur la
« scène, à la satisfaction du public, des Italiens
« braves, faisant fuir des étrangers pour soute-
« nir leur honneur et leurs droits. L'esprit na-
« tional se formait. L'Italie avait ses chansons
« à la fois patriotiques et guerrières. Les femmes
« repoussaient avec mépris les hommages des
« hommes qui, pour leur plaire, affectaient des
« mœurs efféminées [*]. »

---

[*] *Mémoires de Napoléon*, publiés par le comte de Montholon, tome IV, p. 196.

Cependant cette révolution commençait à peine; la Cisalpine ne pouvait être forte encore que des secours de la France. Le projet était d'y laisser, comme en Hollande, une partie de l'armée, qui se reposerait là de ses fatigues, jouirait paisiblement de sa gloire, et animerait de son feu guerrier toute la contrée. Bonaparte, avec cette prévoyance qui s'étendait à tout, avait formé pour la Cisalpine un vaste et magnifique plan. Cette république était pour la France un avant-poste; il fallait que nos armées pussent y arriver rapidement. Bonaparte avait formé le projet d'une route, qui de France arriverait à Genève, de Genève traverserait le Valais, percerait le Simplon, et descendrait en Lombardie. Il traitait déjà avec la Suisse pour cet objet. Il avait envoyé des ingénieurs pour faire le devis de la dépense, et il arrêtait tous les détails d'exécution, avec cette précision qu'il mettait dans les projets même les plus vastes, et les plus chimériques en apparence. Il voulait que cette grande route, la première qui percerait directement les Alpes, fût large, sûre et magnifique, qu'elle devînt un chef-d'œuvre de la liberté et un monument de la puissance française.

Tandis qu'il s'occupait ainsi d'une république qui lui devait l'existence, il rendait la justice aussi, et était pris pour arbitre entre deux peuples. La Valteline s'était révoltée contre la souveraineté des ligues grises. La Valteline se compose de trois vallées, qui appartiennent à l'Italie, car elles versent leurs eaux dans l'Adda. Elles étaient soumises au joug des Grisons, joug insupportable, car il n'y en a pas de plus pesant que celui qu'un peuple impose à un autre peuple. Il y avait plus d'une tyrannie de ce genre en Suisse. Celle de Berne sur le pays de Vaud était célèbre. Les Valtelins se soulevèrent et demandèrent à faire partie de la république cisalpine. Ils invoquèrent la protection de Bonaparte, et se fondèrent, pour l'obtenir, sur d'anciens traités, qui mettaient la Valteline sous la protection des souverains de Milan. Les Grisons et les Valtelins convinrent de s'en référer au tribunal de Bonaparte. Il accepta la médiation avec la permission du directoire. Il fit conseiller aux Grisons de reconnaître les droits des Valtelins, et de se les associer comme une nouvelle ligue grise. Ils s'y refusèrent, et voulurent plaider la cause de leur tyrannie. Bonaparte leur fixa une époque pour comparaître. Le terme venu, les Grisons, à l'instigation de l'Autriche, refusèrent de se présenter. Bonaparte alors se fondant sur l'acceptation de l'arbitrage et sur les anciens traités, condamna les Grisons par défaut, déclara les Valtelins libres, et leur permit de se réunir à la Cisalpine. Cette sentence, fondée en droit et en équité, fit une vive sensation en Europe. Elle épouvanta l'aristocratie de Berne, réjouit les Vaudois, et ajouta à la Cisalpine une population riche, brave et nombreuse.

Gênes le prenait en même temps pour son conseiller dans le choix d'une constitution. Gênes n'étant point conquise, pouvait se choisir ses lois, et ne dépendait pas du directoire sous ce rapport. Les deux partis aristocratique et démocratique étaient là aux prises. Une première révolte avait éclaté, comme on l'a vu, au mois de mai; il y en eut une seconde plus générale dans la vallée de la Polcevera, qui faillit devenir fatale à Gênes. Elle était excitée par les prêtres contre la constitution nouvelle. Le général français Duphot, qui se trouvait là avec quelques troupes, rétablit l'ordre. Les Génois s'adressèrent à Bonaparte, qui leur répondit une lettre sévère, pleine de conseils fort sages, et dans laquelle il réprimait leur fougue démocratique. Il fit des changements dans leur constitution; au lieu de cinq magistrats chargés du pouvoir exécutif, il n'en laissa que trois; les membres des conseils furent moins nombreux; le gouvernement fut organisé d'une manière moins populaire, mais plus forte. Bonaparte fit accorder plus d'avantages aux nobles et aux prêtres, pour les réconcilier avec le nouvel ordre de choses; et comme on avait voulu les exclure des fonctions publiques, il blâma cette pensée. *Vous feriez*, écrivait-il aux Génois, *ce qu'ils ont fait eux-mêmes*. Il publia avec intention la lettre où était renfermée cette phrase. C'était un blâme dirigé contre ce qui se faisait à Paris à l'égard des nobles. Il était charmé d'intervenir ainsi d'une manière indirecte dans la politique, de donner un avis, de le donner contraire au directoire, et surtout de se détacher sur-le-champ du parti victorieux; car il affectait de rester indépendant, de n'approuver, de ne servir aucune faction, de les mépriser, de les dominer toutes.

Tandis qu'il était ainsi législateur, arbitre, conseiller des peuples italiens, il s'occupait d'autres soins non moins vastes, et qui décelaient une prévoyance bien autrement profonde. Il s'était emparé de la marine de Venise, et avait mandé l'amiral Brueys dans l'Adriatique, pour prendre possession des îles vénitiennes de la Grèce. Il avait été amené ainsi à réfléchir sur la Méditerranée, sur son importance et sur le rôle que nous pouvions y jouer. Il avait conclu que si, dans l'Océan, nous devions rencontrer des maîtres, nous n'en devions pas avoir dans la Méditerranée. Que l'Italie fût affranchie en entier ou ne le fût pas, que Venise fût ou non cédée à l'Autriche, il voulait que la France gardât les îles Ioniennes, Corfou, Zante, Sainte-Maure, Cérigo, Céphalonie. Les peuples de ces îles demandaient à devenir nos sujets. Malte, le poste le plus important de la Méditerranée, appartenait à un ordre usé, et qui devait disparaître devant l'influence de la révolution française; Malte, d'ailleurs, devait tomber bientôt au pouvoir des Anglais, si la France ne s'en emparait pas. Bonaparte avait fait saisir les propriétés des chevaliers en Italie, pour achever de les ruiner. Il avait pratiqué des intrigues à Malte même, qui n'était gardée que par quelques chevaliers et une faible garnison; et il se proposait d'y envoyer sa petite marine et de s'en emparer.—« De ces différents postes, écrivait-il au directoire, nous dominerons la Méditerranée, nous veillerons sur l'empire ottoman, qui croule de toutes parts, et nous serons en mesure ou de le soutenir ou d'en prendre notre part. Nous pourrons davantage, ajoutait Bonaparte, nous pourrons rendre presque inutile aux Anglais la domination de l'Océan. Ils nous ont contesté à Lille le cap de Bonne-Espérance; nous pouvons nous en passer. Occupons l'Égypte; nous aurons la route directe de l'Inde, et il nous sera facile d'y établir une des plus belles colonies du globe. »

C'est donc en Italie, et en promenant sa pensée sur le Levant, qu'il conçut la première idée de l'expédition célèbre qui fut tentée l'année suivante. « C'est en Égypte, écrivait-il, qu'il faut attaquer l'Angleterre. » (Lettre du 16 août 1797. — 29 thermidor an V.)

Pour arriver à ces fins, il avait fait venir l'amiral Brueys dans l'Adriatique avec six vaisseaux, quelques frégates et quelques corvettes. Il s'était ménagé en outre un moyen de s'emparer de la marine vénitienne. D'après le traité conclu, on devait lui payer trois millions en matériel de marine. Il prit sous ce prétexte tous les chanvres, fers, etc., qui formaient du reste la seule richesse de l'arsenal vénitien. Après s'être emparé du matériel sous le prétexte des trois millions, Bonaparte s'empara des vaisseaux, sous prétexte d'aller occuper les îles pour le compte de Venise démocratique. Il fit achever ceux qui étaient en construction, et parvint ainsi à armer six vaisseaux de guerre, six frégates et plusieurs corvettes, qu'il réunit à l'escadre que Brueys avait amenée de Toulon. Il remplaça le million que la trésorerie avait arrêté, donna à Brueys des fonds pour enrôler d'excellents matelots en Albanie et sur les côtes de la Grèce, et lui créa ainsi une marine capable d'imposer à toute la Méditerranée. Il en fixa le principal établissement à Corfou, par des raisons excellentes, et qui furent approuvées du gouvernement. De Corfou, cette escadre pouvait se porter dans l'Adriatique, et se concerter avec l'armée d'Italie en cas de nouvelles hostilités; elle pouvait aller à Malte, elle imposait à la cour de Naples, et il lui était facile, si on la désirait dans l'Océan, pour la faire concourir à quelque projet, de voler vers le détroit plus promptement que si elle eût été à Toulon. Enfin à Corfou, l'escadre apprenait à devenir manœuvrière, et se formait mieux qu'à Toulon, où elle était ordinairement immobile. « Vous n'aurez jamais de marins, écrivait Bonaparte, en les laissant dans vos ports. »

Telle était la manière dont Bonaparte occupait son temps pendant les lenteurs calculées que lui faisait essuyer l'Autriche. Il songeait aussi à sa position militaire à l'égard de cette puissance. Elle avait fait des préparatifs immenses, depuis la signature des préliminaires de Léoben. Elle avait transporté la plus grande partie de ses forces dans la Carinthie, pour protéger Vienne et se mettre à couvert contre la fougue de Bonaparte. Elle avait fait lever la Hongrie en masse. Dix-huit mille cavaliers hongrois s'exerçaient depuis trois mois sur les bords du Danube. Elle avait donc les moyens d'appuyer les négociations d'Udine. Bonaparte n'avait guère plus de soixante-dix mille hommes de troupes, dont une très-petite partie en cavalerie. Il demandait des renforts au directoire pour faire face à l'ennemi, et il pressait surtout la ratification du traité d'alliance avec le Piémont pour obtenir dix mille de ces soldats piémontais dont il faisait si grand cas. Mais le directoire ne voulait pas lui envoyer de renforts, parce que le déplacement des troupes aurait amené de nombreuses désertions; il aimait mieux, en accélérant la marche de l'armée d'Allemagne, dégager l'armée d'Italie, que la renforcer; il hésitait encore à signer une alliance avec le Piémont, parce qu'il ne voulait pas garantir un trône dont il espérait et souhaitait la chute naturelle. Il avait envoyé seulement quelques cavaliers à pied. On avait en Italie de quoi les monter et les équiper.

Privé des ressources sur lesquelles il avait

compté, Bonaparte se voyait donc exposé à un orage du côté des Alpes Juliennes. Il avait tâché de suppléer de toutes les manières aux moyens qu'on lui refusait. Il avait armé et fortifié Palma-Nova, avec une activité extraordinaire, et en avait fait une place du premier ordre, qui, à elle seule, devait exiger un long siége. Cette circonstance seule changeait singulièrement sa position. Il avait fait jeter des ponts sur l'Izonzo, et construire des têtes de pont, pour être prêt à déboucher avec sa promptitude accoutumée. Si la rupture avait lieu avant la chute des neiges, il espérait surprendre les Autrichiens, les jeter dans le désordre, et malgré la supériorité de leurs forces, se trouver bientôt aux portes de Vienne. Mais si la rupture n'avait lieu qu'après les neiges, il ne pouvait plus prévenir les Autrichiens, il était obligé de les recevoir dans les plaines de l'Italie, où la saison leur permettait de déboucher en tout temps, et alors le désavantage du nombre n'était plus balancé par celui de l'offensive. Dans ce cas, il se considérait comme en danger.

Bonaparte désirait donc que les négociations se terminassent promptement. Après la ridicule note du 18 juillet, où les plénipotentiaires avaient insisté de nouveau pour le congrès de

Berne, et réclamé contre ce qui s'était fait à Venise, Bonaparte avait fait répondre d'une manière vigoureuse, et qui prouvait à l'Autriche qu'il était prêt à fondre de nouveau sur Vienne. MM. de Gallo, de Meerweldt et un troisième négociateur, M. Degelmann, étaient arrivés le 31 août (14 fructidor), et les conférences avaient commencé sur-le-champ. Mais évidemment le but était de traîner encore les choses en longueur, car, tout en acceptant une négociation séparée à Udine, ils se réservaient toujours de revenir à un congrès général à Berne. Ils annonçaient que le congrès de Rastadt, pour la paix de l'Empire, allait s'ouvrir sur-le-champ, que les négociations en seraient conduites en même temps que celles d'Udine, ce qui devait compliquer singulièrement les intérêts et faire naître autant de difficultés qu'un congrès général à Berne. Bonaparte fit observer que la paix de l'Empire ne devait se traiter qu'après la paix avec l'empereur; il déclara que si le congrès s'ouvrait, la France n'y enverrait pas; il ajouta que, si au 1$^{er}$ octobre la paix avec l'empereur n'était pas conclue, les préliminaires de Léoben seraient regardés comme nuls. Les choses en étaient à ce point, lorsque le 18 fructidor (4 septembre) déjoua toutes les fausses espérances de l'Au triche. Sur-le-champ M. de Cobentzel accourut de Vienne à Udine. Bonaparte se rendit à Passeriano, fort belle maison de campagne, à quelque distance d'Udine, et tout annonça que cette fois le désir de traiter était sincère. Les conférences avaient lieu alternativement à Udine, chez M. de Cobentzel, et à Passeriano, chez Bonaparte. M. de Cobentzel était un esprit subtil, abondant, mais peu logique : il était hautain et amer. Les trois autres négociateurs gardaient le silence. Bonaparte représentait seul pour la France, depuis la destitution de Clarke. Il avait assez d'arrogance, la parole assez prompte et assez tranchante pour répondre au négociateur autrichien. Quoiqu'il fût visible que M. de Cobentzel avait l'intention réelle de traiter, il n'en afficha pas moins les prétentions les plus extravagantes. C'était tout au plus si l'Autriche cédait les Pays-Bas, mais elle ne se chargeait pas de nous assurer la limite du Rhin, disant que c'était à l'Empire à nous faire cette concession. En dédommagement des riches et populeuses provinces de la Belgique, l'Autriche voulait des possessions, non pas en Allemagne, mais en Italie. Les préliminaires de Léoben lui avaient assigné les états vénitiens jusqu'à l'Oglio, c'est-à-dire la Dalmatie, l'Istrie, le Frioul, le Brescian, le

Bergamasque et le Mantouan, avec la place de Mantoue; mais ces provinces ne la dédommageaient pas de la moitié de ce qu'elle perdait en cédant la Belgique et la Lombardie. Ce n'était pas trop, disait M. de Cobentzel, de lui laisser non-seulement la Lombardie, mais de lui donner encore Venise et les légations, et de rétablir le duc de Modène dans son duché.

A toute la faconde de M. de Cobentzel, Bonaparte ne répondait que par un imperturbable silence; et à ses prétentions folles, que par des prétentions aussi excessives, énoncées d'un ton ferme et tranchant. Il demandait la ligne du Rhin pour la France, Mayence comprise, et la ligne de l'Izonzo pour l'Italie. Entre ces prétentions opposées il fallait prendre un milieu. Bonaparte, comme nous l'avons déjà dit, avait cru entrevoir qu'en cédant Venise à l'Autriche ( concession qui n'était pas comprise dans les préliminaires de Léoben, parce qu'on ne songeait pas alors à détruire cette république), il pourrait obtenir que l'empereur reculât sa limite de l'Oglio à l'Adige, que le Mantouan, le Bergamasque et le Bresciau fussent donnés à la Cisalpine, qui aurait ainsi la frontière de l'Adige et Mantoue, que de plus l'empereur reconnût à la France la limite du Rhin, et lui livrât même Mayence, qu'enfin il consentît à lui laisser les îles Ioniennes. Bonaparte résolut de traiter à ces conditions. Il y voyait beaucoup d'avantages réels, et tous ceux que la France pouvait obtenir dans le moment. L'empereur, en prenant Venise, se compromettait dans l'opinion de l'Europe, car c'était pour lui que Venise avait trahi la France. En abandonnant l'Adige et Mantoue, l'empereur donnait à la nouvelle république italienne une grande consistance; et nous laissant les îles Ioniennes, il nous préparait l'empire de la Méditerranée; en nous reconnaissant la limite du Rhin, il laissait l'Empire sans force pour nous la refuser; en nous livrant Mayence, il nous mettait véritablement en possession de cette limite, et se compromettait encore avec l'Empire de la manière la plus grave, en nous livrant une place appartenant à l'un des princes germaniques. Il est vrai qu'en faisant une nouvelle campagne, on était assuré de détruire la monarchie autrichienne, ou de l'obliger du moins à renoncer à l'Italie. Mais Bonaparte avait plus d'une raison personnelle d'éviter une nouvelle campagne. On était en octobre, et il était tard pour percer en Autriche. L'armée d'Allemagne, commandée aujourd'hui par Augereau, devait avoir tout l'avantage, car elle n'avait personne devant elle. L'armée d'Italie avait sur les bras toutes les forces autrichiennes; elle ne pouvait pas avoir le rôle brillant, étant réduite à la défensive; elle ne pouvait pas être la première à Vienne. Enfin Bonaparte était fatigué, il voulait jouir un peu de son immense gloire. Une bataille de plus n'ajoutait rien aux merveilles de ces deux campagnes, et en signant la paix, il se couronnait d'une double gloire. A celle de guerrier il ajouterait celle de négociateur, et il serait le seul général de la république qui aurait réuni les deux, car il n'en était encore aucun qui eût signé des traités. Il satisferait à l'un des vœux les plus ardents de la France, et rentrerait dans son sein avec tous les genres d'illustration. Il est vrai qu'il y avait une désobéissance formelle à signer un traité sur ces bases, car le directoire exigeait l'entier affranchissement de l'Italie; mais Bonaparte sentait que le directoire n'oserait pas refuser la ratification du traité, car ce serait se mettre en opposition avec l'opinion de la France. Le directoire l'avait choquée déja en rompant à Lille, il la choquerait bien plus en rompant à Udine, et il justifierait tous les reproches de la faction royaliste, qui l'accusait de vouloir une guerre éternelle. Bo-

naparte sentait donc bien qu'en signant le traité, il obligeait le directoire à le ratifier.

Il donna donc hardiment son ultimatum à M. de Cobentzel : c'était Venise pour l'Autriche, mais l'Adige et Mantoue pour la Cisalpine, le Rhin et Mayence pour la France, avec les îles Ioniennes en sus. Le 16 octobre (25 vendémiaire an VI), la dernière conférence eut lieu à Udine chez M. de Cobentzel. De part et d'autre on déclarait qu'on allait rompre; et M. de Cobentzel annonçait que ses voitures étaient préparées. On était assis autour d'une longue table rectangulaire; les quatre négociateurs autrichiens étaient placés d'un côté; Bonaparte était seul de l'autre. M. de Cobentzel récapitula tout ce qu'il avait dit, soutint que l'empereur, en abandonnant les clefs de Mayence, devait recevoir celles de Mantoue; qu'il ne pouvait faire autrement sans se déshonorer; que, du reste, jamais la France n'avait fait un traité plus beau, qu'elle n'en désirait certainement pas un plus avantageux; qu'elle voulait avant tout la paix, et qu'elle saurait juger la conduite du négociateur qui sacrifiait l'intérêt et le repos de son pays à son ambition militaire. Bonaparte, demeurant calme et impassible pendant cette insultante apostrophe, laissa M. de Cobentzel achever son discours;

puis, se dirigeant vers un guéridon qui portait un cabaret de porcelaine, donné par la grande Catherine à M. de Cobentzel, et étalé comme un objet précieux, il s'en saisit et le brisa sur le parquet, en prononçant ces paroles : « La « guerre est déclarée ; mais souvenez-vous qu'a- « vant trois mois je briserai votre monarchie, « comme je brise cette porcelaine. » Cet acte et ces paroles frappèrent d'étonnement les négociateurs autrichiens. Il les salua, sortit, et, montant sur-le-champ en voiture, ordonna à un officier d'aller annoncer à l'archiduc Charles que les hostilités recommenceraient sous vingt-quatre heures. M. de Cobentzel, effrayé, envoya sur-le-champ l'ultimatum signé à Passeriano. L'une des conditions du traité était l'élargissement de M. de Lafayette, qui, depuis cinq ans, supportait héroïquement sa détention à Olmutz.

Le lendemain, 17 octobre (26 vendémiaire), on signa le traité à Passeriano ; on le data d'un petit village situé entre les deux armées, mais dans lequel on ne se rendit pas, parce qu'il n'y avait pas de local convenable pour recevoir les négociateurs. Ce village était celui de *Campo-Formio*. Il donna son nom à ce traité célèbre, le premier conclu entre l'empereur et la république française

Il était convenu que l'empereur, comme souverain des Pays-Bas, et comme membre de l'Empire, reconnaîtrait à la France la limite du Rhin, qu'il livrerait Mayence à nos troupes, et que les îles Ioniennes resteraient en notre possession; que la république Cisalpine aurait la Romagne, les légations, le duché de Modène, la Lombardie, la Valteline, le Bergamasque, le Brescian et le Mantouan, avec la limite de l'Adige et Mantoue. L'empereur souscrivait de plus à diverses conditions résultant de ce traité et des traités antérieurs qui liaient la république. D'abord il s'engageait à donner le Brisgaw au duc de Modène, en dédommagement de son duché. Il s'engageait ensuite à prêter son influence pour faire obtenir en Allemagne un dédommagement au stathouder, pour la perte de la Hollande, et un dédommagement au roi de Prusse, pour la perte du petit territoire qu'il nous avait cédé sur la gauche du Rhin. En vertu de ces engagements, la voix de l'empereur était assurée au congrès de Rastadt, pour la solution de toutes les questions qui intéressaient le plus la France. L'empereur recevait en retour de tout ce qu'il accordait, le Frioul, l'Istrie, la Dalmatie et les bouches du Cattaro.

La France n'avait jamais fait une paix aussi

belle. Elle avait enfin obtenu ses limites naturelles, et elle les obtenait du consentement du continent. Une grande révolution était opérée dans la Haute-Italie. Il y avait là un ancien état détruit, et un nouvel état fondé. Mais l'état détruit était une aristocratie despotique, ennemie irréconciliable de la liberté. L'état fondé était une république libéralement constituée, et qui pouvait communiquer la liberté à toute l'Italie. On pouvait regretter, il est vrai, que les Autrichiens ne fussent pas rejetés au-delà de l'Izonzo, que toute la Haute-Italie, et la ville de Venise elle-même, ne fussent pas réunies à la Cisalpine : avec une campagne de plus, ce résultat eût été obtenu. Des considérations particulières avaient empêché le jeune vainqueur de faire cette campagne. L'intérêt personnel commençait à altérer les calculs du grand homme, et à imprimer une tache sur le premier et peut-être le plus bel acte de sa vie.

Bonaparte ne pouvait guère douter de la ratification du traité; cependant il n'était pas sans inquiétude, car ce traité était une contravention formelle aux instructions du directoire. Il le fit porter par son fidèle et complaisant chef d'état-major, Berthier, qu'il affectionnait beaucoup, et qu'il n'avait point encore envoyé en France pour jouir des applaudissements des Parisiens. Avec son tact ordinaire, il adjoignit un savant au militaire : c'était Monge, qui avait fait partie de la commission chargée de choisir les objets d'art en Italie, et qui, malgré son ardent démagogisme et son esprit géométrique, avait été séduit, comme tant d'autres, par le génie, la grace et la gloire.

Monge et Berthier furent rendus à Paris en quelques jours. Ils y arrivèrent au milieu de la nuit, et arrachèrent de son lit le président du directoire, Larévellière-Lépaux. Tout en apportant un traité de paix, les deux envoyés étaient loin d'avoir la joie et la confiance ordinaires dans ces circonstances; ils étaient embarrassés comme des gens qui doivent commencer par un aveu pénible : il fallait dire, en effet, qu'on avait désobéi au gouvernement. Ils employèrent de grandes précautions oratoires pour annoncer la teneur du traité et excuser le général. Larévellière les reçut avec tous les égards que méritaient deux personnages aussi distingués, dont l'un surtout était un savant illustre; mais il ne s'expliqua pas sur le traité, et répondit simplement que le directoire en déciderait. Il le présenta le lendemain matin au directoire. La nouvelle de la paix s'était déja répandue dans tout Paris; la joie était au comble; on ne connaissait pas les conditions, mais quelles qu'elles fussent, on était certain qu'elles devaient être brillantes. On exaltait Bonaparte et sa double gloire. Comme il l'avait prévu, on était enthousiasmé de trouver en lui le pacificateur et le guerrier; et une paix qu'il n'avait signée qu'avec égoïsme, était vantée comme un acte de désintéressement militaire. Le jeune général, disait-on, s'est refusé la gloire d'une nouvelle campagne pour donner la paix à sa patrie.

L'envahissement de la joie fut si prompt, qu'il eût été bien difficile au directoire de la tromper, en rejetant le traité de Campo-Formio. Ce traité était la suite d'une désobéissance formelle : ainsi le directoire ne manquait pas d'excellentes raisons pour refuser sa ratification; et il eût été fort important de donner une leçon sévère au jeune audacieux qui avait enfreint des ordres précis. Mais comment tromper l'attente générale? comment oser refuser une seconde fois la paix, après l'avoir refusée à Lille? On voulait donc justifier tous les reproches des victimes de fructidor, et mécontenter gravement l'opinion? Il y avait un autre danger non moins grand à la braver. En effet, en rejetant le traité, Bonaparte donnait sa démission, et des revers allaient suivre inévitablement la reprise des hostilités en Italie. De quelle responsabilité ne se chargeait-on pas, dans ce cas-là? D'ailleurs le traité avait d'immenses avantages; il ouvrait un superbe avenir; il donnait, de plus que celui de Léoben, Mayence et Mantoue; enfin il laissait libres toutes les forces de la France, pour en accabler l'Angleterre.

Le directoire approuva donc le traité : la joie n'en fut que plus vive et plus profonde. Sur-le-champ, par un calcul habile, le directoire songea à tourner tous les esprits contre l'Angleterre : le héros d'Italie et ses invincibles compagnons durent voler d'un ennemi à l'autre, et, le jour même où l'on publiait le traité, un arrêté nomma Bonaparte général en chef de l'armée d'Angleterre.

Bonaparte se disposa à quitter l'Italie, pour venir enfin goûter quelques instants de repos, et jouir d'une gloire, la plus grande connue dans les temps modernes. Il était nommé plénipotentiaire à Rastadt, avec Bonnier et Treilhard, pour y traiter de la paix avec l'Empire. Il était convenu aussi qu'il trouverait à Rastadt M. de Cobentzel, avec qui il échangerait les ratifications du traité de Campo-Formio. Il devait en même temps veiller à l'exécution des conditions relatives à l'occupation de Mayence. Avec sa prévoyance ordinaire, il avait eu soin de stipuler que les troupes autrichiennes n'entreraient dans Palma-Nova qu'après que les siennes seraient entrées dans Mayence.

Avant de partir pour Rastadt, il voulut mettre la dernière main aux affaires d'Italie. Il fit les nominations qui lui restaient à faire dans la Cisalpine; il régla les conditions du séjour des troupes françaises en Italie, et leurs rapports avec la nouvelle république. Ces troupes devaient être commandées par Berthier, et former un corps de trente mille hommes, entretenus aux frais de la Cisalpine; elles devaient y demeurer jusqu'à la paix générale de l'Europe. Il retira le corps qu'il avait à Venise, et livra cette ville à un corps autrichien. Les patriotes vénitiens, en se voyant donnés à l'Autriche, furent indignés. Bonaparte leur avait fait assurer un asile dans la Cisalpine, et il avait stipulé avec le gouvernement autrichien la faculté, pour eux, de vendre leurs biens. Ils ne furent point sensibles à ces soins, et vomirent contre le vainqueur qui les sacrifiait, des imprécations véhémentes, et fort naturelles. Villetard, qui avait semblé s'engager pour le gouvernement français à leur égard, écrivit à Bonaparte, et en fut traité avec une dureté remarquable. Du reste, ce ne furent pas les patriotes seuls qui montrèrent une grande douleur dans cette circonstance ; les nobles et le peuple, qui préféraient naguère l'Autriche à la France, parce qu'ils aimaient les principes de l'une et abhorraient ceux de l'autre, sentirent se réveiller tous leurs sentiments nationaux, et montrèrent un attachement pour leur antique patrie, qui les rendit dignes d'un intérêt qu'ils n'avaient pas inspiré encore. Le désespoir fut général ; on vit une noble dame s'empoisonner, et l'ancien doge tomber sans mouvement aux pieds de l'officier autrichien, dans les mains duquel il prêtait le serment d'obéissance.

Bonaparte adressa une proclamation aux Italiens, dans laquelle il leur faisait ses adieux et leur donnait ses derniers conseils. Elle respirait ce ton noble, ferme, et toujours un peu oratoire, qu'il savait donner à son langage public. « Nous vous avons donné la liberté, dit-
« il aux Cisalpins, sachez la conserver... ; pour
« être dignes de votre destinée, ne faites que
« des lois sages et modérées ; faites-les exécuter
« avec force et énergie ; favorisez la pro-
« pagation des lumières, et respectez la reli-
« gion. Composez vos bataillons, non pas de
« gens sans aveu, mais de citoyens qui se nour-

« rissent des principes de la république, et
« soient immédiatement attachés à sa prospé-
« rité. Vous avez en général besoin de vous
« pénétrer du sentiment de votre force et de
« la dignité qui convient à l'homme libre : di-
« visés et pliés depuis des siècles à la tyran-
« nie, vous n'eussiez pas conquis votre liberté ;
« mais sous peu d'années, fussiez-vous aban-
« donnés à vous-mêmes, aucune puissance de
« la terre ne sera assez forte pour vous l'ôter.
« Jusqu'alors la grande nation vous protégera
« contre les attaques de vos voisins ; son système
« politique sera uni au vôtre..... Je vous quitte
« sous peu de jours. Les ordres de mon gou-
« vernement et un danger imminent de la ré-
« publique Cisalpine me rappelleront seuls au
« milieu de vous. »

Cette dernière phrase était une réponse à ceux qui disaient qu'il voulait se faire roi de la Lombardie. Il n'était rien qu'il préférât au titre et au rôle de premier général de la république française. L'un des négociateurs autrichiens lui avait offert de la part de l'empereur un état en Allemagne ; il avait répondu qu'il ne voulait devoir sa fortune qu'à la reconnaissance du peuple français. Entrevoyait-il son avenir ? Non, sans doute ; mais ne fut-il que premier citoyen de la république, on com-

prend qu'il le préférât en ce moment. Les Italiens l'accompagnèrent de leurs regrets, et virent avec peine s'évanouir cette brillante apparition. Bonaparte traversa rapidement le Piémont pour se rendre par la Suisse à Rastadt. Des fêtes magnifiques, des présents pour lui et sa femme, étaient préparés sur la route. Les princes et les peuples voulaient voir ce guerrier si célèbre, cet arbitre de tant de destinées. A Turin, le roi avait fait préparer des présents, afin de lui témoigner sa reconnaissance pour l'appui qu'il en avait reçu auprès du directoire. En Suisse, l'enthousiasme des Vaudois fut extrême pour le libérateur de la Valteline. Des jeunes filles, habillées aux trois couleurs, lui présentèrent des couronnes. Partout était inscrite cette maxime si chère aux Vaudois: *Un peuple ne peut être sujet d'un autre peuple.* Bonaparte voulut voir l'ossuaire de Morat; il y trouva une foule de curieux empressés de le suivre partout. Le canon tirait dans les villes où il passait. Le gouvernement de Berne, qui voyait avec dépit l'enthousiasme qu'inspirait le libérateur de la Valteline, fit défendre à ses officiers de tirer le canon; on lui désobéit. Arrivé à Rastadt, Bonaparte trouva tous les princes allemands impatients de le voir. Il fit sur-le-champ prendre aux négociateurs français l'attitude qui convenait à leur mission et à leur rôle. Il refusa de recevoir M. de Fersen, que la Suède avait choisi pour la représenter au congrès de l'Empire, et que ses liaisons avec l'ancienne cour de France rendaient peu propre à traiter avec la république française. Ce refus fit une vive sensation, et prouvait le soin constant que Bonaparte mettait à relever la *grande nation*, comme il l'appelait dans toutes ses harangues. Après avoir échangé les ratifications du traité de Campo-Formio, et fait les arrangements nécessaires à la remise de Mayence, il résolut de partir pour Paris. Il ne voyait rien de grand à discuter à Rastadt, et surtout il prévoyait des longueurs interminables, pour mettre d'accord tous ces petits princes allemands. Un pareil rôle n'était pas de son goût; d'ailleurs il était fatigué; et un peu d'impatience d'arriver à Paris, et de monter au capitole de la Rome moderne, était bien naturel.

Il partit de Rastadt, traversa la France incognito, et arriva à Paris le 15 frimaire an VI au soir (5 décembre 1797). Il alla se cacher dans une maison fort modeste, qu'il avait fait acheter rue Chantereine. Cet homme, chez lequel l'orgueil était immense, avait toute l'adresse d'une femme à le cacher. Lors de la reddition de Mantoue, il s'était soustrait à l'honneur de voir défiler Wurmser; à Paris il voulut se cacher dans la demeure la plus obscure. Il affectait dans son langage, dans son costume, dans toutes ses habitudes, une simplicité qui surprenait l'imagination des hommes, et la touchait plus profondément par l'effet du contraste. Tout Paris, averti de son arrivée, était dans une impatience de le voir qui était bien naturelle, surtout à des Français. Le ministre des affaires étrangères, M. de Talleyrand, pour lequel il s'était pris de loin d'un goût fort vif, voulut l'aller visiter le soir même. Bonaparte demanda la permission de ne pas le recevoir, et le prévint le lendemain matin. Le salon des affaires étrangères était plein de grands personnages, empressés de voir le héros. Silencieux pour tout le monde, il aperçut Bougainville, et alla droit à lui pour lui dire de ces paroles qui, tombant de sa bouche, devaient produire des impressions profondes. Déja il affectait le goût d'un souverain pour l'homme utile et célèbre. M. de Talleyrand le présenta au directoire. Quoiqu'il y eût bien des motifs de mécontentement entre le général et les directeurs, cependant l'entrevue fut pleine d'effusion. Il convenait au directoire d'affecter la satisfaction, et au général la déférence. Du reste les services étaient si grands, la gloire si éblouissante, que l'entraînement devait faire place au mécontentement. Le directoire prépara une fête triomphale pour la remise du traité de Campo-Formio. Elle n'eut point lieu dans la salle des audiences du directoire, mais dans la grande cour du Luxembourg. Tout fut disposé pour rendre cette solennité l'une des plus imposantes de la révolution. Les directeurs étaient rangés au fond de la cour, sur une estrade, au pied de l'autel de la patrie, et revêtus du costume romain. Autour d'eux, les ministres, les ambassadeurs, les membres des deux conseils, la magistrature, les chefs des administrations, étaient placés sur des siéges rangés en amphithéâtre. Des trophées magnifiques, formés par les innombrables drapeaux pris sur l'ennemi, s'élevaient de distance en distance, tout autour de la cour; de belles tentures tricolores en ornaient les murailles; des galeries portaient la plus brillante société de la capitale, des corps de musiciens étaient disposés dans l'enceinte; une nombreuse artillerie était placée autour du palais, pour ajouter ses détonations aux sons de la musique et au bruit des acclamations. Chénier avait composé pour ce jour-là l'une de ses plus belles hymnes.

C'était le 20 frimaire an VI (10 décembre 1797). Le directoire, les fonctionnaires publics, les assistants étaient rangés à leur place, attendant avec impatience l'homme illustre que peu d'entre eux avaient vu. Il parut accompagné de M. de Talleyrand, qui était chargé de le présenter; car c'était le négociateur qu'on félicitait dans le moment. Tous les contemporains, frappés de cette taille grêle, de ce visage pâle et romain, de cet œil ardent, nous parlent chaque jour encore de l'effet qu'il produisait, de l'impression indéfinissable de génie, d'autorité, qu'il laissait dans les imaginations. La sensation fut extrême. Des acclamations unanimes éclatèrent à la vue du personnage si simple qu'environnait une telle renommée. *Vive la république! vive Bonaparte!* furent les cris qui éclatèrent de toutes parts. M. de Talleyrand prit ensuite la parole, et dans un discours fin et concis, s'efforça de rapporter la gloire du général, non à lui, mais à la révolution, aux armées et à la *grande nation*. Il sembla se faire en cela le complaisant de la modestie de Bonaparte, et avec son esprit accoutumé, deviner comment le héros voulait qu'on parlât de lui, devant lui. M. de Talleyrand parla ensuite *de ce qu'on pouvait*, disait-il, *appeler son ambition*; mais en songeant à son goût antique pour la simplicité, à son amour pour les sciences abstraites, à ses lectures favorites, à ce sublime Ossian, avec lequel il apprenait à se détacher de la terre, M. de Talleyrand dit qu'il faudrait le solliciter peut-être, pour l'arracher un jour à sa studieuse retraite. Ce que venait de dire M. de Talleyrand était dans toutes les bouches, et allait se retrouver dans tous les discours prononcés dans cette grande solennité. Tout le monde disait et répétait que le jeune général était sans ambition, tant on avait peur qu'il en eût. Bonaparte parla après M. de Talleyrand, et prononça d'un ton ferme les phrases hachées que voici :

« Citoyens,

« Le peuple français, pour être libre, avait
« les rois à combattre.

« Pour obtenir une constitution fondée sur
« la raison, il avait dix-huit siècles de préjugés
« à vaincre.

« La constitution de l'an III et vous, avez
« triomphé de tous ces obstacles.

« La religion, la féodalité, le royalisme, ont
« successivement, depuis vingt siècles, gouverné
« l'Europe ; mais de la paix que vous venez de
« conclure, date l'ère des gouvernements re-
« présentatifs.

« Vous êtes parvenus à organiser la grande
« nation dont le vaste territoire n'est circonscrit
« que parce que la nature en a posé elle-même
« les limites.

« Vous avez fait plus. Les deux plus belles
« parties de l'Europe, jadis si célèbres par les
« arts, les sciences et les grands hommes dont
« elles furent le berceau, voient avec les plus
« grandes espérances le génie de la liberté
« sortir du tombeau de leurs ancêtres.

« Ce sont deux piédestaux sur lesquels les
« destinées vont placer deux puissantes na-
« tions.

« J'ai l'honneur de vous remettre le traité
« signé à Campo-Formio, et ratifié par sa ma-
« jesté l'empereur.

« La paix assure la liberté, la prospérité et
« la gloire de la république.

« Lorsque le bonheur du peuple français
« sera assis sur de meilleures lois organiques,
« l'Europe entière deviendra libre. »

Ce discours était à peine achevé, que les acclamations retentirent de nouveau. Barras, président du directoire, répondit à Bonaparte. Son discours était long, diffus, peu convenable, et exaltait beaucoup la modestie et la simplicité du héros; il renfermait un hommage adroit pour Hoche, le rival supposé du vainqueur de l'Italie. — Pourquoi Hoche n'est-il point ici, disait le président du directoire, pour voir, pour embrasser son ami? — Hoche, en effet, avait défendu Bonaparte l'année précédente avec une généreuse chaleur. Suivant la nouvelle direction imprimée à tous les esprits, Barras proposait de nouveaux lauriers au héros, et l'invitait à les aller cueillir en Angleterre. Après ces trois discours, l'hymne de Chénier fut chantée en chœur, et avec l'accompagnement d'un magnifique orchestre. Deux généraux s'approchèrent ensuite, accompagnés par le ministre de la guerre : c'étaient le brave Joubert, le héros du Tyrol, et Andréossy, l'un des officiers les plus distingués de l'artillerie. Ils s'avançaient en portant un drapeau admirable : c'était celui que le directoire venait de donner, à la fin de la campagne, à l'armée d'Italie; c'était la nouvelle oriflamme de la république. Il était chargé d'innombrables caractères d'or, et ces caractères étaient les suivants : *L'armée d'Italie a fait cent cinquante mille prisonniers, elle a pris cent soixante-dix drapeaux, cinq cent cinquante pièces d'artillerie de siège, six cents pièces de campagne, cinq équipages de pont, neuf vaisseaux, douze frégates, douze corvettes, dix-huit galères. — Armistices avec les rois de Sardaigne, de Naples, le pape, les ducs de Parme,* de Modène. — *Préliminaires de Léoben.* — *Convention de Montebello avec la république de Gênes.* — *Traités de paix de Tolentino, de Campo-Formio.* — *Donné la liberté aux peuples de Bologne, de Ferrare, de Modène, de Massa-Carrara, de la Romagne, de la Lombardie, de Brescia, de Bergame, de Mantoue, de Crémone, d'une partie du Véronais, de Chiavenna, de Bormio et de la Valteline; aux peuples de Gênes, aux fiefs impériaux, aux peuples des départements de Corcyre, de la mer Égée et d'Ithaque.* — *Envoyé à Paris les chefs-d'œuvre de Michel-Ange, du Guerchin, du Titien, de Paul Véronèse, du Corrège, de l'Albane, des Carraches, de Raphaël, de Léonard de Vinci,* etc. — *Triomphé en dix-huit batailles rangées,* MONTENOTTE, MILLESIMO, MONDOVI, LODI, BORGHETTO, LONATO, CASTIGLIONE, ROVEREDO, BASSANO, SAINT-GEORGES, FONTANA-NIVA, CALDIERO, ARCOLE, RIVOLI, LA FAVORITE, LE TAGLIAMENTO, TARWIS, NEUMARCKT. — *Livré soixante-sept combats.*

Joubert et Andréossy parlèrent à leur tour, et reçurent une réponse flatteuse du président du directoire. Apres toutes ces harangues, les généraux allèrent recevoir l'accolade du président du directoire. A l'instant où Bonaparte la reçut de Barras, les quatre directeurs se jetèrent, comme par un entraînement involontaire, dans les bras du général. Des acclamations unanimes remplissaient l'air; le peuple amassé dans les rues voisines y joignait ses cris, le canon y joignait ses roulements; toutes les têtes cédaient à l'ivresse. Voilà comment la France se jeta dans les bras d'un homme extraordinaire ! N'accusons pas la faiblesse de nos pères; cette gloire n'arrive à nous qu'à travers les nuages du temps et des malheurs, et elle nous transporte ! Répétons avec Eschyle : *Que serait-ce si nous avions vu le monstre lui-même*

FIN DU TOME NEUVIÈME.

# TABLE

## DES CHAPITRES

### CONTENUS DANS LE TOME NEUVIÈME.

---

**CHAPITRE PREMIER.**

Situation du gouvernement dans l'hiver de l'an V (1797). — Caractères et divisions des cinq directeurs, Barras, Carnot, Rewbell, Letourneur et Larévellière-Lépaux. — État de l'opinion publique. Club de Clichy. — Intrigues de la faction royaliste. Complot découvert de Brottier, Laville-Heurnois et Duverne de Presle. — Élections de l'an V. — Coup d'œil sur la situation des puissances étrangères à l'ouverture de la campagne de 1797...................... 1

**CHAPITRE II.**

État de nos armées à l'ouverture de la campagne de 1797. — Marche de Bonaparte contre les états romains. Traité de Tolentino avec le pape. — Nouvelle campagne contre les Autrichiens. — Passage du Tagliamento. Combat de Tarwis. — Révolution dans les villes de Bergame, Brescia et autres villes des états de Venise. — Passage des Alpes Juliennes par Bonaparte. Marche sur Vienne. Préliminaires de paix avec l'Autriche signés à Léoben. — Passage du Rhin à Neuwied et à Dirsheim. — Perfidie des Vénitiens. Massacre de Vérone. Chute de la république de Venise.............. 49

## CHAPITRE III.

Situation embarrassante de l'Angleterre après les préliminaires de paix avec l'Autriche; nouvelles propositions de paix; conférences de Lille. — Élections de l'an V. — Progrès de la réaction contre-révolutionnaire. Lutte des conseils avec le directoire. — Élection de Barthélemy au directoire, en remplacement de Letourneur, directeur sortant. — Nouveaux détails sur les finances de l'an V. Modifications dans leur administration proposées par l'opposition. — Rentrée des prêtres et des émigrés. Intrigues et complot de la faction royaliste. — Division et forces des partis. Dispositions politiques des armées. ........................... 151

## CHAPITRE IV.

Concentration de troupes autour de Paris. Changements dans le ministère. — Préparatifs de l'opposition et des clichyens contre le directoire. — Lutte des conseils avec le directoire. Projet de loi sur la garde nationale. Loi contre les sociétés politiques. — Fête à l'armée d'Italie. Manifestations politiques. — Augereau est mis à la tête des forces de Paris. — Négociations pour la paix avec l'empereur. Conférences de Lille avec l'Angleterre. — Plaintes des conseils sur la marche des troupes. Message énergique du directoire à ce sujet. — Divisions dans le parti de l'opposition. — Influence de M$^{me}$ de Staël; tentative infructueuse de réconciliation. — Réponse des conseils au message du directoire. — Plan définitif du directoire contre la majorité des conseils. — Coup d'état du 18 fructidor. Envahissement des deux conseils par la force armée. Déportation de 53 députés et de deux directeurs, et autres citoyens. — Diverses lois révolutionnaires sont remises en vigueur. Conséquences de cette révolution.................................... 233

## CHAPITRE V.

Conséquences du 18 fructidor. — Nomination de Merlin (de Douai) et de François (de Neufchâteau) en remplacement des deux directeurs déportés. — Révélations tardives et disgrace de Moreau. — Mort de Hoche. — Remboursement des deux tiers de la dette. — Loi contre les ci-devant nobles. — Rupture des conférences de Lille avec l'Angleterre. — Conférences d'Udine. — Travaux de Bonaparte en Italie; fondation de la république cisalpine; arbitrage entre la Valteline et les Grisons; constitution ligurienne; établissements dans la Méditerranée. — Traité de Campo-Formio. — Retour de Bonaparte à Paris, fête triomphale.

FIN DE LA TABLE.

www.ingramcontent.com/pod-product-compliance
Lightning Source LLC
Chambersburg PA
CBHW060549230426
43670CB00011B/1754